COSACNAIFY

ERICH **AUERBACH**

INTRODUÇÃO AOS ESTUDOS LITERÁRIOS

Tradução JOSÉ PAULO PAES
Posfácio MARCUS MAZZARI

PREFÁCIO

Este livro foi escrito em Istambul, em 1943, com a finalidade de oferecer aos meus estudantes turcos um quadro geral que lhes permitisse compreender melhor a origem e a significação de seus estudos. Isso aconteceu durante a guerra: eu estava longe das bibliotecas europeias e norte-americanas; não tinha quase nenhum contato com meus colegas no estrangeiro e fazia muito tempo que não lia nem livros nem revistas recém-publicados. Atualmente, encontro-me assoberbado por outros trabalhos e pelo ensino e não posso cuidar de rever esta introdução. Diversos amigos que leram o manuscrito creem que, mesmo como está, poderá ser útil; todavia, rogo aos leitores críticos que, ao examiná-lo, lembrem-se do momento em que foi escrito e da finalidade a que se destinava. Essa finalidade é que explica, outrossim, certas particularidades do plano, como, por exemplo, o capítulo acerca do cristianismo.

M. F. Schalk, meu colega da Universidade de Colônia, apontou-me alguns erros no texto e teve a bondade de completar a bibliografia; agradeço-lhe cordialmente por isso. Não quero deixar de exprimir aqui minha profunda gratidão aos meus antigos amigos e colaboradores de Istambul, que me auxiliaram por ocasião da primeira redação: a sra. Süheyla Bayrav (que fez a tradução para o turco, publicada em 1944), a sra. Nesterin Dìrvana e o sr. Maurice Journé.

State College, Pensilvânia, março de 1948.

ERICH AUERBACH

PRIMEIRA PARTE

A FILOLOGIA E SUAS DIFERENTES FORMAS

[A] A EDIÇÃO CRÍTICA DE TEXTOS

A filologia é o conjunto das atividades que se ocupam metodicamente da linguagem do homem e das obras de arte escritas nessa linguagem. Como se trata de uma ciência muito antiga, e como é possível ocupar-se da linguagem de muitas e diferentes maneiras, o termo filologia tem um significado muito amplo e abrange atividades assaz diversas. Uma de suas formas mais antigas, a forma por assim dizer clássica e até hoje considerada por numerosos eruditos como a mais nobre e a mais autêntica, é a edição crítica de textos.

A necessidade de constituir textos autênticos se faz sentir quando um povo de alta civilização toma consciência dessa civilização e deseja preservar dos estragos do tempo as obras que lhe constituem o patrimônio espiritual; salvá-las não somente do olvido como também das alterações, mutilações e adições que o uso popular ou o desleixo dos copistas nelas introduzem necessariamente.

Tal necessidade se fez sentir já na época dita helenística da Antiguidade grega, no século III aC, quando os eruditos que tinham seu centro de atividades em Alexandria registraram por escrito os textos da antiga poesia grega, sobretudo Homero, dando-lhes forma definitiva. Desde então, a tradição da edição de textos antigos se manteve durante toda a Antiguidade; teve igualmente grande importância quando se tratou de constituir os textos sagrados do cristianismo.

No que respeita aos tempos modernos, a edição de textos é uma criação da Renascença, vale dizer, dos séculos XV e XVI. Sabe-se que, por essa época, o interesse pela Antiguidade greco-latina ressurgiu na Europa; é verdade que jamais deixara de existir; todavia, antes da Renascença, não se manifestara em relação aos textos originais dos grandes autores, mas antes por arranjos ou adaptações secundárias. Por exemplo, não se conhecia o texto de Homero; possuía-se a história de Troia nas redações do período antigo e com ela se compunham novas epopeias, que a adaptavam mais ou menos ingenuamente às necessidades e aos costumes da época, vale dizer, da Idade Média. Quanto aos preceitos da arte literária e do estilo poético, não eram estudados nos autores da Antiguidade clássica, então quase esquecidos, mas nos manuais de uma época posterior, da baixa Antiguidade ou da própria Idade Média, os quais não ofereciam senão um pálido reflexo do esplendor da cultura literária greco-romana.

Ora, por diferentes razões, esse estado de coisas começava a mudar na Itália desde o século XIV. Dante (1265-1321) recomendava o estudo dos autores da Antiguidade clássica a todos quantos desejassem escrever em sua língua materna obras de estilo elevado; na geração seguinte, o movimento se generalizou entre os poetas e os eruditos italianos; Petrarca (1304-1374) e Boccaccio (1313-1375) constituíam já o tipo do escritor artista, o tipo a que se dá o nome de humanista; pouco a pouco, o movimento se espalhou para além dos Alpes, e o humanismo europeu alcançou seu apogeu no século XVI.

Os esforços dos humanistas se orientavam no sentido de estudar e imitar os autores da Antiguidade grega e latina e a escrever num estilo semelhante ao deles, quer em latim, que ainda era a língua dos eruditos, quer em sua língua materna, que queriam enriquecer, ornar e afeiçoar, para que fosse tão bela e tão adequada à manifestação de altos pensamentos e de sentimentos elevados quanto o haviam sido as línguas antigas. Para atingir tal objetivo, era mister possuir primeiramente aqueles textos antigos tão admirados, e possuí-los em sua forma autêntica. Os manuscritos redigidos na Antiguidade haviam quase todos desaparecido nas guerras e nas catástrofes ou em consequência de negligência e olvido; não restavam senão cópias, devidas, na maioria dos casos, a monges, e dispersas por toda parte, pelas bibliotecas dos conventos; eram amiúde incompletas, sempre mais ou menos inexatas, algumas vezes mutiladas e fragmentárias. Numerosas obras outrora célebres estavam perdidas para sempre; de outras sobreviviam apenas fragmentos; não há quase autor da Antiguidade cuja obra tenha chegado até nós inteira, e um número considerável de livros importantes não existe senão numa única cópia, muito amiúde fragmentária. A tarefa que se impunha aos humanistas era, antes do mais, encontrar os manuscritos que ainda existissem, compará-los em seguida e tentar deles extrair a redação autêntica do autor. Tratava-se de uma tarefa bastante difícil. Os colecionadores de manuscritos encontraram muitos deles durante a Renascença, outros lhes escaparam; para reunir tudo quanto ainda existia foram precisos vários séculos; grande número de manuscritos só foi descoberto muito mais tarde, até mesmo nos séculos XVIII e XIX, e os papiros do Egito ainda bem recentemente enriqueceram nosso conhecimento de textos, sobretudo no que respeita à literatura grega. Em seguida, cumpria comparar e julgar o valor dos manuscritos. Eram, quase todos, cópias de cópias, e estas últimas tinham sido, por sua vez, escritas, em numerosos casos, numa época em que a tradição já se obscurecera sobremodo. Muitos erros se tinham introduzido nos textos; um copista não soubera ler corretamente a escritura de seu modelo, antigo por vezes de vários séculos; outro, enganado talvez por uma palavra idêntica na linha seguinte, saltara uma passagem; um terceiro, ao copiar uma passagem cujo sentido lhe escapava, a alterara arbitrariamente. Seus sucessores, diante de passagens evidentemente mutiladas, e querendo obter a todo preço um texto compreensível, introduziam novas alterações, destruindo assim os últimos vestígios da lição autêntica. Acrescente-se a isso passagens apagadas, tornadas ilegíveis, as páginas faltantes, rasgadas ou roídas de traça; impossível enumerar todas as possibilidades de deterioração, de mutilação e de destruição que um milênio de olvido, repleto de catástrofes, pode ocasionar num tesouro tão frágil. A partir dos humanistas, estabeleceu-se pouco a pouco um método rigoroso de reconstituição: consiste sobretudo na técnica de classificação dos manuscritos. Outrora, para classificar os manuscritos dispersos pelas bibliotecas, era necessário, primeiramente, copiá-los (nova fonte de erros involuntários); hoje, eles podem ser fotografados; isso exclui os erros de inadvertência e poupa ao filólogo editor as fadigas, os encargos e também os prazeres das viagens que ele outrora devia empreender de uma biblioteca a outra; agora, a fotocópia lhe chega por correio. Quando se têm diante de si todos os manuscritos conhecidos de uma obra, é preciso compará-los e, na maioria dos casos, obtém-se assim uma classificação. Verifica-se, por exemplo, que alguns dos manuscritos, que designaremos por A, B e C, contêm, para muitas passagens duvidosas, a mesma versão, enquanto outros, D e E, dão uma redação diferente, comum a ambos; um sexto manuscrito, F, acompanha em geral o grupo ABC, mas contém algumas divergências que não se encontram nem no grupo ABC nem em D e E. O editor logra, assim, constituir uma espécie de genealogia dos manuscritos. Em nosso caso, que é relativamente simples, é verossímil que um manuscrito perdido, X, tenha (direta ou indiretamente) servido de modelo, de um lado a B e de outro a uma cópia igualmente perdida, X, cujos descendentes são A, B e C, ao passo que D e E não pertencem à família X, mas a uma outra; provêm de outro antepassado ou arquétipo perdido, que designaremos por Y. Frequentemente, o editor pode tirar conclusões preciosas da grafia de um manuscrito, que lhe revela o tempo em que foi escrito; o lugar onde foi encontrado, os outros escritos que por vezes se encontrem no mesmo volume, copiados pela mesma mão, e outras circunstâncias da mesma ordem podem igualmente fornecer-lhe indicações de valor. Após ter estabelecido a genealogia dos manuscritos — uma genealogia tal que pode exibir formas assaz variadas e por vezes assaz complicadas —, o editor deve decidir a qual tradição quer dar preferência. Algumas vezes, a superioridade de um manuscrito ou de uma família de manuscritos é de tal forma evidente e incontestável que ele negligenciará todas as outras; isso, porém, é raro; na maior parte dos casos, a versão original parece ter sido conservada ora por um dos grupos, ora por outro. Uma edição crítica completa dá o texto tal como o editor, com base em suas pesquisas, julgou ter ele sido escrito pelo autor; ao pé da página, ele apresenta as lições que lhe pareceram falsas ("variantes"), indicando, para cada lição, o manuscrito que a contém, por meio de um sinal ("sigla"); dessa maneira, o leitor está capacitado a formar uma opinião por conta própria. Quanto às lacunas e às passagens irremediavelmente corrompidas, ele pode tentar reconstituir o texto por meio de conjecturas, isto é, de sua própria hipótese acerca da forma original da passagem em questão; será mister indicar nesse caso, bem entendido, que se trata de sua reconstituição do texto e acrescentar, outrossim, as conjecturas que outros fizeram acerca da mesma passagem, se as houver. Vê-se que a edição crítica é, em geral, mais fácil de fazer quando existem poucos manuscritos ou um manuscrito único; neste último caso, tem-se apenas de fazê-lo imprimir, com exatidão escrupulosa, e acrescentar-lhe, se for o caso, as conjecturas. Se a tradição for muito rica, isto é, se houver um número muito grande de manuscritos de valor quase igual, a classificação e o estabelecimento de um texto definitivo pode se tornar bastante difícil; assim, embora diversos eruditos tenham consagrado sua vida quase que inteiramente a essa tarefa, não apareceu até hoje nenhuma edição crítica, com variantes, de *A divina comédia*, de Dante.

Vê-se, por este último exemplo, que a técnica de edição de textos não ficou confinada à tarefa de reconstituir as obras da Antiguidade greco-romana. A Reforma religiosa do século XVI dela se serviu para estabelecer os textos da Bíblia; os primeiros historiadores científicos — que eram sobretudo religiosos jesuítas e beneditinos dos séculos XVII e XVIII — a utilizaram para a edição de documentos históricos; quando, no começo do século XIX, despertou o interesse pela civilização e pela poesia da Idade Média, o método foi aplicado aos textos medievais; por fim, os diferentes ramos dos estudos orientalistas que, como se sabe, tiveram grande impulso em nossa época, a seguem atualmente para a reconstituição de textos árabes, turcos, persas etc. Não apenas manuscritos em papel ou pergaminho são publicados assim, mas também inscrições, papiros, tabuinhas de toda sorte etc.

A imprensa, vale dizer, a reprodução mecânica de textos, facilitou sobremaneira a tarefa dos editores; uma vez constituído, o texto pode ser reproduzido de modo idêntico, sem o perigo de que novos erros, devidos aos lapsos dos copistas, nele se insinuem; é verdade que os erros de impressão são de se temer, mas a fiscalização da impressão é relativamente fácil de fazer, e os erros de impressão raramente são perigosos. Os autores que escreveram suas obras depois de 1500, época em que o uso da imprensa se generalizou, puderam, na imensa maioria dos casos, fiscalizar eles próprios a impressão de suas obras, de forma que, para muitos deles, o problema da edição crítica não existe ou é muito fácil de resolver. Todavia, existem numerosas exceções e casos particulares que solicitam os cuidados do editor-filólogo. Dessarte, Montaigne (1533-1592), depois de ter publicado várias edições de seus *Ensaios*, encheu as margens de alguns exemplares impressos de adições e alterações, com vistas a uma edição ulterior; esta não apareceu senão após sua morte; ora, seus amigos, que dela cuidaram, não utilizaram todas essas adições e correções, de sorte que, quando se encontraram exemplares anotados de próprio punho pelo autor, tal descoberta nos permitiu constituir um texto mais completo; em caso semelhante, os editores modernos apresentam ao leitor, numa mesma publicação, todas as versões do texto que Montaigne deu nas edições sucessivas, destacando as variantes de cada edição por meio de caracteres especiais ou outros sinais tipográficos, de modo que o leitor tem sob os olhos a evolução do pensamento do autor. A situação se apresenta de maneira quase idêntica no que toca à obra principal de um filósofo italiano, a *Ciência nova*, de Vico (1668-1744). O caso de Pascal (1623-1662) é bem mais complicado. Ele nos deixou seus *Pensamentos* em fichas, por vezes muito difíceis de ler, sem classificação; os editores têm dado, desde 1670, formas bastante variadas a esse livro célebre. Vê-se que, desde a invenção da imprensa, o problema da edição crítica se coloca sobretudo em relação às obras póstumas; devem-se acrescentar-lhes as obras de juventude, os esboços, as primeiras redações, os fragmentos, que o escritor não julgou dignos de serem publicados; a correspondência pessoal, as publicações suprimidas pela censura ou retiradas do comércio por qualquer outra razão; é mister pensar também, sobretudo no respeitante a poetas dramáticos que foram ao mesmo tempo diretores e atores, no caso assaz frequente em que o autor não fiscalizou pessoalmente a impressão de sua obra, em que deixou esse trabalho a cargo de outrem e em que, com frequência, outras pessoas fizeram a edição, sem ele o saber e contra a sua vontade, com base numa cópia clandestina e malfeita; no que concerne aos autores dramáticos, o caso mais célebre é o de Shakespeare. Mas, na grande maioria dos casos, o problema da edição crítica é bem mais fácil de resolver em relação aos autores modernos que em relação àqueles que escreveram antes do advento da imprensa.

É evidente que a edição de textos não constitui uma tarefa inteiramente independente; carece do concurso de outros ramos da filologia e mesmo, amiúde, de ciências auxiliares que não são, a bem dizer, filológicas. Quando se quer reconstituir e publicar um texto, é preciso, antes de tudo, saber lê-lo; ora, a maneira de dar forma às letras mudou bastante nas diferentes épocas; uma ciência especial, a paleografia, firmou-se como ciência auxiliar da edição de textos para nos habilitar a decifrar os caracteres e as abreviações em uso nas diferentes épocas. Em seguida, é mister dar-se conta de que os textos a reconstituir são quase sempre textos antigos, escritos numa língua morta ou numa forma deveras antiga de uma língua viva. É preciso compreender a língua do texto; o editor tem necessidade, pois, de estudos linguísticos e gramaticais; por outro lado, o texto fornece amiúde um material deveras precioso para tais estudos; foi com base nos textos antigos que a gramática histórica, a história do desenvolvimento das diferentes línguas, se pôde desenvolver; ela encontrou formas antigas que permitiram aos eruditos do século XIX fazer uma ideia nítida não apenas do desenvolvimento desta ou daquela língua, como também do desenvolvimento linguístico enquanto fenômeno geral. A isso voltaremos em nosso capítulo acerca da linguística.

Mesmo quando sabemos ler um texto e compreendemos a língua em que está escrito, isto não basta, amiúde, para lhe entendermos o sentido. Ora, é mister compreender, em todas as suas nuanças, um texto que se queira publicar; como julgar, sem isso, se uma passagem duvidosa é correta e autêntica? Aqui, a porta se abre de todo; não há limites a impor aos conhecimentos que possam ser exigidos do editor, conforme as necessidades do caso: conhecimentos estéticos, literários, jurídicos, históricos, teológicos, científicos, filosóficos; acerca de tudo o que o texto contém deve o editor obter todas as informações que as pesquisas anteriores forneceram. É necessário tudo isso para julgar de que época, de que autor pode ser determinado texto anônimo; para decidir se uma passagem duvidosa está em conformidade com o estilo e as ideias do autor em questão; se determinada lição está bem no contexto do conjunto e se, tomando em consideração a época e as circunstâncias em que foi escrita, determinada passagem deve ser antes lida na versão apresentada pelo manuscrito A que na apresentada pelo manuscrito B. Em suma, a edição do texto comporta todos os conhecimentos que sua explicação exige; é verdade que, na maior parte das vezes, é impossível possuí-las todas; um editor escrupuloso ver-se-á frequentemente obrigado a aconselhar-se com especialistas. Dessarte, a edição de textos está intimamente ligada às demais partes da filologia e, por vezes, a outros ramos bem diversos do saber; ela pode pedir-lhes auxílio e lhes fornece, repetidas vezes, um material precioso.

[B] A LINGUÍSTICA

Esta parte da filologia, conquanto seja tão antiga quanto a edição de textos (o que quer dizer que foi desenvolvida de maneira metódica desde o tempo dos eruditos de Alexandria, no século III aC), mudou totalmente de objeto e de métodos nos tempos modernos. As razões e os diferentes aspectos de tais mudanças são múltiplos e assaz complicados, remontam a transformações nas ideias filosóficas, psicológicas e sociais; seu resultado, porém, pode ser resumido de maneira bastante simples. A linguística tem por objeto a estrutura da linguagem, aquilo que se denomina comumente de gramática; ora, até o começo do século XIX, e mesmo em seus meados, ela se ocupava quase que exclusivamente da língua escrita; a língua falada era quase inteiramente excluída de seu domínio, ou pelo menos não era encarada senão como obra de arte oratória (retórica), como literatura, pois. A língua falada de todos os dias, sobretudo a do povo, mas também a língua corrente das pessoas cultas, ficou inteiramente negligenciada; nem é preciso dizer que o mesmo acontecia com os dialetos e os falares profissionais. Esse aspecto literário e aristocrático da linguística antiga se revela desde logo no objetivo que persegue: ela tende a estabelecer as regras do que seja certo e errado; vale dizer, quer-se tornar árbitro da maneira pela qual se deve falar e escrever; em suma, é normativa. É fácil entender que tal linguística só se podia basear no uso dos "bons autores" e da "boa sociedade", ou mesmo na razão. Estava necessariamente restrita a algumas línguas de povos de alta civilização, e, além disso, à sua língua literária e ao uso de uma elite social. Todo o resto praticamente não existia. Por conseguinte, era uma disciplina claramente estatística, considerava toda transformação linguística uma decadência e buscava estabelecer um modelo imutável de correção e beleza estilística. Ademais, tinha, muito naturalmente, a tendência de compreender a linguagem como uma realidade objetiva, que existia fora do homem, pois não era estudada senão nos textos, como obra de arte, vale dizer, numa forma objetivada. Tudo isso mudou completamente há mais de um século, e mudanças de concepção estão sempre em curso; novos métodos, novas ideias se desenvolvem quase que de ano para ano. Nos últimos tempos, prefere-se substituir o termo "gramática", que lembra um pouco os antigos métodos, pelo termo "linguística". O que há de comum em todas as concepções modernas é que elas consideram a linguagem, antes de tudo, a língua falada, como uma atividade humana e espontânea, independentemente de todas as suas manifestações escritas; consideram-na sob todos os seus aspectos, em toda a sua extensão geográfica e social; e como uma coisa viva, em relação com o homem e com os homens que a criam perpetuamente — logo, como uma criação perpétua, que, por conseguinte, se encontra em perpétua evolução. As ideias concernentes à linguagem como atividade do homem e como criação perpétua já haviam sido enunciadas, de maneira sobretudo especulativa, por Vico, Herder (1744-1803) e, mais tarde, por W. von Humboldt (1767-1835); a partir da primeira metade do século XIX, começa-se a tirar as consequências práticas para as pesquisas linguísticas.

Um linguista moderno sente-se tentado a desprezar um tanto seus antecessores, e sorrirá ao ler uma gramática científica do começo do século XIX, em que o autor confunde o conceito de som com o de caractere. Entretanto, é à gramática tradicional que devemos esse enorme trabalho de análise que ainda serve de base às investigações modernas. A definição das partes da frase (sujeito, verbo, complemento etc.) e de suas relações, os quadros da flexão (declinação, conjugação etc.), a descrição dos diferentes gêneros de proposições (principais e subordinadas; positivas, negativas e interrogativas; subdivisões das subordinadas; discurso direto e indireto etc.) e muitas outras coisas do mesmo gênero, resultados alcançados pelo trabalho várias vezes centenário de um espírito lógico e analítico, são como que os pilares sobre os quais se assentará o edifício da linguística enquanto houver homens que dela se ocupem. As tendências modernas, malgrado seus resultados valiosos e surpreendentes, alcançados em poucas décadas, encontrarão talvez bastantes dificuldades em criar algo de comparável, no que respeita ao seu valor fundamental e à sua estabilidade, a tais concepções.

A linguística pode ocupar-se das línguas em geral e de sua comparação: tem-se então a linguística geral, cujo fundador foi o sanscritista F. Bopp (1791-1867); ou então de um grupo de línguas aparentadas: linguística românica, germânica, semítica etc.; ou, enfim, de uma língua específica: linguística inglesa, espanhola, turca etc. Ela pode considerar a língua que constitui o objeto de suas investigações numa época dada, por exemplo, em seu estado atual: tem-se então a linguística descritiva, ou, segundo uma expressão do linguista suíço F. de Saussure (1857-1913), sincrônica; pode considerar-lhe a história ou o desenvolvimento, e tem-se então a linguística histórica, ou, segundo Saussure, diacrônica.

Quanto às partes que a constituem, aceita-se em geral a subdivisão em fonética (estudo dos sons), pesquisas concernentes ao vocabulário, morfologia (estudo das formas do verbo, do substantivo, do pronome etc.) e sintaxe (estudo da estrutura da frase). O estudo do vocabulário se subdivide em duas partes: a etimologia, ou investigação da origem das palavras, e a semântica, ou investigação de seu significado.

A revolução da linguística de que falei começou nos primórdios do século XIX com a descoberta do método comparativo, realizada por Bopp (sobre o sistema de conjugação do sânscrito, 1816). Quase ao mesmo tempo, alguns eruditos inspirados pelo espírito do Romantismo alemão conceberam a ideia do desenvolvimento linguístico, o que lhes permitiu observar em diversas línguas uma evolução regular dos sons e das formas através dos séculos. Os principais fenômenos dessa evolução foram comprovados, no domínio das línguas germânicas, por Jacob Grimm (*Deutsche Grammatik* [Gramática alemã], 1819-37) e, no das línguas românicas, por Friedrich Diez (*Grammatik der romanischen Sprachen* [Gramática das línguas românicas], 1836-38). Isso lhes permitiu fundamentar sobre bases mais exatamente científicas a linguística histórica em seu todo, sobretudo a etimologia, que, antes da descoberta dos fatos principais do desenvolvimento fonético, não passava de diletantismo.

Todavia, Grimm, Diez e as primeiras gerações de seus alunos não eram ainda linguistas puros no sentido moderno da palavra; baseavam suas observações linguísticas em textos literários. Foram sobretudo editores e comentadores de textos antigos, e nesses textos recolheram os materiais para suas pesquisas linguísticas; imbuídos que estavam da concepção da evolução linguística, não a estudavam, contudo, na língua falada; e sua maneira de julgar os fenômenos linguísticos guardara traços dos métodos antigos: era, amiúde, antes lógica e abstrata que psicológica e realista.

Desde então, a situação mudou inteiramente, e razões as mais diversas contribuíram para isso; quero enumerar algumas delas. Houve, primeiramente, a influência do espírito positivista das ciências naturais, que favoreceu a concepção da linguagem como linguagem falada, como produto do mecanismo fisiopsicológico do homem, da colaboração entre seu cérebro e seu sistema articulatório; a seguir, vem a influência do espírito democrático e socialista, que, combatendo o aristocratismo literário da linguística antiga, se interessava pela língua do povo e tendia a explicar os fenômenos linguísticos pela sociologia; cumpre ainda considerar o tradicionalismo regional, que prezava, cultivava e propagava o estudo dos dialetos; atente-se também para o imperialismo colonizador das grandes potências europeias, que incentivava o estudo das línguas dos povos relativamente primitivos, que não tinham nenhuma literatura, estudo interessante ao extremo, pois fornecia material e observações desconhecidas anteriormente, e cujos resultados foram saudados com tanto mais entusiasmo quanto o gosto do primitivo era a grande moda na Europa desde os fins do século XIX; outra influência foi o nacionalismo dos pequenos povos desejosos de cultivar sua tradição nacional, que se dedicavam ao estudo de sua língua e nisso eram apoiados por um ou outro de seus grandes vizinhos, os quais encontravam assim um meio de lisonjeá-los sem grandes despesas; cite-se, por fim, o impressionismo intuicionista e estético, que se comprazia em reconhecer a linguagem como criação individual, como expressão da alma humana. Essa enumeração é deveras incompleta e sumária, mas mostra, suficientemente, em que grau os motivos que conduziram à revolução na linguística são heterogêneos em suas origens e em seus fins. Todos cooperaram, entretanto, para combater o espírito exclusivista, aristocrático, literário e lógico dos métodos antigos. Um material enorme, incomparavelmente maior e mais exato que o das épocas anteriores, abrangendo as línguas da Terra inteira, foi coligido e classificado; serviu para investigações comparativas e sintéticas extremamente interessantes, valiosas também para a psicologia, a etnologia e a sociologia. No que concerne aos métodos novos da linguística, nós nos limitaremos a uma análise sumária daqueles que influenciaram consideravelmente o domínio dos estudos românicos.

A partir da segunda metade do século XIX, começaram a aparecer linguistas romanizantes cujas investigações não se baseiam mais unicamente no estudo dos textos literários; mencionemos, em primeiro lugar, H. Schuchardt (1842-1927), um dos espíritos mais abertos da linguística moderna; seus numerosos trabalhos (o sr. L. Spitzer publicou uma antologia deles, o *Schuchardt-Brevier*, 2ª ed., 1928) traduzem uma concepção sobremaneira rica do caráter especificamente humano da linguagem, concepção que nele se formou no curso de sua luta contra as tendências daqueles que queriam estabelecer na linguística um sistema de leis de acordo com o modelo das ciências naturais da época. A imensa obra de W. Meyer-Lübke (1861-1936) não é assim valiosa pelas ideias gerais em que se inspira, mas resume e completa o trabalho feito no século XIX no domínio da linguística românica (citemos sua *Grammatik der romanischen Sprache* [Gramática das línguas românicas], 1890-1902, e seu *Romanisches etymologisches Wörterbuch* [Dicionário etimológico das línguas românicas], 3ª ed., 1935); seus escritos apresentam um aspecto bem menos literário que o da maioria de seus predecessores; sofreu a influência das correntes que favoreciam o estudo da língua viva, particularmente dos dialetos. Desde o aparecimento de seus primeiros escritos, grande número de correntes, métodos e tendências se manifestou, sendo difíceis de classificar devido a numerosos especialistas eminentes que, consciente ou inconscientemente, combinam em seu trabalho tendências amiúde heterogêneas. Creio, todavia, poder destacar, na linguística românica dos últimos cinquenta anos, três correntes principais.

A tendência sistemática se manifesta de forma moderna no fundador da escola genebrina, Ferdinand de Saussure (*Curso de linguística geral*, póstumo, 1916, 3ª ed. 1931). Saussure é conscientemente reacionário, no sentido de que não aceita o ponto de vista exclusivamente dinâmico da linguística histórica moderna; institui, ao seu lado e mesmo acima dela, uma linguística estática, que descreve o estado de uma língua num momento dado, sem considerações de ordem histórica; é bem de ver que ele não traz, para as investigações desse gênero, o espírito estético e normativo da gramática antiga, e sim o espírito rigidamente científico do positivismo moderno, que se contenta em comprovar os fatos com o auxílio de experiências e em articulá-los, na medida do possível, num sistema. Ademais, sua metodologia se esforça por isolar o objeto da linguística de tudo quanto, segundo sua teoria, não lhe pertença: da etnografia, da pré-história, da fisiologia, da filologia etc.; para ele, a linguística é uma parte da "semiologia", ciência que estuda a vida dos signos no seio da vida social; e mesmo essa vida social tem, nele, um caráter assaz geral e abstrato. Saussure logrou aprofundar as concepções do funcionamento da linguagem por via de um sistema de classificações claramente definidas; entre elas, algumas se revelaram particularmente fecundas para as investigações atuais; por exemplo, a distinção entre língua (*langue*) — fato social, soma de imagens verbais armazenadas em todos os indivíduos, elemento estático da linguagem — e fala (*parole*) — ato individual da vontade e da inteligência, no qual o indivíduo utiliza, de maneira mais ou menos pessoal, o código da língua, e que constitui o elemento dinâmico da linguagem; e a distinção entre linguística sincrônica, que estuda o estado da língua num momento dado, e a linguística diacrônica, que lhe estuda a evolução na sucessão das épocas. Saussure intenta demonstrar que essas duas linguísticas se opõem uma à outra, que seus métodos e seus princípios são essencialmente diversos, de sorte que seria impossível reunir os dois pontos de vista numa mesma pesquisa.

Em contraposição, as duas outras correntes de que quero falar são francamente dinâmicas, conquanto de maneira bastante diferente. A escola dita idealista do sr. Karl Vossler (nascido em 1872), influenciada por ideias acerca das épocas da história que haviam sido enunciadas por filósofos e historiadores alemães, e inspirada sobretudo pela estética do sr. Benedetto Croce (nascido em 1866), vê na linguagem a expressão de diferentes formas individuais do homem, tais como se desenvolveram, numa evolução perpétua, através das épocas sucessivas da história. O sr. Vossler e seus partidários estudam então, segundo a terminologia de Saussure, unicamente a fala, e não a língua; consideram unicamente o ponto de vista histórico, procuram reconhecer nos fatos da evolução linguística testemunhos da civilização de diferentes épocas; e, o que é particularmente característico para esse grupo de eruditos, eles se interessam menos pela civilização material que pelas tendências profundas, pela forma total das ideias, das imagens, dos instintos que a linguagem exprime e revela àqueles que a sabem interpretar; buscam, nos fenômenos linguísticos, o gênio peculiar dos indivíduos, dos povos e das épocas. É o grupo linguístico da *Geistesgeschichte*, de que voltaremos a falar a propósito da história literária (ver p. 45). Ele exerceu grande influência, mesmo sobre muitos de seus adversários, mas teve grandes dificuldades em encontrar um método exato e uma terminologia clara.

No que respeita ao desenvolvimento de seus métodos práticos e à riqueza de seus resultados, a terceira corrente é a mais importante de todas. Trata-se da corrente que se dedica ao estudo dos dialetos. A ideia de registrar os fenômenos dialetais em cartas geográficas data de meados do século XIX; um homem de gênio, Jules Gilliéron (1854-1926), autor do *Atlas linguistique de la France* [Atlas linguístico da França] (com Edmond Edmont, 1902-12), mostrou-lhe todo o alcance e foi o fundador da geografia, ou, se se quiser, da estratigrafia linguística. A microscopia dos fenômenos dialetais permitiu estudar mais de perto o funcionamento das variações linguísticas e delas extrair observações gerais tão interessantes do ponto de vista da linguística pura quanto da história e da sociologia. Gilliéron também tem uma concepção inteiramente dinâmica da linguagem; sua concepção, porém, se inspira na biologia: enfoca não a vida do homem, mas a dos sons, das palavras e das formas; ele a considera um combate entre fortes e fracos, de que resultam vencedores, enfermos, feridos e mortos. Graças a seus métodos, Gilliéron e seus sucessores revelaram um grande número de fatores psicológicos e sociológicos que agem sobre o desenvolvimento da linguagem (a influência do prestígio que exerce, sobre os dialetos, a língua das pessoas cultas, mais próxima da língua oficial e literária, por exemplo); descobertas essas que contribuíram poderosamente para modificar as concepções por demais estreitas e rígidas acerca das "leis fonéticas" em curso durante a segunda metade do século XIX e que nos permitiram uma compreensão muito mais rica e verdadeira dos fatos linguísticos. Ademais, combinou-se o estudo geográfico das palavras com o dos objetos que designam ("Wörter und Sachen" [Palavras e coisas]), o que deu lugar a pesquisas fecundas acerca da civilização material, valiosas sobretudo para a história da agricultura e dos ofícios. Enfim, a geografia linguística adquiriu importância considerável como ciência auxiliar da história geral. Visto que os dialetos conservam amiúde traços de um estado anterior da língua, por vezes mesmo de um estado muito antigo, investigações sabiamente combinadas, completadas pelo estudo dos nomes de lugares e por escavações arqueológicas, puderam fornecer as bases de uma história da colonização do país em questão, dos povos que vieram habitá-lo, superpor-se aos habitantes anteriores, amalgamar-se mais ou menos intimamente com eles no curso dos séculos. A história material do desenvolvimento das línguas românicas durante a época das invasões germânicas, de que daremos um resumo no capítulo seguinte, se baseia quase que inteiramente em pesquisas de geografia linguística.

Ao destacar essas três correntes como as mais importantes da linguística românica contemporânea, eu não quis dizer que Saussure, Gilliéron e o sr. Vossler sejam os maiores linguistas da última geração; isso seria uma injustiça para com outros; não citarei mais que um nome, o do sr. Menéndez Pidal, o grande historiador da língua espanhola; e, quanto aos linguistas da geração atual, muitos deles não se engajaram inteiramente numa dessas três escolas. Mas é bem verdade que formularam os problemas e propiciaram a base dos métodos da linguística românica contemporânea.

(Abstive-me, neste rápido esboço, de falar de um movimento moderno deveras interessante, que se vincula, pelo espírito que o anima, à corrente saussuriana: é a fonologia, elaborada por alguns linguistas russos e organizada no Círculo Linguístico de Praga. Tanto quanto sei, a fonologia não teve ainda repercussão importante no domínio dos estudos românicos.)

[C] AS PESQUISAS LITERÁRIAS

I. BIBLIOGRAFIA E BIOGRAFIA

A história literária é uma ciência moderna. As formas de estudos literários conhecidos e praticados antes do século XIX são a bibliografia, a biografia e a crítica literária.

A bibliografia, instrumento indispensável da ciência literária, compila relações de autores com suas obras, e as compila da maneira mais sistemática possível. Tal trabalho pode ser mais facilmente executado numa grande biblioteca, onde grande parte, por vezes mesmo a totalidade do material, se encontra reunida. Assim, foi em Alexandria, na célebre biblioteca dessa cidade, que se desenvolveu a bibliografia antiga. A atividade bibliográfica sempre foi e continua a ser uma parte importante do domínio das letras. A bibliografia de um autor deve conter primeiramente a lista de suas obras autênticas, com todas as edições que delas se fizeram; a seguir, as obras duvidosas atribuídas a ele; por fim, os estudos que outros autores lhe consagraram. Se a lista assim compilada contiver manuscritos, será mister assinalar o local onde se encontra o manuscrito e dar uma descrição exata de sua forma; para os livros impressos, é preciso indicar, ao lado do título exato, o local e o ano da publicação, o número da edição (por exemplo, "5ª ed. revista e corrigida"), o nome de quem fez a edição crítica ou comentada ou a tradução, o nome do impressor ou da editora, o número de volumes e de páginas de cada volume, o formato; algumas bibliografias dão outras indicações suplementares, que variam segundo as necessidades do caso. A organização moderna da bibliografia é bem mais vasta e variada que a da Antiguidade. A par de catálogos impressos das grandes bibliotecas (Museu Britânico, de Londres; Biblioteca Nacional de Paris; bibliotecas alemãs; Biblioteca do Congresso, em Washington), que podem servir de bibliografias universais, existem bibliografias especiais para cada ciência, para cada ramo, para todas as grandes literaturas nacionais, para os periódicos, para muitos escritores célebres (Dante, Shakespeare, Voltaire, Goethe etc.); as organizações de livreiros ou do Estado, na Inglaterra, na França, na Alemanha, nos Estados Unidos etc., publicam para cada dia, cada semana, cada mês e cada ano, listas de tudo que apareceu em seu país; os periódicos científicos dão a bibliografia das publicações recentes de seu ramo, amiúde seguida de uma notícia descritiva resumida; a maioria das disciplinas científicas dispõe de um ou de vários periódicos consagrados exclusivamente à bibliografia e aos resumos.

A biografia se ocupa da vida dos autores célebres, ou melhor, dos homens célebres em geral. Ela também foi cultivada pelos antigos gregos, desde o século V aC; e, na época helenística, no século III, os dados acerca da vida de poetas e escritores foram metodicamente coligidos e registrados por escrito. De uma coletânea de biografias bem organizada, pode-se desenvolver uma verdadeira história da literatura; parece, entretanto, que a civilização antiga não a produziu; ela não compilou senão dicionários e recoltas de biografias, como ainda se faz nos tempos modernos. Bem entendido, a biografia contém também, pelo menos na imensa maioria dos casos, informações bibliográficas; quase que não se poderia falar da vida de um autor sem mencionar suas obras, com data e modo de publicação. Na medida em que se limita a reunir e classificar noções acerca da vida exterior dos autores, a biografia permanece,

como a bibliografia, uma ciência auxiliar; biografia e bibliografia, embora exigindo do erudito que delas se ocupe toda a preparação técnica necessária para o trabalho de erudição, não lhe permitem pôr em evidência suas próprias ideias e sua própria força criadora, se as tiver.

II. A CRÍTICA ESTÉTICA

A situação é muito diversa no que respeita à crítica estética, que é, por si própria, obra individual e criativa de quem a faz. É a única maneira de enfocar as obras de arte literárias que a Antiguidade, a Idade Média e a Renascença conheceram e praticaram (todavia, o termo "estética" não é senão uma criação do século XVIII); excetuados alguns esboços anteriores, a história literária propriamente dita é um produto dos tempos modernos, que, entretanto, não abandonaram de forma alguma a crítica estética. É ver-

dade que a crítica estética moderna constitui, no seu conjunto, coisa muito diversa da dos tempos antigos; é influenciada pela história literária, vale dizer, por considerações históricas relativistas e subjetivas. A antiga crítica estética, que dominou desde a Antiguidade greco-romana até o fim do século XVIII, foi dogmática, absoluta e objetiva. Ela se perguntava que forma uma obra de arte de um determinado gênero, uma tragédia, uma comédia, uma poesia épica ou lírica, devia ter para ser perfeitamente bela; tendia a estabelecer, para cada gênero, um modelo imutável e julgava as obras segundo o grau com que se aproximavam desse modelo; procurava fornecer preceitos e regras para a poesia e para a arte da prosa (poética, retórica) e encarava a arte literária como a imitação
de um modelo — modelo concreto se existisse uma obra ou um grupo de obras ("a Antiguidade") consideradas perfeitas, ou modelo imaginado se a crítica platonizante exigisse a imitação da ideia do belo, que é um dos atributos da divindade. É mister não acreditar, todavia, que a antiga crítica estética desconhecesse ou deixasse de admirar a inspiração e o gênio poético; era precisamente na alma do poeta inspirado que se realizava o modelo perfeito, de sorte que sua obra se tornava perfeitamente bela; é verdade que, nas épocas muito racionalistas, essa estética quis por vezes reduzir a poesia a um sistema de regras que se podia e devia aprender. Mas a ideia da imitação de um modelo perfeitamente belo dominava por toda parte, tanto entre os teóricos da Antiguidade como entre os da Idade Média e da Renascença, e também os do século XVII. Malgrado todas as divergências de gosto, os teóricos dessas

diferentes épocas estavam de acordo sobre este ponto fundamental, o de que não existe senão uma só beleza perfeita, e todos buscavam estabelecer, para os diferentes gêneros da poesia, as leis ou regras dessa perfeita beleza que cumpria atingir. Por conseguinte, a antiga crítica estética era, em geral, uma estética dos gêneros poéticos. Subdividia a poesia em gêneros e fixava para cada gênero o estilo que lhe convinha. A subdivisão feita pela Antiguidade, obscurecida durante a Idade Média, retomada pela Renascença e ainda bastante importante para nós, é de modo geral conhecida: compreende a poesia dramática (tragédia, comédia), a épica e a lírica, cada uma das quais se subdividindo ainda em várias partes. A prosa artística foi também subdividida em gêneros: história, tratado filosófico, discurso político, discurso judiciário, conto etc. — e para cada um desses gêneros se procurava fixar as regras e a forma ideal. Atribuía-se-lhes também um estilo de linguagem mais ou menos elevado: a tragédia, por exemplo, da mesma maneira que a grande epopeia, a história e o discurso político, se enquadrava no estilo sublime; a comédia popular, a sátira etc., no estilo baixo; e entre os dois havia o estilo médio, que compreendia, entre outros, a poesia bucólica e amorosa, em que os grandes sentimentos deviam ser temperados por uma certa dose de jovialidade, de intimidade e de realismo. Esse quadro que esboço é deveras sumário e grosseiro; a antiga crítica estética constitui um vasto sistema, lentamente elaborado no decurso de séculos, cheio de sagacidade e finura; durante a Antiguidade e a Renascença, criou as concepções estéticas fundamentais da Europa, as quais, mesmo após a queda de sua dominação absoluta, servem ainda de base às ideias que as substituíram. Quem se der ao trabalho de refletir um pouco sobre isso verificará que existe certo paralelismo entre a linguística antiga, de que falei anteriormente, e a antiga crítica estética, de que aqui se trata; esta é também dogmática, aristocrática e estática. É dogmática pelo fato de estabelecer regras fixas segundo as quais a obra de arte deve ser feita e julgada; é aristocrática não somente porque institui uma hierarquia dos gêneros e dos estilos, mas também porque, procurando impor um modelo imutável de beleza, considerará necessariamente feio todo fenômeno literário que não se lhe conforme. Assim, os franceses do século XVII, bem como os do século XVIII — que foram os últimos e mais extremados representantes da antiga forma da crítica literária —, julgavam o teatro inglês, e em particular Shakespeare, feio, sem gosto e bárbaro. Finalmente, é estática, vale dizer, anti-histórica, porque o que acabo de dizer concernente a uma obra contemporânea, mas estrangeira (Shakespeare), se aplica também aos fenômenos literários do passado, sobretudo aos chamados primitivos e às origens. Um francês do século XVII ou do século XVIII desprezava, por bárbara e feia, a antiga poesia francesa que não seguia o modelo de beleza que ele havia forjado, que ele considerava absoluto, e que não era, na verdade, senão o ideal da boa sociedade de seu país e de sua época.

A partir do fim do século XVIII, a antiga crítica estética desmorona: a revolta contra ela, longamente preparada, irrompeu primeiro na Alemanha, mas ganhou rapidamente os outros países europeus, mesmo a França, que tinha sido por longo tempo a cidadela do gosto conservador e dogmático. Como na luta contra a gramática antiga, as razões da revolução foram e são múltiplas. Houve, primeiramente, a reação de um grupo de jovens poetas alemães contra a tirania do gosto exercida pelo classicismo francês, reação que, ao espalhar-se, constituiu o Romantismo europeu. Ora, o Romantismo se interessava pela arte e pela literatura populares e antigas, sobretudo pelas origens: acabou introduzindo na crítica o sentido histórico, o que queria dizer que não reconhecia mais uma só beleza, um ideal único e imutável, mas se dava conta de que cada civilização e cada época tinham sua própria concepção particular de beleza, que era mister julgar cada qual segundo sua própria medida e compreender as obras de arte em relação com a civilização de que haviam surgido; que Shakespeare é belo de uma maneira diferente de Racine, mas não mais nem menos; que, para tomar emprestado alguns exemplos ao domínio das belas-artes, a beleza de uma escultura grega não exclui a de um Buda indiano, nem a beleza dos monumentos da Acrópole a de uma catedral gótica ou de uma mesquita de Sinan. Ora, durante o século XIX, o conhecimento das obras do Oriente, da Idade Média europeia, das civilizações estrangeiras e mais ou menos primitivas aumentou enormemente; a facilidade das viagens, a vulgarização das pesquisas, o desenvolvimento dos meios de reprodução estimulavam o gosto pelas novidades; o socialismo tanto quanto o regionalismo cultivava a arte popular, espontânea e livre da dominação de regras; entre as elites, não era mais a autoridade dos modelos, e sim um extremo individualismo que reinava; as formas novas da vida originaram uma multidão de novos gêneros e transformavam os antigos de maneira, por vezes, surpreendente. Está claro que, diante dos fatos novos e do horizonte alargado, a antiga crítica estética não podia mais ser mantida, e é indubitável que o sentido histórico que permite compreender e admirar a beleza das obras de arte estrangeiras e os monumentos do passado constitui uma aquisição preciosa do espírito humano. Por outro lado, a crítica estética perdeu, por via desse desenvolvimento, toda regra fixa, toda medida estabelecida e universalmente reconhecida por seus julgamentos; tornou-se anárquica, mais sujeita à moda do que nunca, e no fundo não sabe alegar outra razão para suas aprovações ou condenações que não seja o gosto do momento ou o instinto individual do crítico. Mas isso nos leva à crítica estética moderna; só se pode falar dela expondo a forma nova que o século XIX encontrou para tratar as obras literárias: a história da literatura. É o que faremos a seguir.

III. A HISTÓRIA DA LITERATURA

A partir do século XVI, pode-se comprovar a existência, entre os eruditos, de um crescente interesse pela história da civilização de seus países, e isso os levou a recolher materiais para uma história literária. Encontram-se esboços na França, por exemplo, nas pesquisas de Pasquier e Fauchet. No século XVIII, tais pesquisas foram levadas a cabo metodicamente. Os beneditinos da congregação de Saint-Maur se entregaram à compilação de sua enorme

Histoire littéraire de la France [História literária da França] (continuada no século XIX com métodos mais modernos), e na Itália o sábio jesuíta Tiraboschi redigiu sua não menos enorme *Storia della letteratura italiana* [História da literatura italiana]. Essas duas obras admiráveis consideravam seus países mais como unidades geográficas que nacionais e abrangiam em seu plano, por conseguinte, a história da literatura latina escrita em solo antes da formação literária das línguas nacionais. Tais obras e algumas outras semelhantes são, a nosso ver, antes compilações e recoltas que história propriamente dita. Para nós, a história é uma tentativa de reconstrução dos fenômenos em seu desenvolvimento, no próprio espírito que os anima, e desejamos que o historiador da literatura explique como determinado fenômeno literário pôde nascer, seja por influências antecedentes, seja pela situação social, histórica e política de onde se originou, seja pelo gênio peculiar de seu autor; e, neste último caso, exigimos que nos faça sentir as raízes biográficas e psicológicas desse gênio peculiar. Tudo isso não está de todo ausente das recoltas de que acabo de falar; pretender que esteja seria cometer uma injustiça, sobretudo com Tiraboschi; todavia, faltam-lhes a compreensão da variedade das diferentes civilizações e épocas, o sentido histórico e os métodos mais exatos para estabelecer etapas de desenvolvimento; o espírito das épocas, a atmosfera peculiar que vigorou em cada uma delas e se faz sentir em todo autor importante, lhes escapava.

Foi só depois dos primórdios do século XIX que se escreveu a história no sentido moderno: não como ajuntamento de materiais de erudição nem como crítica estética, a julgar os fenômenos e as épocas em função de um ideal pretendidamente absoluto, e sim procurando compreender cada fenômeno e cada época em sua própria individualidade e buscando, ao mesmo tempo, estabelecer as relações que existem entre eles, compreender como uma época emergiu dos dados da que a precedia e como os indivíduos se formam por via da cooperação das influências de sua época e seu meio com seu caráter peculiar. Bem entendido, tal maneira de escrever a história não se confinava à história literária; já pudemos falar da maneira nova de conceber a história da linguagem; de igual modo, começava-se a escrever a história política e econômica, a história do direito, da arte, da filosofia, das religiões etc.

Ora, a tarefa de escrever a história literária sobre tais bases pode ser concebida e executada de muitas maneiras diferentes, e de fato os séculos XIX e XX exibem as tendências mais diversas no trabalho de seus eruditos. Descrevê-las todas exigiria um estudo tanto mais longo quanto elas se têm influenciado perpetuamente umas às outras. Mas podemos classificá-las, um tanto sumariamente, é verdade, em dois grupos:

1) O grupo da escola romântica ou histórica da Alemanha, que foi o predecessor de todo o movimento e exerceu grande influência em toda a Europa. Considerava as atividades do espírito humano, e em particular tudo quanto fosse poesia e arte, como uma emanação quase mística do "gênio dos povos" (*Volksgeist*). Por conseguinte, interessava-se, sobretudo e em primeiro lugar, pelo estudo

da poesia popular e das origens; tinha certa tendência a divinizar a história e a ver em seu curso a lenta evolução de "forças" obscuras e místicas cujas manifestações, em cada época e em cada grande indivíduo, constituíam uma revelação, perfeita em seu gênero, de um dos inúmeros aspectos da divindade; a tarefa do historiador consistia em descobrir e fazer ressaltar plenamente o caráter peculiar de cada uma delas; o fenômeno individual é o objetivo visado pelos eruditos desse grupo. Malgrado o horizonte metafísico que planava acima de todas as suas investigações, eles realizaram um enorme trabalho de filologia exata, primeiramente no domínio medieval, a seguir para as diferentes literaturas nacionais dos tempos modernos.

Os primórdios do movimento remontam à juventude de Herder e de Goethe, nas cercanias de 1770; seu apogeu foi alcançado no começo do século XIX (os irmãos Schlegel, Uhland, os irmãos Grimm etc; para a França, o historiador Michelet; na Itália, F. De Sanctis). Influenciada e um tanto modificada pelo sistema da filosofia de Hegel (que morreu em 1831), a tendência romântica e metafísica foi mais ou menos repelida durante a segunda metade do século pela tendência positivista de que falarei em seguida. Mas a partir de 1900 ela ressurge, ainda na Alemanha, sob uma forma restaurada, enriquecida pelos métodos de seus adversários positivistas, mas conservando intacta sua concepção sintética e quase metafísica das forças históricas. Essa reviravolta se deve a correntes múltiplas, entre as quais quero destacar a influência de dois pensadores, Wilhelm Dilthey (1833-1911) e Benedetto Croce (1866- 1952), e de um poeta, Stefan George (1868-1933). Na Alemanha, a tendência que continua a tradição romântica tomou o nome de *Geistesgeschichte;* na história literária, seu representante mais conhecido foi Friedrich Gundolf (1880-1931).

2) O grupo positivista, que se liga à obra de Auguste Comte, rejeita todo misticismo na concepção da história e intenta aproximar tanto quanto possível os métodos das pesquisas históricas dos das ciências naturais; visa menos ao conhecimento das formas históricas individuais que das leis que governam a história. Na história literária (da mesma maneira que na história geral), seu primeiro representante foi Hippolyte Taine (1828-93). Para a explicação exata dos fenômenos históricos e literários, a tendência positivista recorreu a duas ciências presumivelmente exatas que o positivismo francês do século XIX prezava e que desenvolveu em particular: a psicologia e a sociologia; todos sabem o impulso que essas duas ciências tiveram no século passado. As explicações psicológicas (e recentemente psicanalíticas) dos fenômenos literários, tais como as fizeram por vezes os estudiosos positivistas, talham de uma maneira quase brutal o espiritualismo dos românticos; por seu espírito de análise e sua concepção sobretudo biológica do homem, eles chocaram amiúde o espírito daqueles que consideram a alma humana como algo sintético, não analisável e, por último, livre, e cujas profundezas são inacessíveis à investigação exata. O mesmo acontece no tocante à explicação sociológica: os motivos espirituais pelos quais os românticos explicavam os fenômenos foram postos em segundo plano ou mesmo de lado, e os fatos econômicos tomaram-lhes o lugar; explicavam-se, por

exemplo, as Cruzadas não por um ímpeto de entusiasmo religioso, mas pelo interesse que alguns grupos poderosos, feudais e capitalistas, tinham por uma expansão na direção do Oriente. Naturalmente, a explicação sociológica da história foi acolhida de braços abertos pelo movimento socialista, muito embora a origem moderna das ideias socialistas não resida no positivismo, mas, de maneira assaz paradoxal, numa interpretação materialista do sistema de Hegel; é bem de ver que o promotor do positivismo nas pesquisas históricas, Taine, foi antes conservador em suas ideias políticas. A contribuição do positivismo para os estudos históricos e as letras é deveras importante e preciosa; ele nos ensinou a manter os pés na terra ao explicar as ações e as obras do homem, e, se é verdade que os fatos materiais não bastam sempre e inteiramente para explicar os fenômenos literários, é absurdo querer explicar estes sem levar em conta aqueles. Ademais, os métodos que o positivismo descobriu nos permitem situar mais exatamente os fenômenos literários no quadro de sua época, estabelecer com maior precisão suas relações com outras atividades contemporâneas e completar as biografias dos autores com tudo que a ciência moderna, por exemplo a hereditariedade, possa fornecer. Dessarte, a maioria dos eruditos do primeiro grupo, o grupo da *Geistesgeschichte*, admitiu os métodos e os resultados positivistas no quadro de suas pesquisas — muito embora continuando a tradição romântica no que respeita à sua concepção espiritualista do homem. Em geral, a grande maioria dos estudiosos modernos combina as duas correntes de maneira diversa, de sorte que os estudos de história literária na Europa e nos Estados Unidos apresentam atualmente um aspecto de riqueza e variedade extremas.

Mesmo no tocante ao século XIX, teríamos muitas dificuldades em tentar enquadrar cada erudito importante num ou noutro desses grupos. À parte aqueles que, desde a segunda metade do século, quiseram combinar conscientemente os dois métodos, como o alemão Wilhelm Scherer — e à parte também o grande número daqueles que fizeram erudição pura e simples, sem se preocupar com concepções gerais, e que não foram afetados por tais métodos senão inconscientemente, sem se dar conta de onde procediam e que significação exata tinham os termos gerais de que eram, apesar disso, obrigados a se servir —, houve alguns eruditos deveras eminentes que abriram um caminho próprio e que só superficialmente sofreram a influência dos dois grupos. Citarei como exemplo o historiador suíço Jakob Burckhardt (1818-1897), autor de *A cultura do Renascimento na Itália*, de *Reflexões sobre a história* e de várias outras obras importantes. Foi ele talvez o erudito mais clarividente e de espírito mais abrangente de sua época. Vivendo uma vida burguesa tranquila, e passando-a quase inteiramente em Basileia, sua cidade natal, onde ensinou durante mais de quarenta anos, previu quase todas as catástrofes que se preparavam na Europa. Não aceitou nem as concepções místicas e idealistas dos românticos, nem a filosofia de Hegel, nem os métodos psicológicos e sociológicos dos positivistas. Sua vasta erudição, que abrangia a história geral, a história da literatura e da arte das várias épocas da Antiguidade e da Renascença, a precisão e a riqueza de sua imaginação agregadora e a clareza de seu julgamento permitiram-lhe escrever livros de uma síntese poderosa e exata à qual ele próprio deu o nome de "história da cultura" — *Kulturgeschichte*. A *Kulturgeschichte* de Burckhardt se distingue da *Geistesgeschichte* pelo fato de que suas concepções gerais muito elásticas não implicam nenhum sistema de filosofia da história nem qualquer misticismo histórico; e se distingue dos métodos positivistas porque Burckhardt não tem necessidade dos procedimentos da psicologia ou da sociologia — um vasto e exato conhecimento dos fatos, dominado pelo julgamento instintivo de um espírito não prevenido, lhe basta. Ele encontrou um sucessor que lhe é comparável pelo método e pelo espírito no erudito holandês Johan Huizinga, autor de um livro que se tornou célebre, *O outono da Idade Média* (primeira edição holandesa em 1919).

O que acabo de esboçar é uma classificação da história literária segundo seus métodos e o espírito que a anima; pode-se classificá-la também de acordo com as diferentes tarefas que leva a cabo ou a que se propõe. Isso não é menos difícil, porque suas tarefas são assaz variadas. Escreveram-se histórias da literatura mundial; histórias de literaturas nacionais (inglesa, francesa, italiana etc); histórias das literaturas de diferentes épocas, do século XVIII, por exemplo, tanto para a Europa como para um só país. Escrevem-se também monografias consagradas a uma personagem importante, como Dante, Shakespeare, Racine, Goethe; tais monografias se distinguem da biografia simples pelo fato de que não dão somente os fatos exteriores da vida da personagem em questão, mas procuram fazer compreender a gênese, o desenvolvimento, a estrutura e o espírito de suas obras; amiúde, as monografias têm a ambição de dar mais do que seu título promete: muitas monografias acerca de Dante ou de Shakespeare querem fazer reviver a época inteira na qual viviam seus heróis. A seguir, é mister citar a história dos gêneros literários: da tragédia, do romance etc.; ela pode se especializar — e é a regra geral — num país ou numa época; como gênero literário, pode-se também tratar a crítica; existem vários livros consagrados à história da crítica estética, e, se não existe ainda, ao que eu saiba, uma história geral da história literária, numerosas pesquisas que a preparam já foram publicadas e há, de fato, pelo menos um livro importante sobre a história da historiografia geral (de autoria do sr. Croce). Ao lado da história dos gêneros literários, cumpre mencionar a história das formas literárias; da métrica, da arte da prosa, das diferentes formas líricas (ode, soneto). Por fim, não se deve esquecer a história literária comparada, cujo objeto é a comparação das épocas, das correntes e dos autores (Romantismo francês e Romantismo alemão, por exemplo). Eis, pois, praticamente esgotadas as diferentes matérias que podem fornecer um tema para os grandes livros de história literária. Mas, se o leitor folhear um dos muitos periódicos existentes, encontrará muitas outras coisas ainda. Encontrará, em primeiro lugar, numerosas publicações de textos inéditos, cartas, fragmentos, esboços, localizados nas bibliotecas, nos arquivos, com os parentes, herdeiros e amigos do autor em questão; isso pertence antes ao domínio da edição de textos, de que falamos em nosso primeiro capítulo. A seguir, encontrará muitos artigos a respeito da questão das fontes: onde, por exemplo, Goethe encontrou o tema de Fausto, ou Shakespeare o de Hamlet? Em que se baseou Dante ao representar César com olhos de ave de rapina ou Homero com uma espada na mão? As diferentes fontes são investigadas, comparadas, julgadas de acordo com a possibilidade de o autor ter ou não podido conhecê-las e utilizá-las; a isso se vincula a questão das influências: que influência exerceu Rousseau sobre as obras de juventude de Schiller, ou a poesia amorosa dos árabes pôde influenciar o ideal do amor cortês nos poetas provençais do século XII? "Fontes" e "influências" fornecem matéria inesgotável aos eruditos; o mesmo acontece no tocante à questão dos "motivos", que é quase do mesmo gênero: o motivo do avaro a quem foi roubado um tesouro escondido, o motivo da mulher inocente, caluniada, morta por um marido ciumento, os inúmeros motivos de ardis de mulheres que enganam seus maridos: de onde procedem todos esses motivos, onde foram tratados pela primeira vez, como vieram de um país para outro, quais são as variantes das diferentes versões e como se influenciaram umas às outras? Um outro gênero de artigos, antes estéticos, que o leitor encontrará nos periódicos fala da arte dos autores; sua maneira de compor uma obra, sua arte de caracterizar as personagens, de pintar as paisagens, seu estilo, o emprego que fazem das metáforas e comparações, sua versificação, o ritmo de sua prosa; podem-se realizar tais pesquisas para um único autor, com ou sem comparação com outros, e para toda uma época. Outros artigos se ocuparão de algum problema de fundo, particularmente interessante para um autor ou uma época:

por exemplo, o pensamento religioso de Montaigne, ou o exotismo do século XVIII; outros, ainda, de particularidades sobretudo estilísticas (a formação de novas palavras na obra de Rabelais), que podem ter uma repercussão profunda na maneira de compreender o autor em questão. Grande número de artigos fala de pormenores biográficos, de relações entre duas pessoas, por exemplo, no caso de tais relações serem de interesse para a gênese de uma obra; vários eruditos fizeram investigações acerca da estada de Goethe em Wetzlar, onde ele conheceu pessoas que lhe serviram de modelo para seu Werther. Um grupo de assuntos muito em voga atualmente diz respeito às questões de sociologia em relação com a literatura; sobretudo a questão do público, quer dizer, do agrupamento humano ao qual se dirige e se destina esta ou aquela obra vivamente discutida nos últimos anos. Por fim, conforme assinalei em minhas observações acerca da bibliografia, há periódicos inteira ou parcialmente consagrados às recensões, que julgam e discutem as diversas publicações — há recensões que falam somente de uma publicação recentemente aparecida, há outros que apresentam um informe de conjunto sobre as pesquisas e os resultados obtidos durante vários anos num certo domínio, abrangendo, por exemplo, todas as publicações recentes acerca de Shakespeare ou de Racine.

Não é preciso dizer que a história literária se serve frequentemente em suas pesquisas de noções linguísticas. Delas necessita em todas as investigações concernentes ao estilo de um autor ou de uma época. As questões linguísticas são particularmente importantes nas discussões a respeito da autenticidade das obras de atribuição duvidosa. Quando escasseiam as provas documentais, tais discussões podem decidir-se amiúde por considerações de ordem linguística: será que o vocabulário, a sintaxe, o estilo da obra duvidosa se assemelham mais ou menos aos das obras autênticas do escritor em questão? Mas a importância da linguística em história literária não se limita a essa espécie de problema. As obras de arte literária são obras compostas em linguagem humana; o desejo de se aproximar delas o mais possível, de alcançar-lhes a própria essência, deu, nestes últimos tempos, novo impulso à análise dos textos literários, análise cuja base é linguística; não é mais unicamente para compreender seu conteúdo material, mas para apreender suas bases psicológicas, sociológicas, históricas e sobretudo estéticas que se pratica atualmente a análise ou explicação de textos. Como ela se situa a meio caminho entre a história literária e a linguística, e como seu desenvolvimento moderno me parece muito importante, consagro-lhe um capítulo à parte.

A explicação de textos se impôs desde que existe a filologia (ver p. 22); quando nos encontramos diante de um texto difícil de compreender, cumpre tratar de esclarecê-lo. As dificuldades de compreensão podem ser de várias espécies: ou bem puramente linguísticas, quando se trata de uma língua pouco conhecida, fora de uso ou de um estilo peculiar de emprego de palavras em sentido novo, de construções peremptas, arbitrárias ou artificiais; ou então dificuldades que digam respeito ao conteúdo do texto; este contém, por exemplo, alusões que não compreendemos ou pensamentos difíceis de interpretar, cuja compreensão exige conhecimentos especiais; o autor pode, outrossim, ter ocultado o verdadeiro sentido de seu texto sob uma aparência enganosa; isso concerne sobretudo (mas não exclusivamente) à literatura religiosa: os livros sagrados das diferentes religiões, os tratados de mística e de liturgia contêm quase todos, ou presume-se que contenham, um sentido oculto, e é pela explicação alegórica ou figurativa que cumpre interpretá-lo.

A explicação de textos, denominada também "comentário", quando se trata de uma explicação continuada de uma obra inteira, foi praticada desde a Antiguidade e adquiriu importância particularmente grande na Idade Média e na Renascença; uma grande parte da atividade intelectual da Idade Média se exerceu sob a forma de comentário. Se abrirmos um manuscrito ou uma edição antiga impressa de livros religiosos do cristianismo, de Aristóteles ou mesmo de um poeta, não encontraremos amiúde, em cada página, senão umas poucas linhas de texto, em caracteres graúdos; e essas poucas linhas são rodeadas, à direita, à esquerda, acima e abaixo da página por um comentário abundante, escrito ou impresso, na maior parte dos casos, em caracteres menores. Existem também muitos manuscritos e livros que contêm somente o comentário sem o texto, ou que inserem as frases deste, sucessivamente, como títulos de parágrafos no comentário. O comentário pode conter toda sorte de coisas: explicações de termos difíceis; resumos ou paráfrases do pensamento do autor; remissões a outras passagens onde o autor diga algo parecido; referências a outros autores que falaram do mesmo problema ou empregaram um torneio de estilo semelhante; desenvolvimento do pensamento, em que o comentador faz entrar suas próprias ideias ao explicar as do autor; exposição do sentido oculto se o texto for, mesmo presumidamente, simbólico. A partir da Renascença, o comentário alegórico cai pouco a pouco em desuso e desaparece o desenvolvimento que mostra as próprias ideias do comentador; doravante, os eruditos preferem outras formas para enunciar suas próprias ideias. O comentário se torna mais claramente filológico, e assim permanece até hoje. Um comentador moderno das cartas de Cícero ou da *Comédia* de Dante fornece, em primeiro lugar, explicações linguísticas das passagens em que uma palavra ou uma construção as exijam; discute as passagens cujo teor seja duvidoso (ver A); dá esclarecimentos sobre os fatos e as personalidades mencionados no texto; tenta facilitar a compreensão das ideias filosóficas, políticas, religiosas, assim como das formas estéticas que a obra contém. É bem de ver que um comentador moderno se servirá do trabalho daqueles que o precederam no mesmo afã e os citará amiúde textualmente.

Entretanto, conforme acabo de dizer no parágrafo precedente, a explicação de textos, já há algum tempo, vale-se de outros procedimentos e visa a outros fins. Quanto aos procedimentos, sua origem deve ser procurada, ao que me parece, na prática pedagógica das escolas. Um pouco por toda parte, e sobretudo na França, fazia-se os alunos procederem à análise de algumas passagens dos escritores lidos em classe; eles analisavam poemas ou passagens escolhidas, raramente uma obra inteira. A análise servia, em primeiro lugar, para propiciar a compreensão gramatical; depois, para o estudo da versificação ou do ritmo da prosa; a seguir, o aluno devia compreender ou exprimir, com suas próprias palavras, a estrutura do pensamento, do sentimento ou do acontecimento que a passagem continha; por fim, fazia-se que ele descobrisse, dessa maneira, o que havia no texto de particularmente característico do autor ou de sua época, tanto no que concerne ao conteúdo como no que concerne à forma. Pedagogos inteligentes logravam até mesmo fazer compreender aos seus alunos a unidade de fundo e forma, quer dizer, como, nos grandes escritores, o fundo cria necessariamente a forma que lhe convém, e como amiúde, ao alterar um pouco que seja a forma linguística, arruína-se o conjunto do fundo. Tal procedimento tinha a vantagem de substituir o estudo puramente passivo dos manuais e das lições do professor pela espontaneidade do aluno, que descobria por conta própria o que faz o interesse e a beleza das obras literárias. Ora, esse método foi consideravelmente desenvolvido e enriquecido por alguns filólogos modernos (entre os romanistas, é preciso citar sobretudo o sr. Leo Spitzer) e serve-lhes para finalidades que ultrapassam a prática escolar; serve para uma compreensão imediata e essencial das obras; não se trata mais, como nas escolas, de um método de averiguar e ver confirmado o que já se sabia de antemão, mas de um instrumento de pesquisas e de novas descobertas. Várias correntes do pensamento moderno contribuíram para favorecer-lhe o desenvolvimento científico: a estética "como ciência da expressão e linguística geral" do sr. Benedetto Croce; a filosofia "fenomenológica" de Edmund Husserl (1859-1938), com o seu método de partir da descrição do fenômeno específico para chegar à intuição de sua essência; o exemplo de análises da história da arte conforme as levou a cabo um dos mestres universitários de maior prestígio da última geração, Heinrich Wölfflin (1864-1945); e ainda muitas outras correntes. A explicação literária se aplica de preferência a um texto de extensão limitada e parte de uma análise, por assim dizer, microscópica de suas formas linguísticas e artísticas, dos motivos do conteúdo e de sua composição; no curso dessa análise, que deve servir-se de todos os métodos semânticos, sintáticos e psicológicos atuais, é mister fazer abstração de todos os conhecimentos anteriores que possuímos ou acreditamos possuir acerca do texto e do escritor em questão, de sua biografia, dos julgamentos e das opiniões correntes a seu respeito, das influências que ele pode ter sofrido etc.; cumpre considerar somente o texto propriamente dito e observá-lo com uma atenção intensa, sustentada, de modo que nenhum dos movimentos da língua e do fundo nos escape — o que é muito mais difícil do que poderiam imaginar aqueles que nunca tenham praticado o método; observar bem e distinguir bem as observações feitas, estabelecer-lhes as relações e combiná-las num todo coerente constitui quase uma arte, e seu desenvolvimento natural é entravado, outrossim, pelo grande número de concepções já formadas que temos em nosso cérebro e que introduzimos em nossas pesquisas. Todo o valor da explicação de textos está nisto: é preciso ler com atenção fresca, espontânea e sustentada, e é preciso guardar-se escrupulosamente de classificações prematuras. Somente quando o texto em exame estiver inteiramente reconstruído, em todos os seus pormenores e no conjunto, é que se deve proceder às comparações, às considerações históricas, biográficas e gerais; nisso, o método se opõe francamente à prática dos estudiosos que despojam um grande número de textos para neles buscar uma particularidade que lhes interesse, por exemplo "a metáfora no lirismo francês do século XVI" ou "o motivo do marido enganado nos contos de Boccaccio". Por meio de uma boa análise de um texto bem escolhido, chega-se quase sempre a resultados interessantes, por vezes as descobertas inteiramente novas; e, quase sempre, os resultados e as descobertas terão um alcance geral que pode ultrapassar o texto e propiciar informações sobre o escritor que o escreveu, sobre sua época, sobre o desenvolvimento de um pensamento, de uma forma artística e de uma forma de vida. Não há dúvida de que, se a primeira parte da tarefa, a análise do texto propriamente dito, é assaz difícil, a de situar o texto no desenvolvimento histórico e bem avaliar o alcance das observações feitas o é ainda mais. É possível adestrar um principiante na análise de textos, ensiná-lo a ler, a desenvolver sua faculdade de observação; isso lhe dará até prazer, pois o método lhe permite desenvolver uma atividade espontânea e pessoal desde o começo de seus estudos, antes de ter colhido nos manuais, a duras penas, grande número de conhecimentos teóricos. Mas, desde que se trate de situar e avaliar o texto e as observações feitas sobre ele, será mister, evidentemente, uma erudição muito vasta e um faro que só raramente se encontra, para fazê-lo sem cometer numerosos erros. Como as explicações de texto fornecem muito amiúde novos resultados e novas maneiras de formular um problema — é precisamente por isso que elas são preciosas —, o filólogo desejoso de bem discernir e de fazer ressaltar o alcance de suas observações só de raro em raro encontra, nos trabalhos anteriormente realizados, pontos de apoio para auxiliá-lo em sua tarefa, e vê-se então obrigado a levar a cabo uma série de novas análises de textos para comprovar o valor histórico de suas observações; quando ele parte de um único texto, os erros de perspectiva são quase que inevitáveis, assim como frequentes.

A explicação de textos, malgrado seu método muito claramente circunscrito, pode servir a intenções as mais diversas, segundo o gênero de textos que escolhamos e a atenção que prestemos às diferentes observações que neles podemos fazer. Ela pode visar unicamente ao valor artístico do texto e à psicologia peculiar de seu autor; pode-se propor a aprofundar o conhecimento que temos de toda uma época literária; pode também ter como objetivo final o estudo de um problema específico (semântico, sintático, estético, sociológico etc.); neste último caso, distingue-se dos antigos processos pelo fato de que não começa por isolar os fenômenos que lhe interessam de tudo quanto os rodeia — isolamento que dá a tantas investigações antigas um ar de compilação mecânica, grosseira e destituída de vida —, mas os considera antes no meio real em que se encontram envolvidos, só os destacando pouco a pouco e sem lhes destruir o aspecto peculiar. No conjunto, a análise de textos me parece o método mais sadio e mais fértil entre os processos de investigação literária atualmente em uso, tanto do ponto de vista pedagógico quanto do das investigações científicas.

SEGUNDA PARTE

AS ORIGENS DAS LÍNGUAS ROMÂNICAS

[A] ROMA E A COLONIZAÇÃO ROMANA

Roma foi uma cidade fundada pelos latinos, tribo indo-germânica que penetrou na Itália por ocasião da grande invasão indo-germânica da Europa. No curso de um desenvolvimento várias vezes secular, a cidade adquiriu hegemonia sobre todos os povos que habitavam a península dos Apeninos: população bastante caldeada, visto que, sobre uma camada de pré-indo-europeus, indo-europeus de diferentes grupos tinham se estabelecido. Ao lado de parentes relativamente próximos dos latinos (os itálicos dos grupos osco-úmbrico), havia ao sul colônias gregas; em várias regiões, sobretudo na atual Toscana, viviam os etruscos, que eram de uma camada pré-indo-europeia; e no vale do Pó, ao norte da península, os celtas ou gauleses. É fácil compreender, diante desse quadro bastante sumário, que a conquista e a assimilação de todos esses povos durou longo tempo: foi favorecida, desde seus primordios, pela excelente situação estratégica e comercial de Roma. Na primeira metade do século III aC, Roma dominava toda a Itália, com exceção do vale do Pó, onde os gauleses permaneciam independentes: tinha-se tornado uma grande potência na bacia ocidental do Mediterrâneo e, como tal, uma rival perigosa da rica cidade comercial de Cartago, fundação fenícia na costa africana. A luta entre as duas cidades rivais durou sessenta anos; por volta do ano 200 aC, decidiu-se em favor de Roma, que passou a ser, desde então, senhora incontestada da bacia inteira. A Sicília, a Sardenha, a Córsega, uma grande parte da Espanha e, pouco a pouco, o vale do Pó também foram submetidos a seu domínio; durante os dois séculos que se seguiram, o poderio romano se infiltrou primeiro no resto da Espanha e na parte meridional da França (chamada nessa época de Gália transalpina) e, a seguir, por volta de 50 aC, em suas regiões centrais e setentrionais. Por toda parte, os romanos encontraram uma situação étnica e política bastante complicada e por toda parte lograram, paulatinamente, unificar e assimilar os diferentes povos. Pela mesma época, quer dizer, durante os dois séculos que se seguiram às guerras contra Cartago, a situação política arrastou os romanos também para o leste do Mediterrâneo, onde a ordem estabelecida por Alexandre, o Grande, e por seus sucessores se tinha lentamente desagregado; Roma alcançava assim dominar o que então se denominava *orbis terrarum*, o mundo conhecido. Todavia, enquanto as conquistas ocidentais eram rematadas pela dominação política, bem como cultural e linguística, o Oriente, sob a influência da civilização grega, a mais rica e a mais bela da Antiguidade, embora se submetesse à administração romana, permanecia inacessível à penetração cultural; continuava grego e exercia mesmo uma influência profunda sobre a civilização dos conquistadores romanos. Desde então, o império teve duas línguas oficiais, o latim e o grego, e tornou-se herdeiro e protetor da cultura grega; mesmo em latim, as ciências, as letras e a educação se modelaram pela forma grega. Isso constituiu uma mudança profunda na vida dos romanos, que haviam sido, até então, camponeses, militares e administradores; e tal mudança coincidia com uma alteração fundamental de sua organização política. Roma tinha sido uma cidade com uma organização oligárquica, como quase todas as cidades independentes da Antiguidade; esse quadro servia cada vez menos a uma administração de tal maneira vasta. Graças a uma série de revoluções quase ininterruptas, que se prolongaram por cerca de um século (133 a 31 aC), Roma se transformou em monarquia, e a cidade se tornou, por sua constituição, aquilo que já era de fato: um império. A monarquia alargou ainda mais as fronteiras da dominação romana: vastos territórios na Germânia, nos Alpes, na Grã-Bretanha, e as regiões ao derredor do curso inferior do Danúbio foram conquistados sob os imperadores; entretanto, no conjunto, a política dos imperadores tendia mais para a estabilização do que para a expansão do poderio romano. A partir do fim do século II, essa tarefa se tornou cada vez mais difícil: o império, desde então, se colocou francamente na defensiva; por razões acerca das quais muito se discutiu, seus recursos se exauriram, enquanto a pressão do exterior cresceu, sobretudo do lado dos germanos, ao norte, e dos partas, a leste. A luta, entretanto, foi longa e dura; depois das catástrofes do século III, Diocleciano e Constantino (primeiro imperador cristão) lograram, pela última vez, reorganizar a administração e consolidar as fronteiras; não foi senão no século V que a parte ocidental do império, com a antiga capital, caiu definitivamente, no ano 476; o império oriental, cuja capital era Constantinopla, se manteve ainda durante um milênio, até a conquista turca no século XV. Quanto ao Ocidente, a queda do império não pôs fim à influência cultural romana; esta estava por demais enraizada. A língua latina, a lembrança das instituições políticas, jurídicas e administrativas romanas, a imitação das formas literárias e artísticas da Antiguidade sobreviveram; até nos tempos modernos, toda reforma, todo renascimento da civilização europeia se inspirou na civilização romana, que representava, para a Europa central e ocidental, a totalidade da civilização antiga; pois tudo quanto se podia saber sobre a Grécia antiga chegou à Europa, até o século XVI, por intermédio da língua latina.

Os romanos não são uma nação ou um povo no sentido moderno dessas palavras; o "povo romano" deixou bem cedo de ser uma noção geográfica ou racial para tornar-se um termo jurídico que designa um símbolo político e um sistema de governo. Isso é fácil de compreender: os descendentes dos habitantes de uma pequena cidade não bastam para conquistar e governar todo um mundo, e o que se chamou mais tarde de "os romanos" foi um amálgama de populações diferentes, sucessivamente romanizadas. Originariamente, Roma fora uma cidade em que cidadãos com plenos direitos civis, outros sem direitos políticos e escravos coabitavam, como era o caso na maioria das comunas da Antiguidade. Subsequentemente, as revoluções e as conquistas, ao alargarem mais e mais o quadro dos que eram "cidadãos romanos", destruíram pouco a pouco a antiga unidade municipal, que não passava por fim de uma ficção. Já nos últimos tempos da república, quase todos os habitantes livres da Itália eram cidadãos romanos; quando o exército começou a ser recrutado entre os provincianos, o título de *civis romanus* se disseminou cada vez mais; sob a monarquia, ele se separou inteiramente de sua base geográfica: os provincianos de todas as partes do Império o adquiriam e no século III ele foi conferido, ao que parece, a todos os habitantes livres do império. Gregos, gauleses, espanhóis, africanos etc. desempenharam papel de relevo nas letras; após o estabelecimento da monarquia, provincianos entravam para o Senado e alcançavam os mais altos cargos; a maior parte dos imperadores, durante os últimos séculos, não foi de italianos. Os generais que na derradeira crise tentaram defender o império contra os germanos eram eles próprios, em sua maioria, de origem germânica; ao passo que os primeiros conquistadores germânicos da Itália faziam que lhes fossem conferidos, pela corte de Constantinopla, títulos que os enquadrassem no sistema romano. Mais tarde, a partir de Carlos Magno, muitos reis alemães íam a Roma fazer-se coroar "imperador romano"; esse título, símbolo da dominação universal, só desapareceu em 1803, na crise napoleônica.

Se o termo "povo romano" não é um conceito racial, inclui, não obstante, algumas qualidades da antiga raça latina, que tornaram possível a formação desse império tornado modelo e símbolo do poderio político e dos métodos de governo. Tais qualidades, disseminadas e infiltradas por uma vigorosa tradição nos diferentes grupos de homens que, mudando de geração para geração, constituíram a classe reinante do império, são, sobretudo, de ordem administrativa, jurídica e militar. Roma não deve seu poderio a uma conquista rápida; durante dez séculos, de etapa em etapa, sofrendo reveses terríveis e revoluções sangrentas, o povo romano realizou uma tarefa acerca da qual não tinha qualquer dúvida, desde os seus primórdios, e se poderia pensar numa sequência de acasos se, a cada vez, em condições as mais diferentes, por vezes em situações em que tudo parecia estar perdido, a superioridade política do gênio romano não se tivesse revelado de maneira incontestável. Os romanos não quiseram dominar o mundo; seu destino os arrastou a isso à sua revelia. A tenacidade, o bom senso, uma coragem sustentada e fria, um conservantismo extremo nas formas, aliado a uma capacidade de adaptação que não recuava em face de nenhuma revolução fundamental, um instinto divinatório para o ponto importante de uma situação complicada — tais são, a meu ver, as qualidades principais que os levaram até onde chegaram e que puderam contrabalançar o efeito de erros inumeráveis e situações peculiares, de uma corrupção por vezes enorme e de contendas interiores quase ininterruptas até o fim da república.

Por causa da estrutura peculiar do Estado romano, de sua base cada vez mais jurídica e ideológica e cada vez menos racial e geográfica, a colonização romana se distingue claramente da maior parte das colonizações anteriores e posteriores, por exemplo da dos germanos. A colonização romana foi uma "romanização", vale dizer: os povos submetidos se tornaram pouco a pouco romanos. Embora fossem amiúde cruelmente explorados pelos funcionários e pelo fisco, conservaram, em geral, suas terras, suas cidades, seu culto e mesmo, frequentemente, sua administração local; como não era um povo ávido de terra que os havia submetido, a colonização não se fez por intermédio de colonos romanos que se apoderaram do país; "colônias romanas" não foram fundadas senão em casos relativamente raros, por razões políticas e militares especiais. Na imensa maioria dos casos, a romanização se efetuava lentamente e de cima para baixo. Oficiais da guarnição, funcionários, negociantes vinham estabelecer-se nos centros principais do povo submetido: tratava-se de romanos ou de pessoas anteriormente romanizadas. As escolas, os estabelecimentos de recreação, de esporte, de luxo, um teatro, os seguiam; o centro principal se convertia numa cidade. A língua da administração e dos altos negócios se tornava o latim; dessarte, o prestígio da civilização romana e o interesse cooperavam para fazer que o latim fosse aceito, em primeiro lugar, pelas classes elevadas do povo que, para facilitar a carreira de seus filhos, os enviavam às escolas romanas; a arraia-miúda as acompanhava e, uma vez tornada romana a cidade, o campo, que mais ainda do que hoje dependia da cidade central, se romanizava também, conquanto mais lentamente; tal processo durava por vezes séculos. A unidade econômica e administrativa do Império favorecia semelhante desenvolvimento; mesmo os cultos se aproximavam uns dos outros; os deuses locais eram identificados a Júpiter, Mercúrio, Vênus etc. É verdade que, na bacia oriental do Mediterrâneo, a língua comum permaneceu sendo o grego, que desempenhava tal papel havia muito tempo; seu prestígio foi talvez superior ao do latim. Mas, nas províncias ocidentais, a língua latina destruiu pouco a pouco, até os últimos vestígios, as diferentes línguas independentes em uso antes da conquista romana; na maior parte dessas províncias, o latim se manteve definitivamente: são aqueles países chamados românicos, ou, conforme um nome que aparece pela primeira vez em textos latinos de entre 330 e 442, a România. Esta abarca a península Ibérica, a França, uma parte da Bélgica, o oeste e o sul dos países alpinos, a Itália com suas ilhas e, por fim, a Romênia. No que se refere a esta última, foi o único país da Europa oriental definitivamente romanizado, e o foi muito mais tarde que os outros países e em condições especiais de que falaremos brevemente. Cumpre acrescentar à lista de países românicos da Europa as colônias transoceânicas que esses países fundaram, mesmo que tais colônias tenham adquirido mais tarde a independência política, pois seus habitantes continuam a falar a língua da nação colonizadora. A esse número pertencem os países americanos colonizados pelos espanhóis e pelos portugueses e o Canadá francês. Em todos esses países, europeus e transoceânicos, fala-se uma língua neolatina ou românica.

[B] O LATIM VULGAR

Todos podem observar que escrevemos de forma diversa daquela como falamos. Numa carta familiar, o estilo se aproxima por vezes da linguagem falada; no momento em que se escreve a estranhos, e sobretudo quando se escreve para o público, a diferença se torna muito mais acentuada. A escolha das expressões é mais cuidada, a sintaxe, mais completa e mais lógica; as locuções familiares, as formas abreviadas, espontâneas e afetivas que abundam na conversação tornam-se raras; tudo aquilo que a entonação, a expressão do rosto e os gestos dão a compreender quando se fala e se escuta, o texto escrito deve complementar por via da precisão e da coerência do estilo.

Essa diferença entre o falar e o texto escrito foi muito maior e muito mais consciente na Antiguidade que nos dias atuais. Hoje, aspiramos a escrever o mais "naturalmente" possível; é verdade que a maioria das ciências, com sua terminologia especial, constitui exceção, e é verdade também que parte dos grandes poetas modernos, sobretudo os grandes líricos do século XIX, escreveu seus poemas num estilo extremamente seleto e refinado, bastante distanciado da linguagem corrente; todavia, ao lado deles, existe uma arte literária bem mais divulgada, comumente chamada de "realismo", que procura imitar a língua falada, esforça-se por sugerir ao leitor as entonações e os gestos e utiliza mesmo os dialetos e as gírias; e que faz tudo isso não somente em obras cômicas, mas também, e sobretudo, quando se trata de temas trágicos e muito sérios; basta pensar no romance moderno.

Ora, as coisas se passavam de modo muito diverso na Antiguidade. Já fiz menção, no capítulo precedente, à doutrina das diferentes formas de estilo de que era mister servir-se para cada gênero literário; essa doutrina, elaborada em todos os seus pormenores por uma longa tradição cujas origens remontam aos escritores gregos do século V aC, não admitia o uso da língua falada no estilo "baixo" da comédia popular, da qual pouca coisa chegou até nós; no restante das obras literárias, tendia-se não a imitar a linguagem falada de todos os dias, mas, bem ao contrário, a dela afastar-se. O latim que os alunos do curso secundário aprendem hoje é o latim literário da época áurea da literatura romana; os modelos de estilo que lhes são recomendados compreendem, em primeiro lugar, o escritor Marco Túlio Cícero (106-43 aC), célebre por seus discursos políticos e judiciários, seus tratados acerca de arte oratória e filosofia e suas cartas, e o poeta Públio Virgílio Maro (71-19 aC), que escreveu a epopeia nacional do Império Romano, a *Eneida*, e que na Idade Média passava, devido a uma de suas poesias bucólicas em que celebrava o nascimento de uma criança miraculosa, por um profeta de Cristo. Esses autores e seus pares escreviam um estilo puramente literário — cheio de matizes, é bem verdade, pois Cícero, por exemplo, se serve às vezes em suas cartas de um estilo familiar; trata-se, porém, de uma familiaridade elegante e artística. Em todo caso, o latim que escrevem está muito distanciado da linguagem corrente.

Todavia, o latim que serviu de base às diferentes línguas românicas e que lhes constitui a forma originária não foi esse latim literário; foi, como é muito natural, a língua falada corrente. Para designar esse latim falado, os eruditos se servem do termo "latim vulgar". Não foram os eruditos modernos, é verdade, que inventaram a expressão; na baixa Antiguidade e nos primeiros séculos da Idade Média, designava-se a linguagem do povo, por oposição à linguagem literária, como língua "rústica" ou "vulgar" (*lingua latina rustica, vulgaris*); e, de igual maneira, utilizou-se o termo, durante longo tempo, para designar as próprias línguas românicas; a língua materna de um italiano, de um espanhol, de um francês da Idade Média foi, por muito tempo, conhecida por "língua vulgar"; Dante deu a um de seus escritos, onde fala da maneira de compor obras literárias em língua vernácula, o título de *De vulgari eloquentia*; até o século XVI, vale dizer, até a Renascença, tal maneira de designar as línguas românicas era corrente, e, de fato, elas não são senão a forma atual do desenvolvimento do latim vulgar.

Uma das noções fundamentais da filologia românica é a de que as línguas românicas ou neolatinas se desenvolveram do latim vulgar. Tentemos, agora, descrever de maneira um pouco mais exata o que isso quer dizer. O que é o latim vulgar? É o latim falado — portanto, não se trata de algo fixo e estável. Quanto às diferenças locais, elas foram, na maioria dos países, bem mais consideráveis antes do advento da imprensa e do ensino obrigatório. Hoje, os jornais, as publicações oficiais e os manuais de escola primária, escritos na língua literária comum do país inteiro, levam a toda parte a consciência e o conhecimento dessa língua comum; a leitura de tais impressos, tornando-se acessível a todos, padroniza nos espíritos a imagem da língua nacional e contribui para minar, pouco a pouco, as diferenças locais ou dialetais. Estas subsistem, todavia; mantêm-se mesmo apesar do cinema e do rádio; eram, porém, bem mais profundas antes do advento da imprensa. Imaginem-se, agora, as diferenças locais do latim vulgar: ele era falado na Itália, na Gália, na Espanha, na África do Norte e em vários outros países; e, em cada um desses países, tinha-se superposto a uma outra língua, a língua ibérica ou céltica, por exemplo, que os habitantes falavam antes da conquista romana; superpôs-se cada vez, para servir-me do termo científico, a outra língua de substrato. A língua de substrato, com cessar pouco a pouco de ser falada, deixara um resíduo de hábitos articulatórios, de processos morfológicos e sintáticos que os novos romanizados faziam entrar na língua latina que falavam; conservavam, outrossim, algumas palavras de sua antiga língua, fosse porque estivessem profundamente enraizadas, fosse porque não existissem equivalentes em latim; é o caso, sobretudo, de denominações de plantas, instrumentos agrícolas, vestimentas, comidas etc. — em suma, de todas as coisas que estão estreitamente ligadas às diferenças de clima, aos hábitos rurais e às tradições nacionais. Enquanto o Império Romano se manteve intacto, a comunicação permanente entre as diferentes províncias — o comércio no Mediterrâneo era muito florescente — impedia uma separação linguística completa; as pessoas se compreendiam mutuamente. Mas, depois da queda definitiva do império, a partir do século v, as comunicações se tornaram difíceis e raras, os países se isolaram e, cada vez mais, cada região teve seu desenvolvimento peculiar; como, ao mesmo tempo, a cultura literária, que teria podido continuar a servir de vínculo entre as diferentes partes do mundo romanizado, entrava em extrema decadência, não restava mais nada para contrabalançar o progresso do isolamento linguístico, para o qual cooperavam, ademais, a diversidade dos acontecimentos e desenvolvimentos históricos nas diferentes províncias.

Isso no que respeita à diferenciação local do latim vulgar; consideremos agora a diferenciação temporal. As línguas vivem com os homens que as falam e mudam com eles. Cada indivíduo que fala, cada família, cada grupo social ou profissional cria formas linguísticas novas, das quais uma parte entra na língua comum da nação; uma nova situação política, uma nova invenção, uma nova forma de atividade (o socialismo, o rádio, os esportes, por exemplo) fazem surgir novas expressões e, por vezes, todo um novo ritmo de vida, que modifica a estrutura geral da linguagem. Cada língua, portanto, se modifica de geração para geração. Um exemplo bem conhecido na Turquia é fornecido pelos judeus espanhóis que ali chegaram há quatro séculos e que continuaram, durante todo esse período, a falar espanhol; entretanto, como seu contato com a Espanha se tinha interrompido, sua língua se desenvolveu de maneira muito diversa da da Espanha; conservou, mesmo, algumas particularidades arcaicas que o espanhol de hoje não mais possui, de sorte que os especialistas estudam o judeu espanhol para reconstruírem o estado linguístico do espanhol no século XV. Ora, compreende-se facilmente que a língua falada mude muito mais depressa que a língua escrita e literária; esta última é o elemento

conservador e retardatário do desenvolvimento. A língua literária tende a ser correta; isso quer dizer que ela tende a estabelecer, de uma vez por todas, o que seja certo e errado; a ortografia, o significado das palavras e dos torneios, a sintaxe da língua literária obedecem a uma tradição estável, algumas vezes mesmo a uma regulamentação oficial; ela hesita em seguir a evolução linguística, que é, em geral (existem exceções), obra semiconsciente do povo ou de alguns grupos do povo. Em regra geral, a língua literária só adota as inovações linguísticas muito tempo depois de seu ingresso no uso corrente da língua falada. Em nossa época, isso se modificou um pouco, porque muitos escritores procuram assenhorear-se o mais depressa possível das inovações populares e mesmo ultrapassá-las com suas próprias criações; trata-se, porém, de um fenômeno recente. Na Antiguidade (e em todas as épocas fortemente influenciadas por ideias antigas sobre a língua literária), esta foi extremamente conservadora; hesitava longo tempo em seguir o desenvolvimento popular, e na maioria dos casos não o seguia absolutamente. Lembre-se aqui do que eu já disse anteriormente (p. 37) acerca da crítica estética da Antiguidade: ela considerava o belo como um modelo estável, perfeito, que não podia perder parte de sua beleza por via de uma mudança; isso se aplicava, naturalmente, à língua literária também. O latim falado (ou vulgar) mudou, por conseguinte, muito mais depressa e mais radicalmente que o latim literário. As tendências conservadoras não conseguiram proteger inteiramente o latim literário de toda mudança; ele também se modificou no decurso dos séculos. Todavia, essas modificações são insignificantes quando comparadas com as alterações profundas que sofreu o latim vulgar e que, juntamente com as diferenciações locais, constituíram pouco a pouco o francês, o italiano, o espanhol etc. Os sons, as formas, os significados da maioria das palavras permanecem inalterados no latim literário das épocas posteriores; somente a estrutura da frase se alterou consideravelmente; ao passo que, no latim vulgar, a fonética, a morfologia, o emprego e o significado das palavras, e, bem entendido, a sintaxe, ficaram inteiramente subvertidos. Se se desejar estabelecer de maneira sumária uma classificação das formas mais importantes do latim, podem-se distinguir: 1) o latim literário clássico, cuja época de apogeu vai aproximadamente de 100 aC até 100 dC, e que foi imitado, como veremos mais tarde, pelos humanistas da Renascença; 2) o latim literário do declínio da civilização antiga e da Idade Média, chamado, em geral, "baixo latim" ou latim da Igreja, porque era, e o é ainda, a língua da Igreja católica; 3) o latim vulgar, que é o latim falado de todas as épocas da língua latina e que evolui gradualmente até suas diferentes formas neolatinas ou românicas.

Da exposição que acabamos de fazer acerca da diferenciação local e temporal do latim vulgar, verifica-se que ele não é uma língua, mas antes uma concepção que compreende os falares mais diversos. Um camponês romano do século III aC falava de maneira muito diferente do camponês gaulês do século III dC e, não obstante, ambos falavam o latim vulgar. Pode-se aprender o latim literário, tanto o latim clássico quanto o baixo latim; não se pode, entretanto, aprender o latim vulgar; pode-se tão somente estudar uma ou outra de suas formas ou tentar verificar quais qualidades ou quais tendências são comuns a todas as suas formas conhecidas. No fundo, é a mesma coisa para todas as línguas vivas e faladas. Um turco que aprenda o alemão aprende o alemão atual tal como é escrito e tal como o falam as pessoas cultas das grandes cidades; mas isso não é todo o alemão; não inclui o alto alemão medieval do século XII ou do século XIII, nem o alemão da Renascença; não inclui tampouco os numerosos dialetos atualmente falados na Prússia oriental, na Renânia, na Baviera, na Suíça, na Áustria etc. O estudo de uma língua falada, em seu conjunto, comporta longas e difíceis pesquisas, para as quais se tem necessidade de uma formação linguística especial. Tal estudo se torna muito mais difícil no caso de uma língua da Antiguidade que de uma língua moderna; em primeiro lugar porque, conforme acabo de explicar, a diferença entre a língua literária e a língua falada era maior antes do que hoje; ora, possuímos um número bastante grande de documentos da língua literária da Antiguidade latina, mas faltam-nos quase completamente fontes para estudo da língua falada; só por obra do acaso foi que se conservaram alguns vestígios. Não se cogitava de fixá-la para a posteridade, porque ela não era julgada digna disso, e não se dispunha de instrumentos exatos para tanto, mesmo que se quisesse fazê-lo; não existiam então os discos nos quais fixamos hoje as línguas e os dialetos falados que nos interessam. E a dificuldade primordial, bem entendido, é que não se fala mais o latim vulgar. Pode-se estudar a língua falada dos franceses, dos alemães ou dos ingleses, pelo menos em todas as suas formas atualmente em uso, como o fazem aqueles que preparam os atlas linguísticos — o latim vulgar subsiste somente nas línguas românicas, que são apenas, por assim dizer, suas netas, suas descendentes longínquas. Todavia, o estudo comparado das línguas românicas é nossa fonte mais rica para o conhecimento do latim vulgar; o que elas possuem em comum, tanto no que respeita à evolução dos sons como às formas morfológicas e ao vocabulário, ou, enfim, à estrutura da frase, pode ser atribuído, com bastante verossimilhança, ao latim vulgar das épocas em que a diferenciação linguística das províncias do império não havia ainda feito progressos suficientes para impedir a compreensão mútua e o sentimento de que se falava uma só língua. Mas possuímos também algumas fontes antigas e diretas do latim vulgar. Os falares vulgares, dos quais se encontram traços nas línguas românicas, são frequentes nas comédias do poeta Plauto (c. 200 aC); encontram-se por vezes nas cartas de Cícero; um escritor contemporâneo de Nero, Petrônio, compôs um romance cuja parte conservada contém a descrição satírica de um festim de novos ricos a falarem o jargão dos homens de negócios, jargão repleto de vulgarismos; sobre os muros de Pompeia, cidade soterrada pela erupção do Vesúvio em 64 dC e exumada graças às escavações dos últimos séculos, encontrou-se grande número de garatujas que, desprovidas de ambição literária e amiúde chulas, dão uma imagem fiel, se bem que incompleta, da língua falada da época; encontram-se também vulgarismos nos escritos que lograram chegar até nós acerca de assuntos técnicos e práticos, por exemplo sobre arquitetura, agricultura, medicina ou medicina veterinária, pois aqueles que os escreveram não eram, o mais das vezes, pessoas que possuíssem uma formação literária, e os assuntos sobre os quais escreviam forçava-os por vezes a servirem-se de termos e locuções da língua corrente. Durante o período de declínio da civilização antiga, as fontes do latim vulgar tornam-se um pouco mais abundantes, porque muitos escritores desse período utilizam vulgarismos porquanto sua educação literária era insuficiente para permitir-lhes escrever um estilo puro. Encontram-se também muitas formas vulgares nos escritos de alguns pais da Igreja, nas traduções latinas da Bíblia, nas inscrições de toda espécie, sobretudo funerárias, espalhadas por todas as províncias do império. Chegou até nós um relato da viagem que uma religiosa, provavelmente originária da França meridional, fez à Palestina, provavelmente no século VI (nem a origem da religiosa nem a época da viagem puderam ser estabelecidas com exatidão); essa narrativa, *Peregrinatio Aetheriae ad loca sancta*, revela a cada momento as formas da língua falada; o mesmo acontece na *Histoire des francs* [História dos francos], escrita em fins do século VI pelo bispo Grégoire de Tours. Outros testemunhos provêm dos escritos dos gramáticos; ciosos de salvar a boa tradição, muito descontentes com a decadência do estilo elegante, eles compunham manuais da linguagem correta, e as formas que citam, condenando-as como erradas, revelam o que era efetivamente a prática oral. Com todos esses testemunhos, a par daqueles que nos fornecem as línguas românicas, podemos reconstituir uma imagem do latim vulgar que, embora bastante incompleta e sumária, permite-nos estudar suas tendências e qualidades principais.

Mas, para continuar nossa exposição do desenvolvimento das línguas românicas, cumpre-nos falar aqui dos fatos históricos que tiveram uma repercussão profunda sobre a civilização dos povos romanizados e, por conseguinte, sobre suas línguas, igualmente: a expansão do cristianismo e a invasão dos germanos.

Os judeus da Palestina viviam, desde os últimos tempos da República, sob a hegemonia romana. Muitos deles não residiam na Palestina; viviam antes nas grandes cidades do império, sobretudo em sua parte oriental. Mas em toda parte a maioria dos judeus se conservava separada do restante da população, recusando-se à helenização ou à romanização e conservando, com um zelo feroz, suas tradições religiosas. Essas tradições, conquanto houvessem sofrido em épocas anteriores diversas influências estrangeiras, tinham por fim se cristalizado numa forma que contrastava de maneira chocante com os hábitos de seu ambiente e que suscitavam neste, ao mesmo tempo, o desprezo, o ódio, a curiosidade e o interesse. O culto dos judeus parecia estranho, tanto do ponto de vista da forma quanto do conteúdo. Exteriormente, eles se distinguiam de seu ambiente pelo costume de circuncidar os varões e por seus preceitos extremamente rígidos no que concernia à alimentação, preceitos que tornavam impossível qualquer vida em comum com eles; no que tangia ao conteúdo de suas crenças, adoravam um deus único que, embora não sendo de modo algum corpóreo (detestavam a imaginária religiosa, e um de seus mandamentos principais proibia expressamente a feitura de imagens de Deus), não era tampouco uma concepção filosófica e abstrata, mas uma personagem nitidamente caracterizada, professando predileções e cóleras amiúde incompreensíveis, só, todo-poderoso, justo e, não obstante, inescrutável à razão humana: um deus ciumento. Ora, os gregos e os romanos, ou, melhor dizendo, os povos helenizados ou romanizados da bacia do Mediterrâneo, compreendiam muito bem a adoração de imagens de deuses da religião popular; compreendiam também, pelo menos as pessoas instruídas, o culto de uma divindade filosófica, síntese da razão ou da sabedoria perfeitas, pura ideia incorpórea e impessoal. Mas um deus que não era nem uma coisa nem outra, nem imagem concreta nem ideia filosófica; que era um ser pessoal sem corpo, de vontades inescrutáveis, que exigia obediência cega — tal concepção lhes era estrangeira, suspeita, inquietante, e exercia neles, não obstante, sobretudo na população grega, certo encanto sugestivo. Entretanto, o ódio e o desprezo prevaleciam, tanto mais que os judeus esperavam o advento de um rei libertador, de um Messias, que os livraria da dominação estrangeira e os tornaria, a eles e a seu deus, os únicos senhores do mundo. De resto, conquanto mantendo-se separados de todos aqueles que não fossem de sua religião, os judeus não estavam absolutamente de acordo entre si quanto à interpretação de seu dogma e punham, em suas lutas intestinas, um espírito de fanatismo minucioso que os tornava deveras antipáticos aos outros povos, em sua maioria tolerantes, nessa época, em matéria de religião, e antes curiosos de novas experiências religiosas. Sobretudo os funcionários romanos encarregados da administração da Palestina, inquietados a todo momento pelas perturbações de ordem religiosa cujo sentido não compreendiam, parecem ter detestado francamente esse povo difícil, inassimilável e bravio. Nas classes dominantes dos judeus da Palestina, havia dois partidos opostos um ao outro, e, além disso, frequentes movimentos populares suscitados por profetas extremistas complicavam a situação.

Nos últimos anos do reinado do segundo imperador, Tibério (14-37), um grupo de homens vindos do norte do país, gente simples e pouco instruída, discípulos de um de seus compatriotas, Jesus de Nazaré, suscitou perturbações em Jerusalém ao proclamar que Jesus era o Messias. A simplicidade e a força das palavras de Jesus, seus milagres e sua doutrina da caridade impressionaram os espíritos, e parece que ele conquistou, por alguns momentos, muitos partidários em Jerusalém. Mas os dois grandes partidos, embora desunidos em geral, concertaram-se contra ele, esperando, ao derrotá-lo, arruinar todo o movimento; pois o Messias, tal como eles e a grande maioria dos judeus concebiam, devia ser um rei vitorioso; se Jesus sucumbisse, seria prova de que era um impostor. Portanto, fizeram-no prender, arrancaram ao governador romano uma sentença de morte, e Jesus foi crucificado após haver sofrido um tratamento extremamente ignominioso.

Entretanto, os grupos dominantes viram suas expectativas logradas: o movimento não foi destruído. Parece que, após um momento de desespero e desencorajamento, os discípulos mais fiéis de Jesus — entre eles, a personagem que melhor se pode destacar é Simão Cefas, o futuro apóstolo São Pedro — recordaram-se de que ele próprio havia previsto sua Paixão, e que a predissera como um acontecimento necessário, como uma parte essencial de sua missão. Visões que lhes asseguravam que Jesus não estava morto, mas ressuscitado e elevado aos céus, confirmaram-nos em sua crença, e uma concepção muito mais profunda do Messias — a de Deus se sacrificando para resgatar o pecado dos homens, encarnando-se na forma humana a mais humilde, sofrendo as mais terríveis e ignominiosas torturas para a salvação do gênero humano — formou-se no espírito deles. A ideia de um deus sacrificado não era inteiramente nova; encontramo-la, sob diversas formas, nos mitos anteriores; porém, nessa combinação com a queda do homem pelo pecado, ligada a um acontecimento atual, sustentada pela lembrança da personalidade e das palavras de Jesus, constituiu-se uma nova revelação, extremamente sugestiva e fecunda. O movimento se difundiu entre os judeus palestinos, malgrado a oposição da ortodoxia oficial. Todavia, não teria provavelmente jamais ultrapassado os limites de uma seita judaica se uma nova personagem, o futuro apóstolo São Paulo, não tivesse dado a seu desenvolvimento nova e imprevista direção. São Paulo não era palestino, e sim um judeu da Diáspora, natural da cidade de Tarso, na Sicília, provindo, ao que parece, de uma família abastada e prestigiosa, pois já seu pai, como ele próprio, era cidadão romano. Era um homem bem mais instruído que os primeiros discípulos de Jesus; tinha um conhecimento do mundo e um horizonte bem mais largos que os deles; conhecia o grego, como a maioria dos judeus que habitavam fora da Palestina, e havia estudado a teologia judaica com um célebre professor de Jerusalém. Era muito ortodoxo e estava entre os perseguidores mais encarniçados dos primeiros cristãos. Entretanto, uma crise súbita, provocada por uma visão, abalou-o profundamente; ele se tornou cristão e concebeu, por via de um desenvolvimento interior cujos pormenores nos escapam, a ideia de pregar o Evangelho a todo o universo — não somente aos judeus, mas também aos pagãos. É verdade que, nessa resolução, ele não fez mais que tirar a conclusão inevitável da caridade pregada por Jesus; parece, porém, que nenhum dos outros judeus tornados cristãos imaginara algo tão revolucionário. Pois ela comportava uma separação nítida das formas e mesmo duma parte do conteúdo judaico. Sem dúvida, São Paulo conservava, do judaísmo, a concepção de Deus que, embora sendo espírito, portanto incorpóreo, não era absolutamente uma abstração filosófica, mas um ser pessoal, que havia mesmo podido encarnar-se num homem. Mas era mister renunciar à circuncisão e aos preceitos sobre a alimentação, e São Paulo foi ainda mais longe: ensinou que toda a religião judaica não era mais que uma etapa preparatória, que sua lei se tinha tornado nula pelo advento do Messias e que somente a fé em Jesus Cristo e na caridade contavam. Tal doutrina provocou não apenas o furor da ortodoxia judaica, mas também uma oposição forte e tenaz dos primeiros cristãos de Jerusalém que, por acreditarem em Jesus Cristo como Messias, não queriam deixar de ser judeus fiéis à lei. Mas São Paulo não era apenas um inspirado que agitava as almas por via de uma eloquência assaz pessoal e extática; era igualmente um político muito hábil, capaz de avaliar e pôr em ação as forças da sociedade, as tendências e as paixões dos homens; era, enfim, um caráter tão corajoso quanto flexível, pronto a fazer face às situações mais difíceis. No curso de uma vida de viagens deveras agitada, cujas etapas se refletem nas suas cartas e nos Atos dos Apóstolos, alvo da perseguição irreconciliável da ortodoxia judaica, tendo sempre de contar com a atitude hesitante e por vezes hostil dos judeus cristãos de Jerusalém, a desconfiança das autoridades romanas, a incompreensão, o desprezo e às vezes as violências dos pagãos aos quais pregou o Evangelho, as fraquezas e desfalecimentos dos novos convertidos, ele no entanto logrou, com a ajuda de alguns colaboradores, fundar comunidades cristãs em muitas cidades importantes do império e estabelecer, assim, a base da organização universal do cristianismo. Durante os três séculos que se seguiram, o cristianismo se difundiu gradualmente por todo o Império Romano, por vezes muito rapidamente, por vezes num ritmo mais hesitante. Acabara de ser adotado por uma parte muito grande da população quando o imperador Constantino o tornou a religião oficial do império, no ano 325. As razões desse êxito fulminante não são fáceis de resumir em algumas palavras. A antiga religião popular dos gregos e dos romanos não satisfazia mais, havia bastante tempo, às necessidades religiosas do povo; os sistemas filosóficos que propagavam um deísmo racionalista não convinham senão a uma minoria de pessoas instruídas; e, entre as diferentes religiões baseadas numa revelação mística, todas de origem oriental, que se infiltravam por essa época no Império Romano, o cristianismo era a mais sugestiva por causa de sua doutrina ao mesmo tempo mística e simples, ou, como se exprimiam os pais da Igreja, ao mesmo tempo sublime e humilde; a doutrina da fé e da caridade, da queda e da redenção, que todos compreendiam, estava ligada a uma concepção mística do Deus que se encarnava e se sacrificava; e essa concepção se vinculava a um acontecimento histórico e concreto, a uma personagem também sublime e humilde, e a quem se podia amar como a um homem, embora o adorando como Deus. Cumpre acrescentar a isso que os escritos cristãos forneciam, com a ajuda da tradição judaica, que interpretavam de modo figurativo, uma explicação da história universal que impressionava por sua unidade, sua simplicidade e sua grandeza. As perseguições não serviam, em suma, senão para fortalecer a fé; era uma glória sofrer o martírio, tanto mais que se imitava, ao sofrê-lo, a Paixão do Cristo; muitos crentes ambicionavam uma morte em que forçavam, por fatos e palavras provocadoras, as autoridades a condená-los, e recusavam todo meio de salvarem-se. Em princípio, as autoridades romanas eram tolerantes e evitavam as perseguições religiosas. Mas, nos primeiros tempos, o culto cristão revestia o caráter de um misticismo secreto; ora, todo Estado policiado detesta as sociedades secretas; tanto mais que uma parte da população, os judeus primeiramente, depois os sacerdotes pagãos e todo o comércio interessado nos sacrifícios e no culto antigo, imputava aos cristãos toda a sorte de crimes. Outras complicações advinham do fato de que os cristãos se recusavam a fazer sacrifícios diante da imagem do imperador, o que constituía a forma oficial de professar lealdade ao governo. Por fim, quando, mercê de sua crescente expansão, o cristianismo ameaçou tornar-se um fator importante na política, toda espécie de instintos tradicionalistas, de intrigas e de paixões entraram em jogo, e fizeram-se tentativas em larga escala para deter seus progressos pela violência.

Quando, no começo do século IV, a vitória do cristianismo se revelou definitiva, impunha-se a tarefa de fixar o dogma e reorganizar a Igreja. A partir do século II, as disputas acerca da interpretação do dogma tinham sido muito vivas; numerosas correntes filosóficas e religiosas atravessaram o mundo no fim da Antiguidade; o cristianismo as afastou pouco a pouco, mas elas exerciam influência sobre os teólogos cristãos, multiplicando as dissensões. A estabilização do dogma e a organização da Igreja foram obras dos grandes concílios dos séculos IV e V e dos pais da Igreja; no Ocidente, os mais importantes entre eles foram São Jerônimo (c. 350-420), o principal tradutor da Bíblia em latim, e Santo Agostinho (354-430), o gênio mais poderoso do declínio da Antiguidade. Nascido pagão, mas de mãe cristã que exerceu grande influência sobre ele durante a sua juventude, estudou letras e tornou-se professor de retórica, primeiro na África, sua terra natal, depois em Roma e Milão; foi nessa época de sua vida que ele veio, através de muitas crises interiores — diversas correntes filosóficas e místicas lhe disputavam a alma —, a abraçar definitivamente o cristianismo (387), abandonar sua cátedra e se tornar padre; o declínio progressivo do poderio romano e da civilização antiga, durante a sua vida, impressionou-o profundamente. É um grande escritor; suas obras — citemos seus livros sobre a Trindade, sobre a doutrina cristã, sobre a cidade de Deus, suas *Confissões*, suas cartas e seus sermões — refletem o combate que então se travava entre a tradição antiga e o cristianismo; dão-lhe uma solução que, embora sendo profundamente cristã, utiliza todos os recursos da civilização antiga; e criam uma concepção de homem muito mais racionalista, muito mais íntima, voluntarista e sintética que a dos sistemas filosóficos anteriores. Santo Agostinho morreu em 430, bispo de Hipona, ao norte da África, durante o assédio dessa cidade pela tribo germânica dos vândalos. Sua influência foi das maiores, não somente sobre os contemporâneos, não somente sobre a Idade Média, mas sobre toda a cultura europeia; toda a tradição europeia da introspecção espontânea, da investigação do eu remonta a ele.

De resto, nem os concílios nem os pais da Igreja lograram afastar em definitivo as dissensões sobre o dogma; as perturbações e os cismas continuavam. Pode-se dizer que, no curso de sua longa história, o cristianismo só teve raras épocas de calma e concórdia interior; desenvolveu-se e subsistiu atravessando lutas e crises das mais terríveis, e creio ser mais por causa que a despeito delas que ele alcançou manter por tão longo tempo sua força e sua juventude, transformando-se com os homens, as situações históricas e as ideias. Logrou-se todavia criar, durante os derradeiros séculos da Antiguidade, uma certa unidade da Igreja do Ocidente, com Roma por centro. O bispo de Roma, sucessor do apóstolo São Pedro, que ali passara os últimos anos de vida e ali sofrera o martírio, desfrutava havia muito tempo de grande prestígio; a este se acrescentava o prestígio da própria cidade. Tal é a origem do papado; e Roma, cujo poderio político não foi, a partir de então, mais que um símbolo e uma recordação, adquiriu um império espiritual que, sendo espiritual, nem por isso tinha menor importância prática. Roma, sede do papado, se constituiu num centro de organização; a partir dela fundaram-se e dirigiram-se os centros provinciais de onde saíram os missionários encarregados de converter os países bárbaros; à romanização sucedeu a cristianização, que também era uma espécie de romanização. A essa mesma época remonta a organização de conventos no Ocidente (Regra de São Bento, por volta de 529), quer dizer, a organização de comunidades dos que desejavam deixar o mundo para se consagrar inteiramente ao serviço de Deus. Os conventos tiveram grande importância para a civilização ocidental. No declínio da cultura antiga, foram o único centro de atividade literária e científica; neles se conservavam e copiavam as obras da Antiguidade, neles se desenvolviam as atividades que preparavam a arte, a literatura e a filosofia da Idade Média cristã. Mas os conventos tiveram também tarefas bem mais práticas a cumprir. Num mundo em que, após a queda do Império Romano e as invasões dos bárbaros, a noção de direito privado tinha quase deixado de existir, em que a violência individual dominava, eles constituíam um centro de paz, de asilo e de arbitragem; amiúde, foram também centro econômico: ensinavam os melhores métodos de agricultura, empreendiam arroteamentos, favoreciam os ofícios e protegiam os restos de comércio que tinham sobrevivido à ruína das vias de comunicação. Encontrava-se também nos conventos, certamente, toda sorte de vícios, e sobretudo os vícios peculiares dessa época: a violência, a avareza, a ambição, nas suas formas mais primitivas e ferozes. Mas a ideia que os inspirava foi mais forte que as imperfeições dos homens, e pode-se supor que, sem sua atividade — e sem a atividade prática e organizadora da Igreja em geral —, a própria ideia da civilização e da justiça teria perecido. De tudo quanto acabamos de dizer, verifica-se que a Igreja cristã ocidental, na época que se segue à queda do império, tem um desenvolvimento nitidamente prático e organizador, num contraste muito marcado com a época precedente, repleta de discussões sutis acerca do dogma. Pode-se comprovar esse novo estado de espírito nos escritos do último dos grandes pais da Igreja, o papa Gregorio I (o Grande, morto em 604), que foi um organizador do trabalho prático e do ensino da Igreja católica.

É também do ponto de vista prático que cumpre considerar a influência linguística da Igreja ocidental. A língua da liturgia no Ocidente foi o latim; toda atividade intelectual se exprimia nessa língua. Por isso, a Igreja conservou a tradição do latim como língua literária, se bem que não se tratasse do latim clássico; seus escritos foram redigidos num latim literário um tanto modificado, chamado baixo latim (ver pp. 77-78). O baixo latim eclesiástico, por longo tempo desprezado pelos eruditos modernos devido à influência do humanismo, mas redescoberto no século passado e deveras apreciado desde então, produziu obras da maior beleza e da mais alta importância. Tal ocorreu primeiramente na poesia religiosa, os hinos, cuja tradição remonta pelo menos a Santo Ambrósio, bispo de Milão (século IV). Floresceu durante toda a Idade Média; toda a poesia europeia se baseia no sistema métrico que empregou e que é inteiramente diferente do da poesia antiga; esta se funda na quantidade das sílabas (longas ou breves), ao passo que a versificação dos hinos cristãos, e a seguir a da poesia europeia posterior, se baseia em sua qualidade (acentuadas ou átonas), em seu número e na rima. Quanto à prosa do baixo latim, só lentamente foi que desenvolveu sua forma própria; tornou-se um instrumento vigoroso e flexível, de caráter assaz peculiar; a filosofia e a teologia da Idade Média nela encontraram seu instrumento, da mesma maneira que as grandes crônicas dos historiadores. Teremos ocasião de voltar a isso.

Mas existe um outro lado da influência eclesiástica, mais importante para o desenvolvimento das línguas românicas. A língua da liturgia foi, conforme disse, o baixo latim, um latim literário, portanto. Mas chegou um momento, provavelmente bastante cedo, em que a diferença entre esse latim literário e a língua falada (o latim vulgar, ou antes, as línguas românicas nascentes) atingiu tal ponto que o povo se tornou incapaz de compreender as palavras do ofício divino. Não obstante, a Igreja católica continuou — e continua até agora — a manter o ofício divino em sua tradicional forma latina. Todavia, era mister criar um meio de compreensão imediata: os sermões que os padres endereçavam ao povo e as paráfrases dos textos sagrados, compostos em língua vulgar. É verdade que possuímos documentos desse gênero somente de uma época relativamente tardia; as paráfrases mais antigas que chegaram até nós numa língua românica datam do século x, e, no que respeita aos sermões, não possuímos nenhum que seja anterior ao século xii. Sabe-se, porém (por exemplo, pelo testemunho do concílio de Tours, 813), que se pregava em língua vulgar muito antes dessa época; tais sermões não foram conservados porque não eram julgados dignos de serem fixados por escrito em sua forma vulgar. De fato, existe apenas um número bastante restrito de sermões conservados em francês arcaico, e amiúde são traduzidos do latim. Ora, esses primeiros sermões e paráfrases davam à língua vulgar uma espécie de nova dignidade; eram um primeiro ensaio do que se criaria mais tarde: a forma literária das línguas vulgares. Pois, para exprimir em língua vulgar, mesmo de maneira bastante simples, os mistérios da fé, a história do nascimento, da vida e da Paixão de Jesus Cristo, era mister criar todo um novo vocabulário e adotar um estilo mais elevado e mais cuidado que o existente até então, empregado apenas para as necessidades práticas da vida; era um começo de uso literário. Podemos dar-nos conta disso graças ao fato de que muitas palavras da esfera eclesiástica (por exemplo, paixão, caridade, trindade) se conservaram numa forma muito mais próxima do latim que outras palavras foneticamente semelhantes, ou desenvolveram, desde a

Idade Média, uma forma literária ao lado da forma corrente (em francês, *charité* a par de *cherté*). Ademais, uma parte importante das paráfrases vulgares de histórias sacras foi composta numa forma dramática; essas paráfrases dramáticas, que davam forma dialogada a cenas da Bíblia, serviam para explicar e popularizar a história sagrada e o dogma; é o início e o germe do teatro europeu.

O aparecimento do estilo literário nas línguas vulgares, suscitado pela necessidade que o clero experimentava de estabelecer um contato linguístico direto com o povo e de tornar-lhe mais familiares as verdades da fé, distingue-se claramente das concepções literárias da Antiguidade. Como no domínio linguístico, a que já fiz várias vezes menção, o gosto antigo professava, também no domínio literário — no que concerne à maneira por que se deviam tratar os temas —, certo aristocratismo: cumpria evitar, nos temas trágicos e "sublimes", todo realismo, e sobretudo, todo realismo rasteiro. As personagens trágicas, na Antiguidade, eram deuses, heróis da mitologia, reis e príncipes; o que lhes acontecia era amiúde terrível, mas cumpria que permanecesse no quadro do sublime; o realismo rasteiro, a vida cotidiana e tudo quanto pudesse parecer humilhante era excluído. Ora, para os cristãos, o modelo do sublime e do trágico era a história de Jesus Cristo. Mas Jesus Cristo se tinha encarnado na pessoa do filho de um carpinteiro; sua vida sobre a terra se passara em meio à gente da mais baixa condição social, homens e mulheres do povo; sua Paixão tinha sido o que havia de mais humilhante; e precisamente nessa baixeza e humilhação consistiam o sublime de sua personalidade e do Evangelho que ele e seus apóstolos haviam pregado. O sublime da religião cristã estava intimamente ligado à sua humildade, e essa mescla de sublime e humilde, ou melhor, essa nova concepção do sublime baseada na humildade, anima todas as partes da história santa e todas as legendas dos mártires e confessores. Por conseguinte, a arte cristã em geral, e a arte literária em particular, não tinham o que fazer da concepção antiga do sublime; firmou-se um novo sublime cheio de humildade, que admitia as personagens do povo, que não recuava diante de nenhum realismo cotidiano; tanto mais que o objetivo dessa arte não era agradar a um público de elite, mas tornar a história santa e a doutrina cristã familiares ao povo. É uma

nova concepção de homem que se estabelece, concepção de que já falei a propósito de Santo Agostinho, que lhe entreviu e formulou claramente as consequências literárias. Tais consequências foram muito importantes para a Europa, estenderam-se muito além da arte cristã propriamente dita; todo o realismo trágico europeu advém delas; nem a arte de Cervantes e do teatro espanhol, nem a de Shakespeare, para citar somente os exemplos mais conhecidos, poderiam ter sido imaginadas sem essa concepção realista do homem trágico, que é de origem cristã. Foram as épocas que imitaram conscientemente as teorias da Antiguidade (por exemplo, o Classicismo francês do século XVII) que retomaram a concepção antiga.

Ao falar do latim vulgar, já expliquei que a influência das línguas de substrato, vale dizer, os falares em uso antes da colonização romana, tinha dado ao latim vulgar certa variedade, e que havia diferenças consideráveis entre suas múltiplas formas regionais. Durante a longa agonia do império, a independência das províncias cresceu e a influência da cidade de Roma diminuiu; a classe culta entrou em decadência e foi substituída por grupos de oficiais sem instrução, frequentemente de origem bárbara; mudanças da estrutura social, diferentes nas diversas províncias, influíam sobre a língua; em suma, toda uma série de fenômenos descentralizadores contribuía para enfraquecer a unidade da língua latina. Todavia, é provável que essa unidade estivesse ainda consciente na parte ocidental do império até a época em que este desmoronou sob o ataque das invasões germânicas e em que novas criações políticas, quase todas de breve duração, nasceram sobre as suas ruínas (uma estabilização relativa não foi alcançada senão na época carolíngia). Entretanto, nessa segunda metade do primeiro milênio, provavelmente já durante os séculos VI e VII, a unidade do latim vulgar foi definitivamente destruída, e os falares regionais converteram-se em línguas independentes.

Os germanos que invadiram e finalmente aniquilaram o império do Ocidente não constituíam um povo unido; eram um grande número de hordas e tribos nômades que ocupavam o norte, o centro e algumas partes do sudoeste da Europa; montanhas e rios separavam as tribos entre si, e sua organização política e militar era ainda pouco desenvolvida. Mas elas prezavam a guerra e se inclinavam facilmente a deixar seu país para ir procurar alhures espólios, terras mais férteis e uma vida mais fácil. Invasões germânicas haviam ameaçado Roma desde o século I aC; durante os primeiros séculos de monarquia, os romanos tiveram de empreender, contra os germanos, grande número de guerras ofensivas e defensivas (mas a ofensiva não era, por sua vez, senão uma defesa preventiva). Todavia, nenhuma dessas guerras havia sido efetivamente perigosa, até que, em 167, uma tribo germânica, os marcomanos, impelidos eles próprios por outras hordas germânicas, irromperam na província romana da Panônia (no ângulo do Danúbio, ao sul da linha Viena-Budapeste, até o Drava). O imperador Marco Aurélio, o célebre filósofo estoico, conseguiu repeli-los numa guerra que durou catorze anos.

No século III, foram sobretudo as regiões do Danúbio inferior e a Gália que sofreram invasões germânicas. Em 271, os romanos foram obrigados a abandonar a província ao norte do Danúbio inferior, a Dácia, aos godos; ela fora conquistada 170 anos antes e rapidamente romanizada por colonos, método radical de romanização que os romanos aplicaram no caso para garantir a fronteira ameaçada. Foi essa a única província inteiramente romanizada na parte oriental do império e a primeira que ele perdeu. Mas nem a ocupação pelos godos nem as numerosas invasões posteriores por outros povos (germanos, mongóis, eslavos, turcos, magiares) conseguiram destruir a população romanizada; são os romenos atuais; todavia, não se sabe com certeza se eles permaneceram todos esses séculos em seu antigo território ou se voltaram para ele após tê-lo outrora abandonado; a história dos Bálcãs, entre o século III e o século XIII, fornece escassos documentos acerca deles; nos séculos X, XI e XII, comprovou-se a presença de populações romanas na Macedônia, na Trácia, na Galícia e na Tessália, onde não mais existem hoje, ao passo que, no tocante à Romênia, o mais antigo testemunho de sua presença data apenas do século XIII. (Além dos romenos, conhecem-se alguns outros resquícios de romanos balcânicos: os morlaques, que são ainda hoje encontrados na Ístria, e o grupo dálmata, ramo independente das línguas românicas, cujo último representante morreu em 1898 na ilha de Veglia.) Quanto à Gália, foram os alamanos (tribo germânica cujo nome passou, em francês — *alemans* —, a designar todo o povo alemão) que atacaram as posições além-Reno dos romanos, em Baden e Württemberg de hoje; elas constituíam posições avançadas, chamadas, segundo o sistema de impostos ali vigorante, *agri decumates*, campos que pagam dízimo; os romanos tiveram de abandoná-las por volta de 260; desde então, o Reno passou a ser a fronteira, da mesma maneira que, a leste, o Danúbio. O fim do século III e uma parte do IV foram mais tranquilos; é verdade que a penetração do território romano pelos germanos continua, mas trata-se antes de uma penetração pacífica; eles passam a fronteira em grandes grupos, a administração romana lhes dá terras e eles se estabelecem como colonos; ingressam no exército romano; uma grande parte dos oficiais e mesmo de generais romanos do último período do império é de origem germânica.

Mas tudo isso não passou de um prelúdio. Por volta de 375, os hunos invadiram a Europa, desencadeando o movimento que se chama de migração dos povos. Quase

todas as tribos germânicas, direta ou indiretamente afetadas pelo avanço mongol, abandonam suas terras e se dirigem para o sul e para o oeste; o império do Ocidente sucumbe a essa catástrofe. Enumeremos rapidamente as migrações mais importantes das tribos germânicas.

1) Os vândalos, entre 400 e 450, atravessaram a Hungria, os países alpinos, a Gália, a Espanha (onde o governo romano lhes destinou terras e, entre elas, a região que lhes traz o nome, a Andaluzia) e passaram por fim para a África, onde estabeleceram um reino independente; não foram, porém, numerosos o bastante para colonizar e conservar suas conquistas; seu reino foi aniquilado pelos bizantinos, em 533, e eles desapareceram.

2) Os visigodos, também originários do leste, atravessam os Bálcãs, chegam ao Peloponeso, voltam, invadem várias

vezes a Itália, alcançam a Calábria, regressam, passam para a Gália e entram na Espanha. Lá, combatem algum tempo a serviço de Roma contra outros germanos, são em seguida chamados de volta pelo governo imperial na Gália e estabelecidos, como "federados", no sudoeste desse país; Toulouse, Agen, Bordeaux, Périgueux, Angoulême, Saintes, Poitiers lhes cabem; em 425, adquirem independência e Toulouse se torna a capital de seu reino. Oitenta anos mais tarde, em 507, são expulsos pelos francos e se retiram para a Espanha, mas muitos nomes de lugares na França meridional lembram sua presença. Na Espanha, misturam-se inteiramente com a população romana; seu reino, hispano-gótico e católico, parece já ter desenvolvido algo que se assemelha a um sentimento nacional, no sentido moderno. Após dois séculos, em 711, esse reino é destruído pelos árabes, na batalha de Jerez de la Frontera, perto de Cádis; os cristãos perdem toda a Espanha, com exceção da região das Astúrias, nas montanhas do noroeste da península, e é de lá que partem para a Reconquista, que durou quase oito séculos.

3) Os burgúndios que, vindos do vale do Main, tinham atravessado o Reno por volta de 400, estabeleceram-se, como federados dos romanos, na região de Worms e Spire. Dela foram expulsos e quase aniquilados pelos hunos (essa é a origem da célebre epopeia alemã dos Nibelungos). Os sobreviventes se estabeleceram na Savoia, talvez também na região entre os lagos de Neuchâtel e Genebra; continuaram federados e mantiveram boas relações com a população romana; converteram-se ao

catolicismo, tendo anteriormente aderido, como muitas outras tribos germânicas dessa época, a uma heresia muito difundida nos séculos IV e V, o arianismo. Durante o desmoronamento do império, a partir de 460, avançam para o norte, o oeste e o sul, tomam Lyon, ocupam a Borgonha e o vale do Reno até Durance; são detidos pelos visigodos, que lhes barram o acesso às costas do Mediterrâneo, mas expulsam os alamanos do Franco-Condado. A partir de 500, o ataque dos francos, que se dirige contra os demais povos germânicos na Gália, os arrasta a guerras sanguinolentas; eles resistem mais tempo que os visigodos, mas são incorporados definitivamente, em 534, ao reino dos francos.

4) Os alamanos, estabelecidos perto do lago de Constança, tentam primeiramente fixar-se no Franco-Condado, são repelidos pelos burgúndios e se infiltram, por volta de 470, na Suíça do Norte, na província romana da Récia. Com seu avanço, os alamanos cortaram o contato linguístico entre a Gália e o resto da Suíça, pois não se romanizaram como a maior parte dos outros germanos que viviam no antigo território do império, mas, ao contrário, germanizaram o país, que, antes da conquista romana, havia sido céltico. Permaneceram também pagãos durante longo tempo. Graças a essa germanização do norte dos países alpinos (pois o mesmo desenvolvimento se verificou mais a leste, no Tirol atual, pelo avanço da tribo dos bávaros), os falares romanos foram rechaçados para o sul, isolados em pequenas partes nos altos vales dos Alpes e tiveram uma evolução à parte; são as línguas reto-românicas.

5) Em 476, um alto oficial do exército romano, germano da tribo dos hérulos, Odoacro, derrubou o último imperador do Ocidente e se fez proclamar rei sob o protetorado puramente fictício do imperador bizantino. Esse foi o fim do império do Ocidente, pois Odoacro dominava tão somente a Itália; as poucas províncias que haviam ficado até então sob a administração romana se tornaram independentes, uma delas, a Gália setentrional, sob um general romano. Treze anos mais tarde, Odoacro foi vencido e morto na guerra contra a tribo dos ostrogodos, que entraram na Itália comandados por seu rei, Teodorico (é o Dietrich von Bern da lenda alemã; Bern quer dizer Verona). O reino dos ostrogodos na Itália, muito poderoso por cerca de quarenta anos, não deixou vestígios profundos; apenas alguns nomes de lugares o recordam, em sua maior parte no vale do Pó e no norte da Toscana; parece que foi aí, perto das fronteiras sempre ameaçadas, que a maior parte dos ostrogodos se estabeleceu. De 535 a 552, no curso de uma longa guerra, os exércitos bizantinos destruíram o reino e a tribo desapareceu; os homens que sobreviveram ingressaram no exército bizantino. A Itália foi, durante 25 anos, província bizantina, sob o nome de Exarcado; em 568, novos conquistadores germânicos apareceram em cena, os lombardos, de que falaremos mais tarde.

6) A partir do século III, piratas germânicos do litoral do mar do Norte fizeram investidas frequentes contra as costas da Gália e da província da Bretanha, a Grã-Bretanha de hoje. Pertenciam à tribo dos saxões. Em 411, Roma retirou suas últimas legiões das ilhas britânicas, e desde

então a população céltica indígena foi rechaçada: uma grande parte do país ficou de posse de germanos de além-mar, saxões e anglos. Uma parte da população céltica (ou bretã) atravessou o mar e se estabeleceu no continente, numa península pouco povoada, a Armórica, que desde então lhes traz o nome: a Bretanha. Eles não tinham sido ainda romanizados e conservaram sua língua céltica até hoje (os camponeses da Bretanha falam sempre bretão); ao passo que os celtas originários da Gália estavam havia muito romanizados quando esses primos mais conservadores se estabeleceram em seu litoral.

7) Os francos, grande povo germânico composto de várias tribos, tinham se estabelecido, na primeira metade do século v, na margem direita do Reno, ao norte de Colônia. Por volta de 460, apoderam-se dessa cidade (que estava situada na margem esquerda) e avançaram mais adentro pela região transrenana. Uma coalizão de várias de suas tribos, sob o comando do jovem rei Clóvis (da família dos Merovíngios), se apodera em 486 da província romana que conservara sua independência após a queda do império (ver 5, p. 103); os francos alcançam assim os vales do Sena e do Loire. Em 507, Clóvis derrota os visigodos (ver 2, p. 100) e avança até o Pirineus. Passa os últimos anos de sua vida em combates contra outros chefes de tribos francas; ele morre em 511, rei de todos os francos. Seus filhos derrubam o reino dos burgúndios (ver 3, p. 101) e se aproveitam do ataque bizantino contra os ostrogodos (ver 5, p. 103) para ocupar o sudoeste do país, que até então estivera sob a proteção de dois povos godos; a partir de 536, a domina-

ção dos francos se estende até o Mediterrâneo. É verdade que a Provença, ou seja, a região litorânea a leste do Ródano, permaneceu relativamente independente e só foi inteiramente submetida dois séculos mais tarde, quando o avanço árabe lhe debilita a força econômica. Mas, no conjunto, os francos são, a partir do século VI, senhores do país que lhes tomou o nome — a França, que os romanos chamavam de Gália. Discutiu-se bastante a questão de sua influência racial, linguística e cultural. Como eles se romanizaram em todo o território galo-romano, os eruditos do século XIX, sobretudo os historiadores, pensaram, em sua maioria, que a influência dos francos foi apenas superficial; que os francos, na França, não foram mais que uma categoria pouco numerosa de senhores, e não de colonos. As pesquisas linguísticas e arqueológicas dos últimos tempos modificaram consideravelmente essa opinião. O estudo dos nomes de lugares demonstrou que um número muito grande é de origem franca, sobretudo ao norte do Loire; na mesma área, a terminologia agrícola acolheu muitas palavras francas, ao passo que os únicos nomes francos concernentes à administração ou à guerra ultrapassaram esse limite e se difundiram também no sul. Isso parece provar que os francos se estabeleceram como colonos em número bastante grande ao norte do país, ao passo que ao sul do Loire sua atividade era puramente administrativa e militar. A política dos reis merovíngios tendia a uma fusão entre francos e galo-romanos; atraíam a aristocracia galo-romana para a sua corte e lhe confiavam cargos, da mesma maneira que aos grandes de seu próprio povo; utilizavam as instituições da administração romana; os títulos dos altos funcionários eram em grande parte romanos (duque, conde); o mesmo acontece com as terminologias militar e jurídica; é interessante notar, todavia, que o direito germânico se impôs, pouco a pouco, no norte do Loire, enquanto o sul conservou o direito romano (essa diferença de direitos se manteve até a grande Revolução de 1789); isso constitui outra prova de que a influência dos francos sobre a vida prática foi bem maior ao norte do país. A fusão entre francos e galo-romanos foi favorecida pela conversão de Clóvis e de seus súditos francos ao catolicismo; disso resultou, sem dúvida, uma romanização dos francos; mesmo no domínio cultural e psicológico, porém, eles forneceram à língua alguns termos importantes (*orgueil*, orgulho; *honte*, vergonha). No conjunto, é mister supor que a colonização dos francos, muito débil ao sul do Loire, foi, no norte do país, bem mais importante, mais importante, inclusive, que a colonização germânica nos outros países da Romània; o linguista suíço Walther von Wartburg a calcula em 15% a 25% de toda a população, e outros eruditos vão bem mais longe: acreditam que o norte da França tenha se germanizado quase completamente e que a fronteira atual entre o francês e as línguas germânicas seja o resultado de uma lenta rerromanização posterior, entre o século VI e o século VIII. Parece, em todo caso, que a invasão dos francos contribuiu para destruir a unidade linguística dos países da região galo-romana; após ela, um novo tipo de romano, que se tornaria mais tarde o francês, se formou ao norte; enquanto o sul, muito pouco influenciado pelos germanos (os visigodos não tiveram influência durável) e muito mais conservador, manteve e desenvolveu um tipo diferente, bem mais próximo do latim por sua estrutura fonética, chamada língua *d'oc* ou provençal. É provável que a diferenciação entre os dois tipos do galo-romano já tivesse sido preparada pelo desenvolvimento anterior, visto que a costa mediterrânea foi tocada pela civilização antiga e pela romanização muito tempo antes que o norte; mas parece que a invasão dos francos a acentuou fortemente e a tornou definitiva. A fronteira atual entre o francês e o provençal (trata-se, naturalmente, de uma fronteira entre línguas faladas, e sobretudo por camponeses, porquanto a língua literária, e cada vez mais a língua falada nas cidades, é hoje a mesma em todo o lugar, o francês do norte), parte de Bordeaux, abrange, numa vasta curva para o norte, o maciço central, cruza o Ródano um pouco ao norte de Valence e continua para oeste na direção dos Alpes. No começo da Idade Média, ela passava mais ao norte e abrangia Saintonge, o Poitou, o sul de Berry, o Bourbonnais e uma parte do Morvan, nos falares do sul, deixando aos do norte somente as regiões fortemente colonizadas pelos francos. A leste do território galo-romano, uma área linguística (em redor das cidades de Genebra, Lyon e Grenoble) tem uma situação à parte, intermediária entre o francês e o provençal, chamada franco-provençal; sua formação talvez tenha se devido à colonização dos burgúndios (ver 3, p. 101).

8) Os lombardos, vindos da Panônia, acossados eles próprios pelo povo mongol dos ávaros, entraram na Itália,

então bizantina, em 568 (ver 5, p. 103). Conquistaram a planície do Pó, escolheram Pávia para capital e continuaram seu avanço para o sul. Tornaram-se senhores da Toscana; ao sul da península, fundaram os ducados de Espoleto e de Benevento, que foram praticamente independentes do rei residente em Pávia. Bizâncio não pôde manter sua dominação senão em alguns territórios dispersos, dos quais os mais importantes foram Roma e Ravena e seus arredores, a Apúlia meridional e a Calábria. As duas facções procuraram salvaguardar suas comunicações, os bizantinos aquelas entre Roma e Ravena, os lombardos aquelas entre a Toscana e os ducados; a região da Perúgia tornou-se, por conseguinte, um centro estratégico onde as duas facções estabeleceram fortificações. Os lombardos, cujo organismo central era débil e que, nos primórdios de sua dominação, tinham tratado cruelmente a população romana, sobretudo a aristocracia, não lograram dar à Itália uma unidade política; não souberam aproveitar o antagonismo crescente entre a população e Bizâncio e o debilitamento do poderio bizantino. Foi o bispo de Roma, o papa, quem se tornou o centro da Itália romana; quando, dois séculos após a conquista, em 754, um rei lombardo se apoderou de Ravena e se voltou contra o papa, este pediu a ajuda dos francos, entre os quais a família dos Merovíngios fora substituída pela dos Carolíngios. Os francos primeiro enfraqueceram e depois destruíram a dominação lombarda (Carlos Magno, em 774), tornaram-se senhores de uma grande parte da Itália e restabeleceram o papa em Roma; o sul do país (Apúlia, Calábria, Sicília) ficou para os bizantinos. Portanto, durante dois séculos, os lombardos dominaram grande parte da Itália, ocupando o norte, a Toscana, a Úmbria, estendendo-se, por via de seu ducado de Benevento, até a região de Bari. Foram fortemente romanizados, eles também, durante essa época, mas deixaram na língua e na civilização italianas traços muito importantes, se bem que menos profundos que os francos no norte da França. A influência lombarda se fez sentir na constituição agrária e comunal dos países ocupados por eles (sobretudo ao norte), e é a eles que se deve, segundo a opinião dos eruditos modernos, o grande desenvolvimento das comunas na Lombardia e na Toscana. Os nomes de lugar de origem lombarda se concentram em grande parte ao redor da capital, Pávia; as palavras lombardas que entraram na língua ítalo-romana, menos numerosas que as palavras francas no francês, mas muito mais numerosas e importantes que as palavras góticas nas línguas da França meridional e da Espanha, dizem respeito sobretudo à vida material: casa, utensílios domésticos, ofícios, animais, conformação do solo, vestimentas, partes do corpo; alguns adjetivos assinalam nuanças psicológicas como *gramo* (triste) e *lesto* (rápido, ágil, sutil, astuto); no conjunto, porém, o vocabulário das classes elevadas parece não ter sido quase afetado. A distribuição das palavras lombardas nos falares italianos é bastante singular; compreende-se que se limite amiúde a uma ou a algumas regiões, mas acontece, por vezes, que sua área ultrapasse as fronteiras da dominação política dos lombardos; tal ocorre na Romanha, a região ao redor de Ravena, terra bizantina e mais tarde papal, que não foi jamais lombarda.

A frequência de palavras lombardas diminui quando se desce para o sul; na região de Nápoles, na Calábria e no sul da Apúlia elas não são mais encontradas.

9) Em fins do século VII, os árabes, com seu avanço no norte da África, ali destruíram a civilização romana e a língua latina, que até então pareciam ter resistido, na parte ocidental do litoral mediterrâneo, a todas as catástrofes anteriores. No início do século VIII, os árabes penetraram na Espanha e derrubaram numa só batalha, em Jerez de la Frontera, em 711, o reino romanizado dos visigodos (ver 2, p. 100). Isso constituiu uma virada decisiva na história europeia; a bacia ocidental do Mediterrâneo deixava, por longo tempo, de ser "um lago europeu"; o centro da civilização romana e cristã se transferia definitivamente para o norte. Os árabes continuaram seu avanço e transpuseram os Pirineus; entretanto, em 732, Carlos Martel, chefe dos francos e avô de Carlos Magno, deteve-os e os venceu, entre Tours e Poitiers. Desde então, eles se retiraram para o sul dos Pirineus. O restante do exército hispano-visigodo, que tinha se refugiado nos montes Cantábricos, a noroeste do país, ali fundou o reino das Astúrias. A partir do século IX, os reis das Astúrias avançaram para o sul e reconquistaram pouco a pouco o país até o Douro; sua capital foi Léon e a região reconquistada, Castela a Velha (de *castellum*, praça-forte), o centro de sua força. Ao mesmo tempo, os francos avançaram vindos do noroeste. Entretanto, no resto da península, a civilização romana e cristã não foi destruída; os árabes muçulmanos, bastante tolerantes nos primeiros

séculos de sua dominação, viviam bem com seus súditos romanos; estes continuavam na maior parte cristãos e continuavam a falar romano. Posteriormente, o desenvolvimento da Reconquista, que durou até o fim do século xv, produziu uma cisão dos falares românicos da península em três grupos. O grupo do centro é o dos conquistadores, que partiram das Astúrias e de Castela a Velha; foram, política, militar e moralmente, os mais fortes e impuseram sua língua, o castelhano, à maior parte da península, mesmo às províncias do sul, até o estreito de Gibraltar; é o espanhol atual. A oeste, um grupo partido da Galícia conquistou pouco a pouco o litoral do Atlântico; sua língua, o galego, apoiado pelo poderio do marquesado de Portugal (a princípio vassalo dos reis de Castela, independente a partir de 1100), conservava um caráter peculiar; é o português. E, a leste, a "fronteira espanhola" do império dos francos mantinha íntima relação com a França meridional; quando ela se tornou independente dos francos (marquesado de Barcelona, principado da Catalunha, por volta de 900), e mesmo depois, quando se uniu primeiramente a Aragão, a seguir a Castela (1479), sua língua, mais próxima do provençal que do espanhol castelhano, se manteve viva: é o catalão.

Malgrado a longa coabitação de romanos e árabes na península Ibérica, que, durante longos períodos, foi inteiramente pacífica, nenhuma das duas línguas que falavam logrou alcançar supremacia sobre a outra; os árabes não foram romanizados como o foram os germanos no antigo território do império; mas não lograram tampouco, a despeito de sua dominação política e de sua brilhante civilização, arabizar a população romana; isso pode ser explicado pela diferença das religiões, que, todavia, não impediu um certo grau de miscegenação racial. O único resíduo linguístico da dominação árabe foi um número bastante grande de palavras adotadas pelos falares românicos, sobretudo pelo castelhano e pelo português.

10) A partir do século VII, os germanos da Escandinávia, os normandos ou vikings, invadiram as costas europeias, desempenhando papel bastante semelhante ao dos saxões e anglos alguns séculos antes. Nos séculos IX e X, eles penetraram várias vezes até Paris; a partir de 912, estabeleceram-se, sob a soberania do rei franco, numa

região que lhes guarda o nome, a Normandia; ali, romanizaram-se rapidamente. No século XI, esses normandos da costa francesa invadiram a Inglaterra (batalha de Hastings, 1066); seu rei e seus nobres formaram ali a classe governante, que falava um dialeto francês (o anglo-normando), cuja importância literária foi considerável na Idade Média. Todavia, essa segunda romanização da Inglaterra teve caráter superficial; coincidiu com o apogeu da cavalaria feudal no século XII e desapareceu depois. Outros normandos se estabeleceram nos séculos XI e XII no sul da Itália e na Sicília, combatendo sucessivamente os bizantinos, os muçulmanos, o Papa e diferentes senhores territoriais. A partir de 1130, seu domínio teve o nome de reino de Nápoles e da Sicilia; em fins do século XII, ele coube, por herança, à casa imperial alemã dos Hohenstaufen; entretanto, esses normandos da Itália não exerceram influência linguística importante.

*

Tentemos, agora, indicar brevemente o resultado político e cultural desses grandes movimentos.

A unidade do império fora destruída; o único vínculo que unia o Ocidente europeu era a Igreja católica, que conseguira expulsar dessa parte do mundo todas as heresias perigosas e que, lenta e tenazmente, continuava a converter os povos ainda pagãos. Toda a atividade intelectual e literária se concentrava na Igreja; os escritores, poetas e músicos, os filósofos e professores dessa época pertencem todos ao clero, e a influência eclesiástica nas cortes dos diferentes príncipes germânicos torna-se cada vez mais importante. Ao lado dos barões, condes e duques, os bispos e os abades é que são conselheiros do rei; assumem frequentemente não apenas a direção dos negócios eclesiásticos e espirituais, mas também os de administração e política. Sem dúvida alguma, a Igreja contribuiu muito, com o seu prestígio, para os rápidos progressos da romanização na maior parte dos conquistadores germânicos.

Desses reinos germânicos, nenhum, exceto o dos francos, conseguiu se manter por longo tempo. O dos visigodos na Espanha foi derrubado pelos árabes; os visigodos na França e os burgúndios de entre Lyon e os lagos de Genebra e Neuchâtel foram submetidos pelos francos; os ostrogodos foram aniquilados, na Itália, por Bizâncio, e os lombardos, que lhes tinham sucedido, cederam, dois séculos mais tarde, seu lugar aos francos. Os alamanos e os bávaros ao norte dos Alpes viviam igualmente sob a soberania dos francos; estes haviam estendido sua dominação também para o oeste, submetendo tribos germânicas até então independentes, no norte e no centro da Alemanha atual. Sob Carlos Magno, o maior dos reis francos, que se fez coroar imperador romano em 800, pareceu por um momento que a unidade política da Europa poderia ser restaurada; ele dominava a França, a Alemanha até o Elba, uma grande parte da Itália e mesmo uma região ao noroeste da Espanha. Mas, sob seus sucessores, seu império se dividiu; em 870, a parte germânica do domínio transalpino se separou definitivamente da parte romana; uma tornou-se a Alemanha, a outra, a França; e a Itália ficou abandonada, durante longo tempo, a uma história assaz movimentada. Mesmo na França e na Alemanha, os reis não tiveram poder suficiente para centralizar a administração de seus países; e isso se deveu a uma estrutura política e econômica que conferia ampla liberdade aos senhores regionais, em parte seculares — duques, condes, barões —, em parte eclesiásticos — bispos e priores de conventos. É o sistema feudal, cujas raízes remontam aos derradeiros tempos do Império Romano, mas cujo desenvolvimento foi favorecido pelos hábitos dos conquistadores germânicos, e que se estabeleceu definitivamente sob os últimos carolíngios.

O empobrecimento da população do Império Romano a partir do século III levara muitas pessoas a abandonar suas terras e a deixar seu ofício ou função para se furtar aos tributos que o Estado e o exército imperial lhes impunham. Os imperadores procuraram remediar tal situação pelas restrições à liberdade de movimento; o camponês se tornou um colono amarrado ao solo; ninguém tinha mais o direito de mudar de profissão; misteres e profissões se tornaram hereditários, a estrutura da sociedade perdeu toda a flexibilidade, petrificou-se e se tornou um sistema de classes claramente separadas umas das outras. Os grandes burgueses das cidades, detentores hereditários e honorários, quer dizer, não remunerados, dos cargos municipais — eram chamados curiais —, sucumbiram nessa crise; a decadência do comércio, causada pelas revoltas, pelas invasões e pela pirataria nos mares os arruinava, e os arruinava tanto mais depressa quanto eles não tinham o direito de abandonar seus cargos, que lhes impunham despesas frequentemente excessivas. Somente um pequeno grupo de grandes proprietários de bens de raiz sobrevivia, mas preferia deixar as cidades, que se empobreciam cada vez mais — foi esse o fim da civilização urbana da Antiguidade —, e viver em suas terras, entre seus colonos hereditários, ainda que originariamente livres; graças à decadência do poder central e à ruína das comunicações, tais proprietários viviam como pequenos senhores independentes, procurando suprir suas necessidades pela produção local e fazendo de seus colonos uma guarda militar. Surgiam, assim, por todo o território do império, inúmeras propriedades agrícolas econômica e militarmente autárquicas; os senhores nelas exerciam até mesmo o poder de julgar.

O regime dominial das épocas merovíngia e carolíngia parece não ser mais que a continuação desse estado de coisas. O grande domínio senhorial, cultivado pelos colonos, constitui um pequeno mundo fechado, que mantém poucas relações com o mundo exterior; o senhor é, às vezes, um conde ou barão, germano ou romano, outras vezes um bispo ou o prior de um convento. Os grandes domínios foram de uma estabilidade extraordinária; houve alguns, na França, que se mantiveram desde a época galo-romana, através dos tempos merovíngios e carolíngios até a fundação da monarquia francesa, e amiúde as comunas francesas atuais representam o território de um desses grandes domínios antigos. É claro, os proprietários mudaram frequentes vezes, e muitos grandes domínios não se formaram senão após a conquista germânica, pois os reis recompensavam os serviços militares com doações das terras conquistadas (*beneficia* ou feudos), reservando-se a suserania do território, bem como o devotamento pessoal e o serviço militar do beneficiário. Este se tornava, assim, vassalo do rei; há vassalos a quem ele dá terras como feudos sob condições análogas, exigindo também contribuições em mercadorias ou mesmo em dinheiro; e assim por diante; os colonos, presos à gleba, estão embaixo da escala. A propriedade eclesiástica, grandemente acrescida pelas doações dos devotos, que acreditavam com isso pagar seus pecados, adotava esse sistema; a propriedade de raiz, livre, desaparece pouco a pouco ou se torna rara. A nobreza se vincula ao feudo, torna-se algo de material; a partir do século X, o cavaleiro é aquele que foi estabelecido num feudo por um suserano, com o encargo de servir a cavalo; como o feudo é praticamente hereditário, uma nova nobreza, ligada ao feudo, se forma. Ora, num mundo em que as comunicações são lentas e difíceis, em que a organização de um vasto território como a França ou a Alemanha suscita problemas administrativos difíceis de resolver, é evidente que os vínculos feudais são bem mais fracos no alto da escala que embaixo; eis a razão da debilidade do poder central nas épocas merovíngia e carolíngia, quando o sistema feudal se estabelece, e das longas lutas que os reis da Idade Média tiveram de sustentar para restaurar esse poder central e unificar seus países.

O estabelecimento do sistema feudal só se verificou pouco a pouco; suas formas não são idênticas em toda parte, e muitas questões a ele relacionadas são ainda bastante controversas. Mas ninguém põe em dúvida que o regime dominial estivesse em sua base e que tal desenvolvimento tenha causado debilitamento do poder central nas monarquias pré-medievais. A dispersão do poder, a autarquia das regiões e dos grandes domínios, o parcelamento das atividades humanas são as particularidades mais características dessa época, que vai da queda do Império Romano ao início das Cruzadas, um pouco antes de 1100. Só a atividade literária, restrita a uma escassa minoria (pois pouquíssimas pessoas sabiam ler e escrever), inteiramente nas mãos da Igreja, conservava uma certa unidade; a Igreja era a única força internacional (essa palavra é descabida de todo, pois não havia ainda nações no sentido moderno) dessa época. Em tais condições, a unidade do latim vulgar soçobrou definitivamente, e formou-se um grande número de falares regionais que, por razões políticas e geográficas, resultaram em alguns agrupamentos relativamente homogêneos; são as línguas românicas, o francês, o provençal, o italiano etc. Longo tempo rechaçadas pelo latim da Igreja, que passava por ser a única língua literária, elas não puderam desenvolver uma literatura senão a partir do século XI; mas o vestígio mais antigo, sob forma de documento escrito, remonta a

842, data em que dois reis carolíngios, ao concluir uma aliança em Estrasburgo, prestaram juramento, um em francês, o outro em alemão, diante de seus exércitos. Um historiador contemporâneo inseriu o texto autêntico desses juramentos em sua crônica latina; o juramento francês é o mais antigo texto que possuímos numa língua românica.

As línguas românicas, quando comparadas ao latim clássico, mostram em seu desenvolvimento muitas tendências comuns; existem outras tendências que são específicas para um grupo delas ou para uma só. Eu deveria, pois, ter falado das tendências comuns a todas anteriormente, no capítulo acerca do latim vulgar, e reservar para o capítulo presente apenas as tendências específicas que se pode supor não tenham elas desenvolvido senão mais tarde, quando o contato linguístico entre as diferentes partes do império se rompeu definitivamente. Mas preferi resumir aqui tudo o que pretendo dizer sobre a estrutura das línguas românicas antes de seu aparecimento literário; esse processo permite maior simplicidade e coesão, e permite também evitar questões, por vezes bastante controversas, sobre a época exata em que se produziu esta ou aquela transição. Dou aqui apenas alguns princípios e exemplos da evolução linguística; este livro não é um manual, mas um sumário sinóptico.

I. FONÉTICA

A. VOCALISMO

Observação: Distinguiremos, no que se segue, vogais abertas e fechadas, sobretudo em relação ao *e* e ao *o*. Nossa transcrição das vogais abertas será ę , ǫ, e para as fechadas ẹ, ọ. O *e* aberto se encontra nas palavras francesas *bref, fais;* o *e* fechado, em *blé*; o *o* aberto em *porte, cloche*; o *o* fechado em *mot, eau.* Note-se bem que a grafia não importa; o que importa é o som.

O principal agente da transformação das vogais foi o acento. Os povos que falavam os idiomas do latim vulgar acentuavam as sílabas com muito mais intensidade que a sociedade romana da época clássica; esta tinha distinguido as sílabas por sua duração (longas e breves); o povo as distinguia pelo acento. O acento popular caía com grande força sobre as sílabas que feria, dilatando as vogais e amiúde ditongando-as, ao passo que as outras sílabas da palavra, átonas, negligenciadas pela articulação, se enfraqueciam, e suas vogais se apagavam mais ou menos.

a) O primeiro desses fenômenos, a dilatação e a ditongação das vogais sob a pressão do acento, concerne sobretudo às vogais que terminam a sílaba (livres, não travadas); todavia, na península Ibérica, ele fere também, às vezes, as vogais em posição travada. Por outras palavras, a dilatação e a ditongação atingem algumas vogais, o *ę* e o *ǫ*, de modo mais geral que as outras; entretanto, algumas línguas românicas, sobretudo o francês do norte, estendem o fenômeno ao *ẹ* e ao *ọ*, que são ditongados, e mesmo ao *a*, que é alongado e muda para *e* (contanto que, sempre, essas vogais sejam acentuadas e não travadas). Assim, a palavra latina *petra*, em que o *e* aberto é acentuado e termina a sílaba, deu em italiano *pietra*, em francês *pierre*, enquanto na península Ibérica se encontram a forma sem ditongo *pedra* (português) e a forma ditongada *piedra* (espanhol); na palavra latina *terra*, em que o *e* é travado pelo primeiro *r* que termina a sílaba, a ditongação não se produziu nem em francês nem em italiano (*terre*, *terra*), mas antes em espanhol (*tierra*). A situação é quase exatamente a mesma para o *o*, ditongado nas mesmas condições em *uo* ou *ue*. No norte da França, *ẹ* e *ọ* foram respectivamente ditongados em *ei* e *ou*, quando eram acentuados e terminavam a sílaba, e *a* ali se tornou, nas mesmas condições, *e* (lat. *mare*, it. *mare*, esp. *mar*, mas fr. *mer*). Ora, o *i* e o *u* breves do latim clássico eram pronunciados, a partir do século III, geralmente como *e* e *o*; somente *i* e *u* longos, pois, quando acentuados, permaneceram imutáveis em toda parte, ainda que o *u* tenha assumido, numa área bastante extensa, a pronúncia *ü*.

b) O segundo fenômeno, a supressão das vogais átonas, se manifesta de maneira evidente nas palavras de três sílabas em que a primeira recebe o acento: elas perdem amiúde a segunda sílaba e tornam-se dissilábicas; o mesmo acontece nas palavras de quatro sílabas em que a segunda, átona entre duas sílabas mais ou menos acentuadas, tende a desaparecer. Já na época clássica do latim, dizia-se *caldum* em vez de *calidum* (fr. *chaud*, it. *caldo* etc.), *valde* em vez de *valide* e *domnus* em vez de *dominus*. Mais tarde, as línguas do Oeste, isto é, as da Gália e da península Ibérica, reduziram quase todas as palavras de três sílabas em que a primeira leva o acento a dissílabos, enquanto as línguas do Leste foram mais conservadoras; compare-se a forma do latim *fraxinus* nas diferentes línguas românicas: it. *frassino*, rom. *frasine*, mas esp. *fresno*, provençal *fraisse*, fr. *frêne*. No caso das sílabas entre dois tons (nas palavras latinas de quatro sílabas), o francês conserva somente aquelas cuja vogal é *a*, que ele abranda em *e* "mudo" (*ornamentum* > *ornement*); em certas condições, mesmo esse *e* desaparece (*sacramentum* > *serment*); as outras vogais nessa posição, o francês as suprime completamente: por exemplo, lat. *blastimare* (forma literária *blasphemare*), fr. *blâmer*, mas esp. *lastimar*; ou lat. *radicina*, fr. *racine*, mas rom. *rădăcină*. Vê-se, por esses exemplos, que também nesse caso outras línguas são mais conservadoras que o francês; entretanto, há numerosas instâncias em que a sílaba entre dois tons é suprimida em toda parte ou quase em toda parte, por exemplo, lat. *verecundia*, *alicunum*, *bonitatem*; it. *vergogna*, *alcuno*, *bontà*; esp. *vergüenza*, *alguno*, *bondad*; fr. *vergogne*, *aucun*, *bonté*. As sílabas sem acento no início e no fim da palavra resistiram melhor; em francês, entretanto, as sílabas finais não acentuadas desapareceram todas, com exceção daquelas de vogal *a*; estas sobreviveram com a vogal abrandada em *e* mudo (lat. *portum*, fr. *port*; mas it. *porto*, esp. *puerto*; lat. *porta*, fr. *porte*, mas it. *porta*, esp. *puerta*).

B. CONSONANTISMO

Notações fonéticas: *y* (francês *y*eux, l*i*eu), *š* (fr. *ch*ant); *z* (fr. *z*èle, be*s*oin), *z* (fr. *j*our), *x* (alem. a*ch*).

No que respeita às consoantes, os fatos mais salientes do desenvolvimento consistem numa tendência ao enfraquecimento das consoantes oclusivas, tanto mudas (*k*, *t*, *p*) como sonoras (*g*, *d*, *b*) no interior da palavra, sobretudo quando se encontram entre duas vogais ou entre vogal e consoante líquida (*l*, *r*) — e numa tendência à assibilação ou à palatização, isto é, à articulação no palato, que atinge, sob certas condições, as consoantes *k* e *g* e um grande número de grupos consonantais. A esse número pertencem as oclusivas seguidas de *l*, os grupos que contêm um *y* consonantal, bem como *gn*, *ng*, *kt*, *ks* e outros. Em todos esses casos, existe uma tendência para triturar, decompor as consonantes ou grupos consonantais, substituindo-os por um som fricativo palatal. Nesse caso também, no que respeita a ambas as tendências, as transformações foram mais profundas em francês.

a) O enfraquecimento das consoantes oclusivas no interior da palavra, entre duas vogais ou entre vogal e líquida, se patenteou desde o fim do século II por grafias defeituosas de inscrições espanholas, tais como *immudavit* por *immutavit* ou *lebra* por *lepra*; já em Pompeia, encontra-se *pagatus* por *pacatus*. O fenômeno se difundiu em seguida; por toda parte, na posição descrita, *k*, *p* e *t* (é preciso lembrar que *k* em latim se escreve *c*) tendem a passar a *g*, *b* e *d*; é o fenômeno que encontramos em espanhol em *saber*, *mudar, seguro,* em lugar do latim *sapere, mutare, securum.* Mas vê-se que o fenômeno nem sempre se verificou em italiano, que tem *sapere, mutare, sicuro,* mas que diz todavia *padre* pelo latim *patrem;* vê-se também que em francês a evolução ultrapassou consideravelmente as formas espanholas, pois o *b,* proveniente do *p,* se enfraqueceu ainda em *v* em *savoir,* e *d,* proveniente de *t,* desapareceu completamente em *muer,* da mesma forma que o *g,* proveniente de *k,* em *sëur,* forma medieval da palavra moderna *sûr.* Por vezes, o *k* se conserva como *y* consonantal; *pacatus,* do italiano *pagato,* deu em francês *payé,* o que constitui um fenômeno de palatização (ver o que se segue). Quanto a *g, b* e *d* originários, o *d* se enfraquece em provençal e torna-se z (lat. *videre,* prov. *vezer*); o italiano o conservou intacto (*vedere*), mas a Espanha e a França (esp. *ver,* fr. *voir*) o perderam; o *g* originário, conservado no Leste, é umas vezes mantido, outras abandonado, na Itália (*reale,* de *regalem,* a par de *legare,* proveniente de *ligare*), da mesma forma que na península Ibérica; ele é tratado, em francês, como o que provém de *k,* isto é, desaparece na maioria dos casos (*lier;* palatização em *royal*); enfim, o *b* originário passou logo a *v* (lat. *caballus,* it. *cavallo,* fr. *cheval,* prov. *cavall;* mas esp. *caballo* e, em compensação, rom. *cal*).

b) Os fenômenos de palatização são bem mais complicados. Falemos primeiramente dos que dizem respeito às consoantes *k* e *g* simples. Antes de *e* e *i,* elas se palatizam em toda parte, exceto na Sardenha, e bastante cedo; entretanto, o resultado não é idêntico em toda parte: no leste é *tš,* às vezes *š,* mas no Oeste, *ts,* mais tarde *s.* Assim, na inicial da palavra, o *k* do latim *caelum* (pronúncia clássica *kelum*) deu em francês *ciel*, pronunciado *siel*, e em espanhol *cielo*, pronunciado com um *s* um tanto diferente, mas o italiano *cielo* se pronuncia *tšelo*. No interior da palavra, o desenvolvimento é o mesmo, exceto que no Oeste o *s* se sonoriza e se torna z: o latim *vicinus* (*vikinus*) dá em italiano *vicino* (*vitšino* ou *višino*), mas em espanhol antigo, *vezino*, e em francês *voisin*, cujo *s* se pronuncia z. O *g* inicial antes de *e* ou *i* se torna primeiramente *y*, o que permaneceu em espanhol, por exemplo (lat. *generum*, esp. *yerno*); na maioria dos outros países, porém, esse *y* se reforçou em *dy* para vir a dar *dž* ou *ž*, o que se pode verificar pela pronúncia das palavras italianas e francesas correspondentes a *genero* e *gendre*. No interior da palavra, a mesma coisa ocorre ainda para o italiano (lat. *legem* deu it. *legge*, pronunciado com *dž*); em espanhol e em francês, a sílaba final caiu e *g* transformado em *y* formou ditongo com a vogal precedente: esp. *ley*, prov. e fr. arcaico *lei*, fr. moderno *loi*, cuja pronúncia atual é relativamente recente. Muito tempo depois, a palatização se estendeu também ao *k* e ao *g* antes de *a*, mas somente no norte da Gália e nos países alpinos. É uma das particularidades características que distinguem o francês do provençal e da maior parte das línguas românicas. O resultado da palatização antes de *a* foi *š* por *k* e *ž* por *g*: o latim *carrus*, carro, dá *char* em francês, e *gamba* dá *jambe*, ao passo que quase por toda parte esse *k* ou *g* antes de *a* permanece intacto, como por exemplo em italiano *carro*, *gamba*.

Quanto aos grupos de consoantes que sofrem palatizações, darei apenas alguns exemplos que mostram a tendência geral. Os grupos *kl, gl, pl, bl, fl* na inicial são bastante frequentes em latim (*clavis, glanda* derivado de *glans, plenus, blastimare, flore* de *flos*). Nesse ponto, o francês é menos revolucionário que a maioria das outras línguas românicas; conservou esses grupos intactos: *clef, glande, plein, blâmer, fleur*; (existem todavia palatizações em certos dialetos). Mas o italiano palatizou esses grupos: *chiave* (pronunciado *kyave*), *ghianda* (*gyanda*), *pieno, blasimare, fiore*. O espanhol foi mais longe; perdeu por vezes completamente o elemento oclusivo, sobretudo antes do acento, de sorte que temos as formas *llave, lleno*, cujo som inicial é um *l* molhado; ao passo que o latim *placere* (it. *piacere*) conservou o seu *pl* intacto no espanhol *placer*, cujo acento recai, como em la-

tim, na segunda sílaba; no interior das palavras, *kl* e *gl* são palatizados até em francês; o latim *oculus*, tornado *oclus* segundo o que acabamos de dizer em A, b (p. 121), é representado em italiano por *occhio* (pron. *okyo*), em espanhol por *ojo* (*oxo*) e em francês, onde caiu a desinência, por *œil* (*öy*, com *y* consonantal). Os grupos de consoantes compostas originariamente de um *y* contêm, nesse som, um elemento que lhes favorece a decomposição. Os mais característicos são *ky* e *ty*; a palavra latina *facia* (forma clássica *facies*; pronúncia *fakya*) deu em francês *face*, pronunciado com *s*, mas em italiano *faccia*, pronunciado *fatša*. No tocante a *ty*, escolhamos o exemplo do latim *fortia* (*fortya*), que dá em italiano *forza*, em espanhol *fuerza*, em francês *force*; o z das grafias em italiano e espanhol tem o valor fonético *ts*, o *c* da palavra francesa tem o valor *s*; quando o *ty* se encontra entre vogais, ele vem a dar um z (sonoro), por exemplo em *priser*, proveniente do latim *pretiare*; existem ainda outras variantes desse fenômeno. Mencionemos por fim o grupo *gn*, que deu quase em toda parte um *n* palatal; lat. *lignum*, fr. arcaico *leigne*, it. *legno*, esp. *leño*; nas três línguas, a pronúncia é a mesma (a significação da palavra é "lenho", por vezes "barco"); como exemplo do francês moderno, citarei ainda *agneau*, proveniente do latim *agnellus*.

Evidentemente, há muitas palatizações que não mencionei, e naquelas de que falei existem muitas nuanças às quais não fiz alusão. Mas acredito que quem ler atentamente o que eu disse compreenderá a natureza de um fenômeno que é um dos mais importantes na evolução das línguas românicas.

II. MORFOLOGIA E SINTAXE

O latim, de acordo com suas origens indo-germânicas, é uma língua flexional; suas palavras essenciais (substantivo, verbo, adjetivo, pronome) apresentam duas partes diferentes: uma parte fixa, que dá o sentido da palavra isolada, e uma desinência variável, que serve para flexioná-la, isto é, para exprimir-lhe as relações com outras palavras na frase. Declinava-se em latim *homo, hominis, homini, homine, hominem* no singular, e *homines, hominum, hominibus, homines* no plural; conjugava-se no presente *amo, amas, amat, amamus, amatis, amant*. Ora, se considerarmos agora uma língua românica — seja o francês, que, também nesse caso, transformou mais radicalmente a estrutura latina —, verificaremos que ele perdeu quase todas as desinências. A palavra *homme* é a mesma em todos os casos; mesmo o *s*, sinal do plural, não é mais que um símbolo gráfico; não é pronunciado, a não ser nas ligações antes de vogal. No que concerne ao presente do verbo *aimer*, as pessoas do singular e a terceira do plural são foneticamente idênticas (*em*); somente as duas primeiras do plural, *aimons*, *aimez*, conservaram desinências distintivas. Outras línguas românicas são relativamente mais ricas em desinências; o italiano, por exemplo, possui uma conjugação flexional completa no presente: *amo*, *ami*, *ama*, *amiamo*, *amate*, *amano*; na declinação de *uomo*, porém, ele não distingue mais os casos, mas apenas o número; para o singular, a única forma é *uomo*, e para o plural, *uomini*. Nas instâncias em que as terminações desapareceram, as línguas românicas se serviram de palavras auxiliares — preposições, artigos, pronomes —; vale dizer, recorreram a processos sintáticos para compor sua declinação e sua conjugação. Eis por que, ao resumir as tendências mais importantes do desenvolvimento linguístico, reuni morfologia e sintaxe num mesmo capítulo. O desaparecimento de grande parte das desinências latinas arruinou quase inteiramente o sistema flexional da declinação e comprometeu seriamente o da conjugação; foram substituídos por outro sistema, originariamente sintático e analítico; é verdade que o poderíamos interpretar também, em sua função atual, como uma flexão por prefixos; por exemplo, na conjugação francesa, em que os antigos pronomes *je*, *tu*, *ils* há muito perderam todo valor primordial; nessa função, foram substituídos por *moi*, *toi*, *lui*, *eux*; não servem hoje senão como prefixos para a conjugação. Resumindo, o sistema de flexão por desinências desapareceu quase inteiramente da declinação francesa, e perdeu muito de sua importância na conjugação. Quanto à declinação dos pronomes, alguns restos das antigas formas flexionais se conservaram (*lui*, *leur* como dativo); mas, no conjunto, o sistema se desagregou o suficiente para não mais poder dispensar auxiliares sintáticos. Por vezes, é unicamente a ordem das palavras na frase que faz compreender suas relações; por exemplo, na frase *Paul aime Pierre* (Paul ama Pierre) ou *le chasseur tua le loup* (o caçador matou o lobo), é somente pela posição que se compreende que *Paulo* e *o caçador* são sujeitos, e *Pierre* e *o lobo*, objetos. Em latim (em que o verbo se coloca de preferência no fim da frase) havia uma escolha entre *Paulus Petrum amat* e *Petrum Paulus amat*.

Quais são as causas do abandono do sistema de flexão? Podem-se citar diversas. Primeiramente, o sistema flexional do latim era bastante complicado. O latim tinha quatro séries de tipos para a conjugação e cinco para a declinação; fora dessas séries, havia um grande número de particularidades e das assim chamadas exceções, isto é, casos isolados. Quando o latim se difundiu, e massas cada vez mais numerosas começaram a servir-se dele, um sistema tão complicado tornou-se incômodo; o povo confundia e simplificava; uma porção de alterações analógicas se produziam. Trata-se de um fato antes psicológico e sociológico que racial, pois ocorreu no império todo; todavia, as alterações variam muito segundo as regiões. Eis alguns exemplos: ao lado da série de substantivos em *a*, todos femininos, (*rosa*), o latim possuía uma série de substantivos femininos em *es*, por exemplo *facies*, *materies*; eles foram, quase todos e quase em toda parte, mudados para *facia, materia*, e tratados como os femininos em *a*; a mesma alteração se produziu num grande número de neutros plurais em *a*, que foram considerados femininos singulares (por exemplo, *folia*, a folha). Em latim, o verbo *venire* fazia parte de uma série diversa da do verbo *tenere*; algumas regiões, por exemplo a Gália, tratavam *tenere* segundo o modelo de *venire*, e assim temos em francês *tenir* ao lado de *venir*. A analogia desempenhou papel muito importante na evolução da morfologia românica; ora, o resultado de tantas alterações analógicas foi uma certa confusão na flexão, que contribuiu para enfraquecê-la. Uma outra razão, mais importante, é de ordem fonética; é que em latim vulgar as desinências tinham uma posi-

ção articulatória muito débil. Isso se fez sentir na época do latim clássico em que, segundo o testemunho dos gramáticos, o *m* final, assaz importante como sinal do acusativo, não era mais pronunciado; na parte oriental da Romània, na Romênia e na Itália, o *s* final, também essencial para a flexão, teve a mesma sorte. Em francês, o *s* final se manteve por longo tempo, até o século XIX, de modo que se distinguia, até essa época, o nominativo *murs* (*murus*) do acusativo *mur* (*murum*); em compensação, o francês perdera ou enfraquecera consideravelmente as vogais das sílabas finais sem acento; *murus, porta, cantat*, que dão em italiano e em espanhol *muro, porta, canta* (o *t* final havia desaparecido também, sendo encontrado só nos primeiros séculos do francês arcaico), têm em francês a forma *mur, porte, chante*. Para explicar esse desenvolvimento fonético, é preciso lembrar o que dissemos antes em I, A, b (p. 121): o predomínio do acento de intensidade, ao enfraquecer as sílabas sem acento, enfraquecia sempre a última sílaba que, em latim, não leva jamais o acento. É verdade que existem em latim desinências polissilábicas cuja primeira sílaba leva o acento (*-amus*, *-atis*, *-abam* etc.); elas resistiram muito melhor, mesmo em francês.

Mas, ao lado dessas causas puramente negativas que contribuíam para minar o sistema flexional, há outras, positivas, que nos fazem sentir que instintos levavam os povos romanizados a preferir as novas formas originariamente sintáticas da declinação e da conjugação. Dizendo *ille homo* (o homem) em lugar de *homo*, e *illo homine* ou *ad ilium hominem* (do homem, ao homem) em lugar de *hominis* ou *homini*, apontava-se, por assim dizer, com o dedo a personagem em questão (*ille* é originariamente um pronome demonstrativo) e insistia-se no movimento que, no genitivo, parte dele e, no dativo, tende para ele. Trata-se de uma tendência para a concretização e mesmo para a dramatização do fenômeno expresso pelas palavras; tendência que se pode observar em grande número de fatos do latim vulgar. A língua latina clássica, tal como a conhecemos através de suas obras literárias, é o instrumento de uma elite de pessoas de alta civilização, administradores e organizadores; a língua destes visava menos à concretização dos fatos e atos particulares que à sua disposição e classificação sinóptica num vasto sistema ordenado; eles insistiam menos na particularidade sensível dos fenômenos: o esforço de sua expressão linguística se aplicava, em primeiro lugar, no estabelecimento claro e límpido das relações que existiam entre os fenômenos. A língua do povo, ao contrário, tendia para a apresentação concreta de fenômenos particulares; queria-se vê-los, senti-los vivamente; sua ordem e suas relações interessavam menos às pessoas que viviam uma vida limitada e cotidiana e cujo horizonte não abrangia mais, após a decadência e a queda do império, nem a Terra inteira, no sentido geográfico, nem o universo dos conhecimentos humanos. A tarefa que se lhes impunha não era mais a dos antigos senhores do mundo, que tinham de classificar um número muito vasto de fenômenos, dos quais grande parte só lhes chegava ao conhecimento de maneira indireta e abstrata, através de relatórios e livros — e sim a de bem compreender, sentir e penetrar um número limitado de fatos que se passavam sob seus olhos. Trata-se de uma profunda transformação,

cujos resultados podem ser observados em muitas particularidades sintáticas do latim vulgar. Da mesma maneira, sente-se necessidade de concretização nas novas formas da declinação e de dramatização nas da conjugação, quer dizer, no emprego do pronome *ego, tu, ille* etc. antes das pessoas do verbo; esse emprego tornou-se muito mais frequente no latim vulgar do que o fora na língua clássica. Todavia, só se tornou obrigatório muito mais tarde, e somente em francês. Para explicar tal fenômeno, é tentador recorrer à queda das desinências, muito mais radical em francês que em outras línguas. Mas estabeleceu-se recentemente que, na prosa do francês arcaico, o emprego ou a omissão do pronome independia das desinências; ele era usado regularmente em certos casos, muito tempo antes da queda das desinências; parece que um sentimento rítmico servia de guia nesse período de transição. Vê-se, por tal pequeno exemplo, que a explicação de um fenômeno sintático é amiúde deveras complicada; na maior parte dos casos, várias causas cooperam para produzi-lo.

O latim vulgar serviu-se ainda de outros meios sintáticos, de verdadeiras perífrases, para tornar mais concreta a morfologia do verbo. Introduziu um novo tempo do passado, o passado composto, com o auxílio do verbo *habere*. Como se dizia *habeo cultellum bonum*, "tenho uma boa faca", podia-se formar o mesmo torneio de frase com um particípio do passivo e dizer *habeo cultellum comparatum* "tenho uma faca comprada", que logo adquiriu o sentido de "comprei uma faca". Trata-se de uma formação sintática nascida de uma concretização, que se introduziu em toda parte; era tanto mais forte e vital quanto se podia desenvolver um mais-que-perfeito composto (*habebam cultellum comparatum*, "tinha uma faca comprado") e os subjuntivos correspondentes. Quanto às antigas formas flexionais, o perfeito (*comparavi*) se conservou: é o passado simples das línguas românicas modernas; seu subjuntivo (*comparaverim*) desapareceu e foi substituído, como o do imperfeito (*compararem*), em quase todas as línguas românicas, por formas derivadas do antigo subjuntivo do mais-que-perfeito (*comparavissem*); o antigo indicativo do mais-que-perfeito, *comparaveram*, deixou vestígios nas línguas românicas da Idade Média; atualmente, só existe na península Ibérica e, na maioria dos casos antigos e modernos, não tem mais o sentido originário.

Uma evolução semelhante se produziu no tocante ao futuro. O futuro do latim clássico conhecia dois tipos diferentes, *cantabo* de *cantare* (e formas análogas em *-ebo*) e *vendam* de *vendere*. O primeiro coincidia frequentemente, devido à alteração do *b* em *v* (ver p. 124), com as formas correspondentes do perfeito (por exemplo, fut. *cantabit*, perf. *cantavit*); o segundo apresentava o inconveniente de ser fácil de confundir com o presente do subjuntivo (do qual saíra). Além disso, o latim clássico possuía uma perífrase para o futuro próximo, *cantaturus sum*. Mas o latim vulgar não adotou nenhuma dessas formas. Após ter hesitado por longo tempo entre várias perífrases (por exemplo, *volo cantare*, "quero cantar", como em inglês, perífrase que sobreviveu, no que respeita às línguas românicas, somente nos Bálcãs), a grande maioria das províncias adotou uma cujo sentido originário fora "tenho de cantar": *cantare habeo*. Dessa forma, alterada pouco a pouco pelo desenvolvimento fonético, e contraída, surgiram os futuros das diferentes línguas românicas (fr. *chanterai*, it. *canterò*, esp. *cantaré* etc.).

Por fim, o passivo do sistema flexional latino (*amor*, *amaris*, *amatur* etc.) foi substituído em toda parte e em todos os tempos do verbo por perífrases, das quais o tipo mais importante foi formado analogamente a *bonus sum*, "eu sou bom", e *amatus sum*, "sou amado".

No que tange à estrutura da frase, me limitarei aqui a uma consideração de ordem geral. O latim clássico dispunha de um sistema muito rico de meios de subordinação, que permitia classificar um número muito grande de fatos, em suas relações recíprocas, numa só unidade sintática: uma frase às vezes muito longa, mas não obstante muito clara e límpida, que se chama período. Os meios de subordinação eram múltiplos: conjunções variadas e ricamente matizadas, cada uma das quais tinha um sentido preciso (local, temporal, causal, final, consecutivo, concessivo, hipotético etc.); proposição com o infinitivo subordinado (*credo terrain esse rotundam*, "creio que a Terra é redonda"); construções participiais de diferentes espécies (por exemplo, o ablativo absoluto). Ora, acabamos de dizer que o latim vulgar não sentia mais tanta necessidade de classificar e ordenar os fatos; por conseguinte, a arte do período, que, por sua mesma natureza, se presta mais para a língua escrita e o discurso cuidadosamente preparado que para a língua falada do povo, entrou em decadência. As construções participais e as construções com o infinitivo subordinado foram menos empregadas; o grande número de conjunções ricamente matizadas reduziu-se consideravelmente; o sentido das que sobreviveram perdeu muito de sua precisão; as relações entre os fatos, sobretudo as relações de causa e efeito, não mais foram expressas com a precisão clássica. O latim vulgar e as línguas românicas, em seus antigos documentos, demonstram predileção muito acentuada pelas construções coordenadas; as proposições principais prevalecem e as subordinadas são de um tipo bem simples. Só muito mais tarde, quando as línguas românicas se tornaram pouco a pouco, elas próprias, instrumentos literários, foi que esse estado de coisas se modificou; os primeiros períodos que dominam um conjunto de fatos são encontrados por volta de 1300, sobretudo nas obras de Dante. Por outro lado, no que concerne aos advérbios de tempo e de lugar (*aqui*, *agora* etc.), às preposições que introduzem um complemento circunstancial de tempo e de lugar (*depois de*, *antes de* etc.) e, por fim, às conjunções temporais ou locais (*enquanto, a partir de, onde* etc.), o latim vulgar tendia a reforçá-las para torná-las mais concretas e para assinalar, por assim dizer, o andamento do movimento temporal ou local simbolizado por tais palavras, quer por uma imagem, *agora, enquanto,* quer por uma acumulação de várias partículas, *antes, atrás, desde, doravante* (composta de três palavras: *de, ora, avante*). Este último processo se tornou particularmente frequente. Por vezes, o reforço concreto se fez com o auxílio da palavra *ecce,* por exemplo no francês *ici* (aqui), que vem de *ecce hie. Ecce* foi empregado sobretudo para dar maior relevo aos pronomes demonstrativos, cujas formas antigas pareciam pouco expressivas; elas serviram para a formação do artigo e do pronome pessoal.

Em todas essas evoluções, comprova-se a mesma tendência para a concretização visual e sensual de fenômenos particulares e o abandono do esforço que tende a ordenar e classificar os fenômenos num conjunto.

III. VOCABULÁRIO

Já tive ocasião de falar dos fatos mais importantes que concernem ao elemento não latino no vocabulário das línguas românicas. Em primeiro lugar, a presença de palavras provenientes das línguas faladas pelos povos de antes da conquista romana (línguas de substrato, ver p. 74), entre as quais a língua dos antigos gauleses ou celtas, o celta, forneceu o maior número (em francês, por exemplo, *alouette,* "cotovia", *bercer,* "embalar", *changer,* "mudar", *charrue,* "charrua", *chêne,* "carvalho", *lande,* "charneca", *lieu,* "légua", *raie,* "sulco, risca", *ruche,* "colmeia", e talvez também *chemise*, "camisa", e *pièce*, "peça"); vem em seguida a contribuição das línguas dos conquistadores germânicos e, no tocante à Espanha, dos árabes. As línguas dos conquistadores, que se superpuseram às línguas anteriormente estabelecidas, são chamadas pelos linguistas modernos línguas de superestrato.

Entre as línguas germânicas que forneceram palavras às línguas românicas (as dos godos, dos burgúndios, dos francos, dos lombardos), o frâncico é a mais importante; vem a seguir a dos lombardos. Já dei alguns exemplos ao falar da invasão desses povos (ver pp. 104-ss e 107-ss); quero acrescentar aqui uma lista de algumas palavras francesas muito conhecidas que são de origem germânica. Algumas delas se encontram em toda a Romània ocidental, como *baron*, "barão", *éperon*, "espora", *fief*, "feudo", *gage*, "penhor", *garde*, "guarda", *guerre*, "guerra", *heaume*, "elmo", *marche*, "fronteira, limite", *maréchal*, "marechal", *robe*, "roupa", *trève*, "trégua" — são termos de guerra e de direito. Há termos também para a vida comum, mesmo para as partes do corpo: *banc*, "banco", *croupe*, "garupa", *échine*, "espinha, lombo", *gant*, "guante, luva", *hanche*, "anca", *harpe*, "harpa, ponte levadiça", *loge*, "choça, loja"; palavras abstratas e de ordem moral: *guise*, "modo de proceder ou falar, guisa", *honte*, "vergonha", *orgueil*, "orgulho"; entre os adjetivos: *riche*, "rico", e as cores *blanc*, "branco", *brun*, "castanho-escuro", *gris*, "cinza, gris"; entre os verbos: *bâtir*, "edificar, fundar", *épier*, "espigar", *garder*, "guardar", *gratter*, "raspar, cocar", *guérir*, "curar". Mais particularmente franceses são *hache*, "machado", *haie*, "sebe", *choisir*, "escolher", *bleu*, "azul". Algumas das palavras difundidas também fora da

França já tinham sido importadas, antes das invasões, por soldados de origem germânica; outras, a princípio confinadas ao norte da Gália, foram mais tarde acolhidas por outras línguas românicas. Naturalmente, essa pequena lista não representa mais que minúscula fração da contribuição germânica, que parece ainda mais considerável quando se estudam os dialetos das regiões que foram mais intensamente colonizadas pelas tribos germânicas.

Finalmente, além das palavras fornecidas pelas línguas de substrato e de superestrato, encontra-se nas línguas românicas grande número de palavras gregas que subsistiam como termos de empréstimo no latim corrente da Antiguidade.

Todavia, a imensa maioria das palavras nas línguas românicas é de origem latina; e as palavras que formam a estrutura da língua — artigos, pronomes, preposições, conjunções etc. — o são quase sem exceção.

Entretanto, as línguas românicas não conservaram todas as palavras do latim; algumas foram abandonadas, outras sobrevivem com seu significado mudado. Nesses abandonos e alterações de significado, podem-se observar algumas tendências de ordem geral:

a) Verifica-se uma tendência a abandonar palavras, substantivos ou verbos, cujo corpo fonético foi assaz reduzido pelo desenvolvimento histórico dos sons. Em francês, por exemplo, a palavra latina *apis* teria dado *ef*, pronunciado *é*; foi substituída, nos diferentes dialetos, por diminutivos, como em francês *abeille* ou *avette* (port. *abelha*), ou por perífrases, por exemplo *mouche à miel*, "mosca de mel". Da mesma maneira, o verbo *edere*, "comer", foi abandonado quase universalmente e substituído ou por seu composto *comedere* (esp. *comer*) ou por um sinônimo popular, *manducare* (it. *mangiare*, fr. *manger*); outros exemplos são *os* substituído por *bucca* (fr. *bouche*, it. *bocca*, prov., cat., esp., port. *boca* etc.) e *equus* substituído por *caballus* (fr. *cheval*, it. *cavallo* etc.). *Bucca* e *caballus* são também palavras populares e algo grosseiras.

b) Uma tendência geral do latim vulgar é a de preferir as palavras populares, concretas, frequentemente mesmo aquelas que tenham um matiz depreciativo, zombeteiro e licencioso, às palavras literárias e nobres. Ao lado dos exemplos já mencionados, podem-se citar aqui *casa*, "cabana", ou *mansio*, "lugar onde se descansa", "mau albergue", para designar *maison* (fr.) (prov., cat., esp., it. *casa*), enquanto o termo clássico, *domus*, ficou reservado para as grandes igrejas (it. *duomo*, fr. *dome*); *dorsum*, "o que está atrás", em lugar de *tergum*, "dorso, costas" (it. *dosso*, fr. *dos* etc.); *testa*, a princípio "caco", depois "crânio", em lugar de *caput* no sentido de "cabeça" (fr. *tête*, it. *testa* etc.), enquanto *caput* sobreviveu apenas, na maioria dos falares romanos, em sentido figurado (fr. *chef*, it. *capo*); *crus*, "perna", foi substituído ou por *gamba* (fr. *jambe*), cujo significado originário era "junta", "travadouro", ou por *perna* (esp. *pierna*), que significava a princípio "coxa", "nádega". Finalmente, uma palavra da linguagem amorosa, *bellus*, substituiu os termos usados em latim clássico com o sentido de "belo", um dos quais, *pulcher*, desapareceu inteiramente, ao passo que outro, *formosus*, só permaneceu vivo na península Ibérica (esp. *hermoso*, port. *formoso*) e na Romênia.

c) Comprova-se também um gosto acentuado pelos diminutivos e intensivos; o exemplo *abelha* já foi citado; poderíamos acrescentar *auricula* por *auris* (fr. *oreille*, it. *orecchio*, port. *orelha* etc.); *genuculum* por *genu* (fr. *genou*, it. *ginocchio*, esp. arcaico *hinojo* etc., "joelho"); *agnellus* (fr. *agneau*) por *agnus*; *avicellus* (it. *uccello*, fr. *oiseau*, "pássaro") por *avis*; *cultellus* (fr. *couteau*, "faca") por *culter*, mas *culter* sobreviveu em alguns países com o sentido de "ferro cortante da charrua" (fr. *coutre*, "relha do arado"). Quanto aos verbos, citemos algumas formas intensivas: *cantar*, "cantar", por *canere* e *adjutare*, "ajudar", por *adjuvare*.

d) Sem que se possa falar de tendências bem definidas, produziram-se mudanças e deslizamentos semânticos de sentido bastante interessantes, dos quais quero citar alguns exemplos. É um estudo amiúde apaixonante o da semântica; quase todo caso exige uma explicação específica e repetidas vezes ela nos revela desenvolvimentos históricos, culturais ou psicológicos. Algumas palavras muito usadas do latim desapareceram, por exemplo *res*, "coisa", que sobreviveu todavia em algumas línguas no sentido de "alguma coisa" ou, com a negação, "nenhuma coisa" (fr. *rien*). Mas em seu antigo significado foi suplantada por *causa*, cuja significação era originariamente "razão", "questão jurídica", "processo", "caso" (it., esp. *cosa*, fr. *chose*); a forma *cause* (fr.) é uma criação posterior, de origem literária. Algumas línguas românicas abandonaram a palavra *ponere* no sentido de "colocar", "pôr", e a substituíram por *mittere* (fr. *mettre*); o significado antigo de *mittere* era "enviar"; e o que é ainda mais curioso é que *ponere* subsiste em algumas línguas com uma acepção limitada, especializada (fr. *pondre*, "pôr ovos"). Exemplos de restrições análogas são frequentes: *necare*, "matar", foi suplantada por outras palavras no que toca ao seu significado geral, mas se conservou num sentido especial: "matar pela água" (fr. *noyer*, esp., port., cat. *anegar*, it. *annegare*); *mutare*, "mudar", substituída por uma palavra de origem céltica (it. *cambiare*, fr. *changer*), é encontrada, entretanto, em francês por exemplo, num sentido especial, zoológico: *muer*, "estar na muda (animais)"; e *pacare*, "apaziguar, pacificar", se especializou em "apaziguamento de um credor" (fr. *payer*, "pagar"). Produziram-se contaminações: *debilis*, "débil", e *flebilis*, "que provoca lágrimas", "miserável", contaminaram-se para dar em francês *faible*, "fraco, débil". Eis alguns outros casos interessantes de resvalamento de sentido: *captivus*, "prisioneiro", adquiriu o sentido de "miserável", "mau" (fr. *chétif*, it. *cattivo*); de uma iguaria deveras apreciada, "fígado de ganso cevado com figos", *ficatum iecur*, surgiu uma nova palavra para designar "fígado", o adjetivo que queria originariamente dizer "cevado com figos" (it. *fegato*, fr. *foie*); e o porco macho que vive sozinho, *singularis porcus*, tornou-se, em francês, o *sanglier*, "javali". Terminamos com um desenvolvimento que está ligado à história religiosa. Em grego, a palavra *parabole* indica a comparação, a "parábola". Ora, Cristo, no Evangelho, gosta de exprimir-se em alegorias por parábolas e, dessarte, a palavra *parabole* foi empregada com o significado de "palavras de Cristo". Eram as "palavras" por excelência, e dessa maneira o termo se generalizou; donde, em italiano, *parola* e *parlare*, em francês, *parole* e *parler*, derivados regularmente de *parabola* (contraída em *paraula*) e de *paraulare* (queda da segunda sílaba átona, ver p. 121); a palavra francesa *parabole* é uma formação erudita. E as palavras que em latim clássico tinham designado "a palavra" e "falar", *verbum* e *loqui*, desapareceram ou não sobreviveram senão num sentido especial (fr. *verve*).

O latim vulgar e as línguas românicas, no curso de sua história antiga, formaram também palavras novas. Na imensa maioria dos casos, trata-se não de verdadeiras criações, mas de combinações novas de um material já existente. No que tange a essas combinações, distinguem-se dois processos: a derivação e a composição.

142 a) A derivação é o processo que consiste em tirar, de uma palavra antiga, outra nova com o auxílio de uma terminação, de um sufixo; muito usado em todas as épocas do latim, foi tal processo constantemente utilizado pelas línguas românicas; seu estudo é tanto mais interessante quanto os sufixos empregados têm, cada um deles, um sentido especial. Exemplos: os sufixos *-ator* e *-ariu* (fr. *-eur*, *-ier*) designam o agente (fr. *vainqueur*, "vencedor", *parleur*, "palrador, orador", *sorcier*, "feiticeiro", *cordonnier*, "sapateiro"); o sufixo *-aticu* (fr. *age*) foi acrescentado na época pré-medieval a palavras que designavam foros, rendas (*ripaticum*, "taxa para atravessar o rio"), e adquiriu depois um valor coletivo (fr. *rivage*, "margem, praia", *village*, "aldeia", *chauffage*, "aquecimento"); os sufixos *-one*, *-aster*, *-ardu* são em geral pejorativos, outros sufixos são diminutivos, intensivos etc. Naturalmente, existem também sufixos para formar verbos ou adjetivos.

b) A composição se faz por aglutinação de duas ou várias palavras que, ordinariamente, se empregam amiúde juntas; elas se unem por um vínculo sintático e acabam por formar um só conceito e uma só palavra: assim, as palavras romanas que designam os dias da semana (fr. *lundi*, "segunda-feira", de *lunae dies* etc.). Esse exemplo mostra uma palavra composta com outra palavra no genitivo; existem ainda outros processos de composição: adjetivo com substantivo, como em francês *aubépine*, "pilriteiro, espinheiro alvar", de *alba spina*; citemos também em francês *milieu*, "meio", *vinaigre*, "vinagre", *chauve-souris*, "morcego"; certas coordenações e subordinações cujas formas podem variar constantemente: fr. *chef-d'oeuvre*, "obra-prima", *chef-lieu*, "sede de divisão administrativa", *arc-en-ciel*, "arco-íris"; composições com preposições, usadas sobretudo para os verbos (*combattre*, "combater", *soulever*, "levantar", *prévoir*, "prever"), mas também para os substantivos (fr. *affaire*, "negócio, trabalho, caso", *entremets*, "entremez"). Um processo particularmente estimado no período romano primitivo, o de combinar um imperativo com seu complemento (fr. *garderobe*, "guarda-roupa", *couvre-chef*, "chapéu, boné", *crève-coeur*, "grande desgosto"), foi empregado amiúde para formar sobrenomes, tais como em francês Taillefer ou Gagnepain.

[F] QUADRO DAS LÍNGUAS ROMÂNICAS

Foi depois dos acontecimentos e das transformações que explicamos anteriormente que se formaram as línguas românicas. Termino esta parte com um quadro de sua distribuição na Europa, baseado naquele que apresentou o sr. von Wartburg em seu recente livro *Les Origines des peuples romans* [A origem dos povos românicos] (Paris, 1941, pp. 192-94).

1) O romeno, cujas origens narrei na p. 99, é falado hoje na Romênia (fronteiras de 1939) e em algumas regiões limítrofes ou isoladas dos países vizinhos; é muito influenciado pelos falares eslavos.

2) Nos Bálcãs, existiu até o século XIX uma segunda língua românica, o dálmata, falado no litoral da Dalmácia e nas ilhas vizinhas do Adriático.

3) O italiano é falado na Itália continental e peninsular, na região de Menton, na Córsega, na Sicília, no cantão suíço do Ticino e em alguns vales suíços dos Grisões (não na Sardenha, ver 4). Nas regiões que a Itália adquiriu com a Primeira Guerra Mundial, há aquelas em que a língua é o alemão (no Tirol) ou o eslavo (na Ístria). Por volta do ano 1000, uma grande parte da Itália meridional (a Calábria, a Apúlia, a Sicília), antigamente colonizada pelos gregos e por longo tempo sob o domínio bizantino, falava grego; na Sicília, onde os árabes se haviam fixado por volta de 900, o árabe lhe fez concorrência. Entretanto, todas essas regiões foram romanizadas posteriormente; alguns resquícios de grego sobrevivem na Calábria até os dias de hoje.

4) A Sardenha (e também a Córsega) foram pouco tocadas, na Antiguidade e na Idade Média, pela circulação e pelo comércio; uma forma bastante arcaica de língua românica ali se conservou e é falada ainda hoje na maior parte da Sardenha: o sardo.

5) O reto-romano (ver o que dissemos sobre os alamanos, p. 102) é falado numa parte dos Grisões, em alguns vales a leste de Bolzano (Tirol) e na planície do Friaul; faz alguns anos, a Suíça o reconheceu como a quarta língua oficial do país (ao lado do alemão, do francês e do italiano).

6) O português, a língua da parte ocidental da península Ibérica (ver p. 111), é falado no Portugal atual e ao norte desse país, na província espanhola da Galícia.

7) O espanhol ou castelhano compreende a Espanha de hoje, com exceção das regiões que falam português ou catalão e de um território na extremidade do golfo de Biscaia, em que se conservou uma língua pré-indo-germânica, o basco. O espanhol tem alguns traços assaz peculiares que o distinguem das outras línguas românicas da península e das outras línguas românicas em geral. Na sílaba inicial, antes de vogal, o *f* se torna *h*, que não é mais pronunciado hoje (lat. *filius*, esp. *hijo*, port. *filho*, cat. *fill*, fr. *fils* etc.); no mesmo exemplo, pode-se observar o desenvolvimento, peculiarmente espanhol, do *li* em *j*, pronunciado como o alemão *lachen*; *cl*, no interior da palavra, converte-se também no mesmo som (ver p. 126, *ojo*), enquanto na sílaba inicial ele se transforma em *ll* palatal (ver p. 126); *kt* é palatizado em *ch*, pronunciado *tš* (lat. *factum*, esp. *hecho*, mas port. *feito*, cat. *feit*, fr. *fait* etc.); e, finalmente, a ditongação de *e* e *o* acentuados (ver p. 121) se produz também em posição travada (esp. *tierra*, *puerta*, mas port. e cat. *terra*, *porta*; fr. *terre*, *porte*).

8) O catalão é falado na Catalunha, na região de Valência, nas ilhas Baleares, no departamento francês dos Pirineus orientais e na cidade de Alghero, no norte da Sardenha. Acerca de suas origens, ver p. 111.

9) O provençal, também chamado occitânico ou língua *d'oc*, é a língua do sul da França (não somente a da Provença). Já disse, na p. 107, que seu domínio atual compreende a Gasconha, o Périgord, o Limousin, uma grande parte da Mancha, o Auvergne, o Languedoc e a Provença,

o que equivale a dizer que não ultrapassa o norte do maciço central; todavia, no princípio da Idade Média, ele se estendia mais longe para o norte. É uma das línguas literárias mais importantes da Idade Média; hoje, tem uma importância literária de segunda ordem, malgrado algumas belas tentativas de ressuscitar sua poesia (Mistral); a língua literária do sul da França é de há muito o francês do norte.

10) O francês, que foi originariamente a língua românica falada no norte da Gália, tornou-se a língua oficial e literária da França toda e a língua falada da grande maioria de seus habitantes; os falares do sul não são mais que patoás. Fala-se francês, além disso, em uma parte da Bélgica e da Suíça, nas ilhas normandas pertencentes à Inglaterra e num pequeno território italiano dos Alpes ocidentais ao norte do monte Cenis. Por outro lado, existem na França enclaves bretões (ver p. 104), flamengos (ao redor de Dunquerque), alemães (na Alsácia-Lorena), italianos (Menton), bascos (Baixos Pirineus) e catalães (Pirineus orientais). Uma área dialetal claramente caracterizada no leste do país, entre o Doubs e o Isère, nas duas margens do Ródano superior, de que falei na p. 107, tem uma situação intermediária entre o francês e o provençal; aos falares dessa área, dá-se o nome de franco-provençal. De todas as línguas românicas ocidentais, o francês é a mais distanciada de sua origem latina. Isso se deve a algumas peculiaridades fonéticas, a maior parte das quais já mencionei, mas que quero pôr em destaque através de uma comparação com o provençal.

a) O francês abrandou mais radicalmente as consoantes oclusivas intervocálicas:

lat. *ripa*	prov. *riba*	fr. *rive*	
lat. *sapere*	prov. *saber*	fr. *savoir*	
lat. *maturus*	prov. *madur*	fr. arc. *mëur*	fr. mod. *mûr*
lat. *vita*	prov. *vida*	fr. *vie*	
lat. *pacare*	prov. *pagar*	fr. *payer*	
lat. *securus*	prov. *segur*	fr. arc. *seür*	fr. mod. *sûr*
lat. *videre*	prov. *vezer*	fr. arc. *vëoir*	fr. mod. *voir*
lat. *augustus*	prov. *agost*	fr. arc. *äoust*	fr. mod. *août* [pronunciado *u*]
lat. *plaga*	prov. *plaga*	fr. *plaie*	

b) O francês palatizou o *k* antes de *a*:

prov. *cantar*	fr. *chanter*
prov. *camp*	fr. *champ*

c) O francês abrandou de maneira a mais radical as vogais átonas finais; é verdade que o provençal o fez também no caso do *o*, mas conservou o *a*, que o francês abrandou em *e:*

ital. *porto*	prov. *port*	fr. *port*
ital. *porta*	prov. *porta*	fr. *porte*

d) O francês mudou ou ditongou as vogais acentuadas, em posição não travada, salvo *i* e *u*, ao passo que as outras línguas românicas só o fizeram no caso de *e* e *o* abertos; o provençal, muito conservador, no caso das vogais que recebem o acento, manteve-as intactas:

lat. *pẹde*	prov. *pė*	fr. *pied*	
lat. *ọpera*	prov. *ọbra*	fr. arc. *uẹvre*	fr. mod. *oeuvre*
lat. *debẹre*	prov. *devẹr*	fr. *devoir*	
lat. flọre	prov. *flọr*	fr. arc. *flouṛ*	fr. mod. *fleur*

e no caso do a:

lat. *cantare*	prov. *cantar*	fr. *chanter*
lat. *faba*	prov. *fava*	fr. *fève*

Vê-se a que ponto tais evoluções transformaram o francês e lhe apagaram o caráter latino. O abrandamento das consoantes intervocálicas destruiu amiúde a separação entre duas sílabas, converteu-as numa só e deu à palavra nova configuração; é difícil reconhecer *maturus* em *mûr*, ou *videre* em *voir*, ou *augustus* em *août*, sobretudo quando só se considera a pronúncia. Devido à queda das sílabas finais sem acento ou de seu abrandamento em *e* mudo, o acento das palavras francesas recai uniformemente na última sílaba; isso influenciou o acento da frase toda, a qual quase sempre recebe também um único acento sintático, que recai em seu final, o que deu ao francês um ritmo completamente diferente do latim ou das outras línguas românicas. Finalmente, ele possui um timbre vocálico muito especial, devido às mudanças das vogais e à nasalização peculiar do norte da França. As reduções fonéticas que muitas palavras sofreram após as contrações, abrandamentos e nasalizações ocasionaram a formação de um grande número de homônimos; poucas línguas os têm em tal quantidade: por exemplo, *plus*, "mais", *plu* (part. pass. de *plaire*, "agradar"), *plu* (part. pass. de *pleuvoir*, "chover"); ou *sang*, "sangue", *cent*, "cento", *sans*, "sem", *il sent* (de *sentir*, "sentir") — cada uma dessas palavras tem uma origem totalmente diferente das outras e não se pode confundi-las em nenhuma outra língua românica (por exemplo, it. *più*, *piaciuto*, *piovuto*; *sangue*, *cento*, *senza*, *sente*). Outra consequência dessas alterações foi certa falta de homogeneidade no vocabulário francês. Isso se produziu da maneira seguinte.

Quase todas as alterações fonéticas de que falamos sobrevieram, ou pelo menos começaram a se desenvolver, durante o período pré-literário das línguas românicas. Ora, quando o latim medieval perdeu pouco a pouco seu monopólio literário, e as mais importantes entre as línguas românicas começaram a produzir, por sua vez, obras literárias, o vocabulário se revelou muito pobre, insuficiente para exprimir os sentimentos e as ideias dos poetas e escritores; e, mais uma vez, tomaram-se palavras emprestadas à única fonte de que se dispunha, o latim. Foi uma segunda latinização que se produziu e que alcançou seu apogeu nos séculos XIV, XV e XVI. A segunda camada de palavras latinas escapou, é bem de ver, aos desenvolvimentos fonéticos que haviam ocorrido antes de seu ingresso nas línguas românicas; foram acolhidas em sua forma latina e adaptadas à morfologia e à pronúncia correntes. Em italiano e em espanhol, essa segunda camada latina, de palavras "eruditas", se confundia muito facilmente com o vocabulário existente, mas na língua francesa, que se havia distanciado de tal modo do latim, as novas palavras formam um estrato à parte; pode-se verificar isso mais facilmente no caso de uma palavra latina que já existia em francês, mas de forma muito alterada, e que foi tomada emprestada uma segunda vez, pois não era mais reconhecida em sua forma habitual, tanto que sua significação, em muitos casos, também tinha se alterado, mais ou menos. Citarei alguns exemplos. O latim *vigilare*, que, em francês, existia na forma popular *veiller*, "velar, vigiar", foi tomada de empréstimo uma segunda vez e deu o substantivo "erudito" *vigilance*, "vigilância"; o mesmo aconteceu com o lat. *fragilis*, forma popular fr. *frêle*, "frágil, fraco", forma erudita *fragile*; com o lat. *fides*, adj. lat. *fidelis*, forma popular do substantivo fr. *foi*, do adjetivo em fr. arc. *fëoil*, forma erudita do adjetivo *fidèle*, "fiel", de onde o substantivo *fidélité*; com o lat. *directum*, forma popular *droit*, "direito, reto", forma erudita *direct*; com o lat. *gradus*, forma popular *(de)gré*, forma erudita *grade*, "grau"; e numerosas outras palavras. Vê-se perfeitamente que o termo "erudito" não se aplica ao uso atual, mas somente à origem e à formação das palavras; pelo contrário, no grande número de palavras que penetraram no francês por via dessa segunda latinização, houve muitas que entraram mais rapidamente no uso cotidiano e corrente, como aquelas que acabo de citar, e várias outras: *agriculture*, *captif*, "cativo" (forma popular *chétif*), *concilier*, *diriger*, *docile*, *éducation*, *effectif*, *énumérer*, *explication*, *fabrique* (f. pop. *forge*, "forja, oficina"), *facile*, *fréquent*, *gratuit*, *hésiter*, *imiter*, *invalide*, *légal* (f. pop. *loyal*), *munition*, *mobile* (f. pop. *meuble*, "móvel"), *naviguer* (f. pop. *nager*, "nadar"), *opérer*, *penser* (palavra erudita muito antiga, empréstimo bem anterior à Renascença, f. pop. *peser*), *pacifique*, *quitte*, "quite", e *inquiet* (tomado emprestado, um bem antes, o outro durante a Renascença, do latim *quietus*, f. pop. *coi*, "quieto"), *rédemption* (palavra de Igreja, f. pop. *rançon*, "resgate"), *rigide* (f. pop. *raide*, "rígido, duro"), *singulier* (f. pop. *sanglier*, "javali"), *social*, *solide*, *espèce* (do latim *species*, f. pop. *épice*, "especiaria"), *tempérer* (f. pop. *tremper*, "temperar"), *vitre* (f. pop. *verre*, "vidro"). Pode-se ver, por essa pequena seleção de exemplos, que o vocabulário francês proveniente do latim forma dois estratos bastante fáceis de distinguir; e pode-se perceber que a unidade e a elegância do francês moderno repousam na fusão de elementos históricos deveras compósitos.

Ao fim deste quadro das línguas românicas, cumpre-me lembrar ao leitor que a unidade de cada uma delas é relativa (ver pp. 117-18); cada uma se compõe de muitos falares dialetais; foram a história e a política que as converteram em grupos relativamente unos, cuja unidade se manifesta na língua literária comum aos membros do grupo. Quase sempre, um dos dialetos foi preponderante na formação da língua literária, como o toscano, no caso do italiano, e o dialeto da Île-de-France, no do francês.

TERCEIRA PARTE

DOUTRINA GERAL DAS ÉPOCAS LITERÁRIAS

I. OBSERVAÇÕES PRELIMINARES

a) Na parte precedente, acompanhamos o desenvolvimento e a diferenciação das línguas românicas até as cercanias do ano 1000. Nessa época, elas eram apenas línguas faladas, não tinham ainda alcançado a condição de línguas literárias, e sua existência, tanto quanto sua formação, só pode ser demonstrada por testemunhos indiretos e alguns raros documentos, tais como os Juramentos de Estrasburgo. Todavia, a partir dos primórdios do segundo milênio, elas entram pouco a pouco no uso literário e começam a constituir instrumento geral do pensamento e da poesia dos povos que as falam. Não foi de um dia para o outro que se tornaram línguas literárias; houve uma longa evolução que durou toda a Idade Média, um longo combate contra a língua internacional e universalmente reconhecida como língua literária: o latim na sua forma medieval, o baixo latim. Durante longo tempo, o baixo latim manteve seu lugar de preponderância como língua escrita: a teologia, a filosofia, as ciências, a jurisprudência se exprimiam em latim, e o latim era também a língua dos documentos políticos e da correspondência das chancelarias. As línguas românicas, consideradas línguas do povo, pareciam servir apenas para a vulgarização; mesmo a poesia, que nascia pouco a pouco em francês, provençal, italiano, castelhano, catalão e português, foi por longo tempo considerada algo popular, indigno da atenção do erudito. A erudição era unicamente eclesiástica: todos os conhecimentos humanos se subordinavam à teologia, e somente no quadro desta podiam patentear-se; e, como a língua da Igreja era o latim, somente o latim era reconhecido como instrumento da civilização intelectual. É verdade que a própria Igreja se via por vezes obrigada a falar a língua do povo para se fazer compreender; mais frequentemente, porém, consideravam-se tais obras, os sermões por exemplo, indignas de serem fixadas por escrito, ou, quando tal acontecia, eram retraduzidas, na maioria dos casos, para o latim. O fato de as línguas do povo não serem mais que dialetos, muito numerosos, e de não existir nenhuma autoridade capaz de fixar sua forma escrita, contribuía para manter esse estado de coisas. Cada região havia desenvolvido seu próprio falar particular, poucas pessoas sabiam ler e escrever e os que sabiam experimentavam grande dificuldade em fixar por escrito o que quer que fosse, numa forma tão pouco estabelecida e que mal seria compreensível numa província um pouco mais afastada.

O latim, ao contrário, era uma língua fixa havia muito e em toda parte a mesma, destinada unicamente à atividade literária; era, porém, compreendida somente por uma pequena minoria internacional, o clero. A despeito disso tudo, as línguas vulgares puderam criar para si, pouco a pouco, uma existência literária. Após o ano 1000, as obras de vulgarização eclesiástica escritas na língua do povo se tornam mais frequentes, e desde os primórdios do século XII formam-se, inicialmente no domínio do francês, centros de civilização literária em língua vulgar, dos quais surge uma literatura poética escrita por pessoas que não sabiam latim: é a civilização dos cavaleiros, isto é, a sociedade feudal. Sua floração abrange os séculos XII e XIII; nos fins do século XIII, uma civilização mais burguesa, que não é mais unicamente poética, mas abarca também a filosofia e as ciências, sucede-lhe. Todavia, a preponderância do latim em muitos domínios subsiste até o século XVI, época em que as línguas vulgares alcançam a vitória definitiva. Ora, o século XVI é a época comumente chamada de Renascença; pode-se portanto considerar a Idade Média, do ponto de vista linguístico, a época durante a qual as línguas vulgares adquirem lentamente uma existência literária, mas são encaradas sobretudo como um instrumento antes popular, ao passo que o latim permanece a língua dos eruditos, da maior parte das chancelarias e sobretudo a língua única do culto religioso, que domina todas as atividades intelectuais; ao passo que a Renascença é a época em que as línguas vulgares (não somente as línguas românicas, mas também as línguas germânicas) assumem definitivamente posição de superioridade, infiltram-se na filosofia e nas ciências, introduzem-se até mesmo na teologia e destroem assim a posição dominante do latim. O desenvolvimento que acabo de expor em suas grandes linhas constitui, cumpre entender, uma evolução lenta; as tendências da Renascença, nos domínios linguístico e literário, se fazem sentir bem antes de 1500, e, por outro lado, o latim, embora mudando de forma e função, continua a desempenhar papel de grande importância muito além de 1500. A situação das línguas vulgares em face do latim nos fornece um dos pontos de vista mais importantes para caracterizar a Idade Média; cabe ver que não é o único; não passa de um dos aspectos de um conjunto muito mais vasto.

b) Do ponto de vista político, a Idade Média é a época em que os povos europeus adquirem pouco a pouco sua fisionomia e sua consciência nacionais. No princípio, as regiões e tribos são organizadas em pequenos territórios, sob um senhor feudal; tais territórios fazem parte do império de um imperador ou rei cujo poderio real é frequentemente débil e que reúne amiúde, sob sua dominação, súditos assaz heterogêneos. As pessoas não se dão conta de que são francesas, italianas ou alemãs; sentem-se *champenoises*, lombardas ou bávaras, e sentem-se todas cristãs. Mas, no fim da época, as grandes unidades nacionais já estão claramente estabelecidas nos espíritos; mesmo nos países em que a realização política da unidade nacional só se produziu muito mais tarde, como na Itália, a consciência nacional estava profundamente enraizada desde o fim da Idade Média. É evidente que o desenvolvimento das línguas vulgares contribuiu muito para formar a consciência nacional, e não foi por acaso que os povos sentiam possuir sua individualidade nacional no momento exato em que sentiam possuir uma língua nacional comum. Mas a formação da consciência nacional tem ainda outras razões: é apenas na Itália que ela se baseia, em primeiro lugar, na civilização e na língua comuns e num passado glorioso na Antiguidade. Na Espanha, foi criada por um longo combate comum contra os conquistadores árabes; na França, pelo prestígio da realeza, que, durante séculos, seguia tenazmente uma política de unidade nacional contra o feudalismo particularista, política essa em que encontrava aliados, muito naturalmente, nos burgueses das cidades e nos camponeses. A civilização feudal atinge seu apogeu no século XII; mais tarde, desagrega-se lentamente, e a burguesia das cidades, tornada independente dos senhores feudais e enriquecendo cada vez mais, cria uma civilização própria. As origens desse desenvolvimento remontam às Cruzadas (1096-1291), que, sendo a época mais ilustre e mais gloriosa da cavalaria, dão novo impulso às comunicações, ao comércio e aos negócios; tais empresas militares, levadas a cabo tão longe da base econômica dos cavaleiros do Ocidente, não poderiam ter sido realizadas sem organizações bem mais complexas e vastas que as pequenas regiões autárquicas da economia feudal; e, de modo assaz natural, foram em primeiro lugar os portos mediterrâneos da Itália que disso se aproveitaram: Veneza, por exemplo, que, por ocasião da quarta Cruzada, era bastante forte para desviar os cruzados de sua verdadeira tarefa e empregá-los para atender aos seus objetivos econômicos. Assim, as cidades do norte da Itália — Veneza, Pisa, Gênova, Florença e as cidades lombardas, das quais a mais importante foi Milão — deram o primeiro exemplo de civilização burguesa da Idade Média; logo as cidades do norte da França, dos Países Baixos e de algumas regiões da Alemanha se desenvolveram no mesmo sentido. A evolução da arte militar, que tendia a substituir os combates entre cavaleiros revestidos de pesadas armaduras pelo ataque da infantaria composta de burgueses ou mercenários — evolução apressada e concluída pela invenção das armas de fogo —, contribuiu bastante para a decadência da sociedade feudal; ao fim da Idade Média, as bases de seu poderio estavam arruinadas. Ora, a cavalaria feudal é, por sua mesma essência, centrífuga e particularista; seu poderio repousa na independência prática e na autarquia dos pequenos domínios, ao passo que o burguês, interessado no desenvolvimento de sua indústria, no comércio e nas comunicações, tem necessidade de agrupamentos organizados em escala mais vasta; ele tendia a subtrair-se ao regime feudal, que o entravava, e a procurar apoio no poder central, o imperador ou rei. Em muitos países, o movimento conduziu — e deveria conduzir em toda a Europa — ao estabelecimento de grandes agrupamentos nacionais; em alguns casos (Alemanha, Itália), circunstâncias contrárias retardaram o desenvolvimento e tornaram a união nacional mais difícil e mais problemática. Nesses países, as tendências particularistas eram mais fortes que em outras partes; neles havia dois poderes centrais, o imperador e o papa, ambos os quais perseguiam objetivos antes universalistas que nacionais; ora, tais aspirações universalistas, que malograram, contribuíram para manter a desagregação política nesses dois países até o século XIX.

c) Do ponto de vista religioso, a Idade Média foi a época do apogeu e da dominação integral da Igreja católica na Europa. Não se pense, porém, que essa dominação, mesmo na esfera religiosa e espiritual, tenha sido tranquila e sem crises. Durante toda a Idade Média, formaram-se correntes heréticas que causaram amiúde graves perturbações, e doutrinas filosóficas que se introduziam no dogma ameaçaram frequentes vezes a unidade e a autoridade da Igreja. Por longo tempo, entretanto, até o fim do século XV, ela conseguiu superar todas essas dificuldades e desfrutar uma supremacia intelectual quase absoluta. A Igreja deve a conservação de tal supremacia à sua elasticidade, que lhe permitiu incorporar e conciliar os sistemas filosóficos e científicos mais diversos; ademais, restringindo-se a um pequeno número de dogmas, deixou muita liberdade à interpretação, à fantasia popular, às visões místicas e às diferenças regionais do culto. Conquanto já na Idade Média a corrupção e a avareza do clero tivessem gravemente comprometido em várias ocasiões seu prestígio, ela encontrou sempre em si mesma a força para reformar-se, e cada uma dessas reformas interiores desencadeou um movimento importante dos espíritos; assim foi no caso da reforma de Cluny no século X, da de Cister no século XII, e sobretudo a fundação de ordens mendicantes, franciscanos e dominicanos, no século XIII. Tais reformas e fundações exerceram a mais profunda influência sobre a moral, a política, a economia e as artes de suas respectivas épocas; inspiraram a arquitetura, a música, a escultura, a pintura e também a literatura, tanto a latina quanto a vulgar. A vida religiosa do catolicismo medieval foi extremamente vigorosa, fértil e popular; a Igreja conseguiu realizar, durante vários séculos, algo que não pôde ser realizado mais tarde a não ser de forma incompleta, e que, mesmo hoje, está longe de ter sido realizado na medida em que se desejaria, uma unidade viva da vida intelectual de muitos povos e de todas as classes da sociedade. Essa unidade foi rompida na Renascença, em parte por culpa da Igreja católica, que não mais encontrou força, nessa época, para se adaptar e se reformar com rapidez o bastante para salvar a unidade espiritual europeia.

d) A atividade intelectual da Idade Média esteve, pois, inteiramente nas mãos da Igreja. A partir da Renascença, criticaram-se e desprezaram-se violentamente a filosofia e a ciência medievais, e é verdade que seus métodos não passavam de uma continuação dos métodos da baixa Antiguidade, formas decadentes e petrificadas da civilização greco-latina. Os estudiosos não remontavam mais às fontes autênticas, aos textos dos grandes autores da Antiguidade; contentavam-se com métodos que resumiam e simplificavam, com as invenções secas e sem vida dos eruditos da época do declínio; procuravam basear todo o saber na autoridade dos mestres e organizá-lo num sistema fixo de regras imutáveis; não se serviam mais da observação direta e da experiência viva. A base do ensino era o sistema das sete artes liberais, inventadas em Alexandria; esse sistema se compunha de duas partes: o *trivium* (gramática, dialética, que corresponde ao que chamamos de lógica, e retórica) e o *quadrivium* (aritmética, música, geometria e astronomia). Mas, a partir do século XII, a vida espiritual do cristianismo tornou-se vigorosa demais para se deixar entravar por semelhantes métodos; o gênio de alguns grandes homens, sustentado por influências vindas de fora, criou obras que, de índole largamente especulativa e metafísica, são únicas no gênero pela unidade da concepção e pelo arrojo das ideias; são obras de teologia mística, como as de São Bernardo de Clairvaux e de Ricardo de São Vítor, no século XII, de Boaventura, no século XIII, e obras de filosofia enciclopédica, chamada Escolástica; essa filosofia medieval, que a princípio sofreu influência das ideias neoplatônicas, foi inteiramente subvertida, a partir do começo do século XIII, pela irrupção do aristotelismo árabe; foi das lutas em torno do aristotelismo que nasceu a grande obra de concordância entre o cristianismo e o aristotelismo, a obra mais importante da Escolástica e da filosofia católica em geral: a *Suma teológica*, de Tomás de Aquino (1225-74), que fundou o tomismo; é a filosofia católica por excelência, violentamente atacada pelas correntes que, na Renascença, prepararam os métodos da ciência moderna. Em sua maior parte, os filósofos e eruditos da Idade Média foram monges; o centro dos estudos se transferiu bem cedo, porém, dos conventos para as grandes cidades e, a partir do século XII, fundaram-se escolas gerais de todas as ciências, chamadas *universitates* (organizações gerais de professores e estudantes; daí o nome "universidade"). As primeiras universidades foram as de Bolonha, célebre sobretudo por sua escola de direito, e a de Paris, centro da filosofia escolástica. O ensino das universidades se distribuía, segundo o modelo de Paris, por quatro faculdades: as de "artes" (isto é, as artes liberais como preparação geral; era preciso passar por essa faculdade antes de estudar numa das outras; o humanismo da Renascença fez aquela que chamamos de faculdade de letras, ou de filosofia, igual às três outras), teologia, direito e medicina. A Renascença introduziu nos estudos o retorno aos textos dos grandes autores da Antiguidade, aboliu os métodos escolásticos e criou as primeiras organizações científicas independentes da Igreja e do clero.

A maioria dos eruditos do século XIX acreditou que a tradição antiga esteve morta durante a Idade Média e que só foi ressuscitada na época da Renascença. Mais recentemente, importantes pesquisas levadas a cabo por eruditos europeus e norte-americanos abalaram profundamente essa concepção. A tradição antiga não deixou jamais de exercer influência na Europa; foi muito vigorosa durante a Idade Média, embora frequentemente inconsciente. Foi com o material legado pela civilização antiga que a Idade Média construiu e desenvolveu suas instituições religiosas, políticas e jurídicas, sua filosofia, sua arte e sua literatura. Mas, devido à mudança total das condições de vida, não se tinham nem a possibilidade nem o desejo de conservar a forma originária desses materiais; a Idade Média os adaptou às suas necessidades e os fundiu em sua própria vida; eles entravam assim num processo histórico que os decompunha, que os alterava e por vezes os desfigurava tão completamente que eles se tornavam irreconhecíveis, a ponto de só se poder descobrir sua origem com o auxílio de uma análise metódica. Isso faz lembrar a evolução do latim tornado latim vulgar: pode-se ampliar a concepção do latim vulgar e chamar à civilização medieval "Antiguidade vulgar": uma sobrevivência inconsciente da civilização antiga, tenaz e fértil, sujeita a mudanças perpétuas, desfigurada, e que ignorava o desejo (experimentado pelos humanistas da Renascença) de reconstituir essa civilização antiga em sua forma autêntica e original.

Mas não é tudo. Mesmo o conhecimento e o estudo consciente da civilização antiga, vale dizer, o humanismo, não foram tão estranhos à Idade Média conforme se acreditou por tanto tempo. Os filósofos e teólogos do século XII tinham um conhecimento bastante amplo da Antiguidade: a erudição clássica de um homem como o filósofo inglês John of Salisbury é tão ampla quanto profunda. Se os preceitos da retórica greco-romana foram ensinados e aplicados, na Idade Média, de maneira frequentemente mecânica e corrompida, não é menos verdade que o estilo latino de um homem como São Bernardo de Clairvaux não fica nada a dever, em matéria de arte, força e riqueza de expressão, aos melhores modelos antigos. Poderíamos citar muitos outros exemplos. Isso não nos deve causar espanto. É bem verdade que antes do século XV quase ninguém no Ocidente conhecia o grego e que muitos dos grandes escritores romanos eram desconhecidos; mas tinha-se Boécio, e comentadores e compiladores como Macróbio ou Aulo Gélio, com suas citações abundantes; os filósofos-teólogos possuíam seus próprios mestres, os pais da Igreja, Santo Ambrósio, São Jerônimo e sobretudo Santo Agostinho: todos esses mestres estavam imbuídos da civilização antiga, de que eram os últimos grandes representantes, e a transmitiam, quer combatendo-a, quer adaptando-a ao cristianismo; eles foram provavelmente a fonte principal da erudição clássica da Idade Média.

Não obstante, a concepção que separa claramente a Renascença da Idade Média conserva todos os seus direitos. Foi somente na Renascença que o humanismo consciente pôde se desenvolver ampla e metodicamente e que outras tendências, descobertas e acontecimentos se lhe juntaram para criar uma civilização completamente diferente da civilização da Idade Média. Dela falaremos mais tarde, em nossas observações preliminares acerca da Renascença.

e) A arte desempenha na Idade Média papel de muito maior importância que nas outras épocas da história europeia. Essa afirmativa pode surpreender, mas o fato é assaz natural. Desde o fim do primeiro milênio, os povos europeus se cristianizaram profundamente; o espírito dos mistérios do cristianismo os possuiu e criou neles uma vida interior extremamente rica e fecunda. Ora, essa vida interior não tinha nenhuma outra possibilidade de expressão que não fossem as artes, visto que tais povos não sabiam ler nem escrever e desconheciam a língua latina, a única que era considerada instrumento digno de exprimir as ideias religiosas. Toda a sua vida interior se realizava, pois, nas obras de arte, e era por meio delas que, em primciro lugar, os fiéis aprendiam e sentiam o que constituía a própria base de sua vida; tanto do ponto de vista ativo, o do artista, como do ponto de vista passivo, o do espectador, a arte foi a mais importante, quase a única expressão da vida interior dos povos. Segue-se daí que a arte medieval tem muito maior teor de "significação" e é muito mais doutrinal que a arte da Antiguidade ou dos tempos modernos. Ela não é unicamente bela, unicamente uma imitação da realidade exterior; tende, antes, a concretizar em suas criações, mesmo na arquitetura e na música, suas doutrinas, crenças, esperanças, coisas por vezes muito profundas e sutis, mas que era mister exprimir da maneira mais simples e humilde, para que todo homem, partindo das realidades de sua vida cotidiana, pudesse elevar-se até as verdades sublimes da fé. É portanto indispensável, se se quiser compreender o gênio da Idade Média europeia, interessar-se por sua arte; isso é relativamente fácil hoje em dia, pois reproduções excelentes, nas publicações de história da arte, permitem a toda gente ilustrar-se a respeito ou pelo menos ter impressões concretas. (A essas observações gerais, limito-me a acrescentar algumas indicações mais especiais, pois a estrutura deste livro não me permite estender-me sobre o assunto e eu careceria de numerosas fotografias para tornar as explicações compreensíveis.) A arte da Idade Média é quase exclusivamente cristã. Os monumentos importantes da arquitetura são quase todos igrejas, e os temas da escultura, das artes decorativas e da pintura são tirados, quase sem exceção, da Bíblia ou da vida dos santos. As primeiras obras que exibem um estilo característicamente medieval datam do século XI e são francesas e alemãs; seu estilo, que floresceu ainda no século seguinte, é denominado estilo românico. Uma profunda mudança se prepara a partir da segunda metade do século XII, primeiramente na França, e dela resulta o estilo comumente chamado gótico (essa denominação, universalmente aceita, se baseia num erro dos eruditos do século XVI; o estilo gótico, de origem puramente francesa, nada tem a ver com a tribo germânica dos godos). Tais denominações, estilo românico e estilo gótico, se vinculavam originariamente apenas à arquitetura, mas são também aplicadas à escultura e às obras dos miniaturistas. A diferença principal entre os dois estilos consiste, no que se refere à arquitetura, no seguinte: o estilo românico, pesado e maciço, erige as paredes numa massa pesada e as conserva claramente separadas do teto ou da abóbada, ao passo que o estilo gótico, ao articular ricamente as paredes, prolongando-lhes a articulação no teto abobadado, imprime ao conjunto do edifício um único movimento, de baixo até em cima. É bem de ver que isso não passa de um resumo assaz grosseiro. O estilo gótico dominou, desenvolvendo-se consideravelmente, os três séculos que precedem a Renascença. É o estilo da Idade Média e o estilo cristão por excelência; exprime-lhe perfeitamente a mistura de realismo humilde e espiritualidade profunda. A Renascença, cujas tendências se fazem sentir na Itália a partir do século XIV, mas cuja plena eclosão data somente do século XVI, dá à arte uma função assaz diferente, de que falaremos mais tarde.

A) AS PRIMEIRAS OBRAS

Os documentos mais antigos que possuímos numa língua românica são franceses, vulgarizações de escritos eclesiásticos que o acaso conservou e fez chegar até nós. Um deles data inclusive do século IX; é a canção de Santa Eulália, pequena peça de 25 versos terminados em assonâncias, isto é, ligados dois a dois não por uma rima completa, mas pela identidade da vogal final; essa canção narra, de maneira quase abstrata, reduzindo os fatos à sua expressão mais simples, o martírio de uma cristã que recusa ao imperador pagão "servir ao diabo", isto é, sacrificar aos deuses pagãos. Um manuscrito do século x, conservado na biblioteca de Clermont-Ferrand, contém um poema sobre a Paixão de Cristo, em 129 estrofes de quatro versos ligados dois a dois por rimas toantes, e a vida dum santo gaulês, Léodegar (forma francesa arcaica *Letgier*, forma moderna *Léger*), em estrofes de seis versos; o verso desses dois poemas é de oito sílabas, o de Santa Eulália de dez. O pequeno poema sobre Santa Eulália é muito provavelmente originário da região de Valenciennes, na fronteira dos dialetos picardo e valão; quanto aos dois textos do manuscrito de Clermont-Ferrand, é difícil estabelecer sua origem exata.

O documento mais interessante entre essas obras arcaicas é a canção de Santo Aleixo, da qual três manuscritos chegaram até nós e da qual existem várias versões posteriores. Esses manuscritos surgiram, os três, na Inglaterra, no dialeto anglo-normando, ou seja, no dialeto francês falado pelos conquistadores normandos (ver p. 112). Mas é muito provável que não passem de imitações e que a versão original tenha sido escrita, em meados do século XI, na Normandia continental. Trata-se, no caso, de um santo muito popular em toda a cristandade: filho único de uma família rica e nobre de Roma, ele deixa, na noite de núpcias, sua noiva e a casa paterna para consagrar a vida inteiramente a Deus; vai para terras distantes, vivendo como um pobre esmoleiro; muito tempo depois, o acaso de uma tempestade o traz de volta a Roma, onde ele continua sua vida, como esmoleiro desconhecido, sob a própria escada da mansão paterna, comovido, mas não enfraquecido em sua resolução, pelo espetáculo cotidiano da dor de seus pais e de sua noiva. Finalmente, é reconhecido após a morte, e uma voz do Céu lhe anuncia a santidade. O poema se compõe de 25 estrofes de cinco versos cada; os versos são de dez sílabas, assonantes, de modo que cada estrofe contém uma única vogal toante, como mais tarde nas canções de gesta. Trata-se de uma obra muito importante e bela, conquanto não passe da versão francesa de uma lenda latina (de origem siríaca) que possuímos. É deveras superior a seu modelo latino pela maneira comovente e dramática com que fixa os impulsos da alma; o discurso que Aleixo faz à sua noiva ao deixá-la, as lamentações da mãe e o reencontro de Aleixo, após a volta, com o pai que não o reconhece, figuram entre os mais belos trechos da poesia francesa.

B) A LITERATURA DA SOCIEDADE FEUDAL
DOS SÉCULOS XII E XIII

1. A canção de gesta

Até cerca de 1100, os raros poemas em língua vulgar tratavam somente de assuntos religiosos; eram todos vulgarizações de textos latinos destinados à edificação do povo. Mas, a partir de 1100, outros temas, mais espontaneamente populares, traduzindo inspirações autóctones, aparecem. São longos poemas épicos, em estrofes de extensão desigual (*laisses*, tiradas ou estâncias), tendo cada estrofe assonância numa vogal; os versos são de oito, dez ou doze sílabas; os poemas se destinam a ser cantados diante de um auditório segundo uma melodia simples com acompanhamento de um instrumento (a *vielle* e mais tarde a *chifonie*).[1] O conteúdo desses poemas épicos é histórico, visto tratarem eles dos grandes feitos dos heróis do tempo passado, os combates das épocas merovíngia e carolíngia, de uma época anterior de muitos séculos; não são, pois, criações de pura fantasia; cumpre ver, todavia, que não narram tais fatos com exatidão histórica; narram-nos de uma forma alterada pela lenda popular, na qual abundam as simplificações, confusões e invenções; é a vida dos grandes heróis tal como se reflete na imaginação popular. As canções de gesta aparecem em grande número a partir de 1100; o século XII delas fornece produção abundante e o gênero continua a ser cultivado mais tarde; entretanto, as obras mais antigas são também as mais belas; posteriormente, a decadência se trai pelo alongamento e pela repetição dos mesmos motivos. Muitas dessas canções se vinculam à

1 A *vielle* ou viela é a antepassada medieval da viola, e a *chifonie* é um realejo medieval, de cordas. [N. T.]

personalidade de Carlos Magno (morto em 814), o mais célebre e o maior dos carolíngios, o primeiro imperador da Idade Média. Ao conjunto dessas canções pertence a *Canção de Rolando*, que se tornou, há um século, o monumento literário mais popular da Idade Média francesa. Dela possuímos várias redações, das quais a mais antiga, embora não constitua a forma mais antiga da lenda, é geralmente reconhecida como a mais autêntica. Tal redação é a do manuscrito de Oxford, escrito nos meados do século XII em anglo-normando; o lugar de origem da lenda, porém, é muito provavelmente a Île-de-France, e a data da composição do poema se situa em torno do ano de 1100. A *Canção de Rolando* narra a morte dos doze pares (companheiros de armas) de Carlos Magno, dos quais o principal é Rolando, no curso de um combate nos Pirineus, durante o retorno do exército dos francos de uma expedição vitoriosa contra os muçulmanos da Espanha; a catástrofe é devida ao sogro de Rolando, Ganelão. Esse Ganelão, que fora enviado com a missão de negociar a submissão do último príncipe sarraceno que ainda resistia, tinha-lhe sugerido, por ódio contra Rolando, um plano para surpreender a retaguarda dos francos e exortado Carlos Magno a confiar o comando desta a Rolando e aos pares. Toda a retaguarda é chacinada no curso de uma heroica defesa. Rolando teria podido salvá-la soando sua trompa para chamar Carlos Magno e seu exército, mas se recusa a fazê-lo quando ainda é tempo por excesso de intrepidez e por orgulho, e é só agonizando que o faz; Carlos Magno chega apenas a tempo de vingá-lo dos infiéis, e o poema conclui com o processo de Ganelão, que é executado. A *Canção de Rolando*, que compreende 4 mil versos de dez sílabas, em estâncias assonantes de extensão desigual, é uma das criações mais belas da Idade Média pela unidade de seu estilo, de uma rijeza solene, que pinta as personagens, as situações e as paisagens por meios sóbrios e vigorosos; é também muito importante para o estudo dos costumes da guerra feudal, das relações entre suserano e vassalo e das concepções do mundo desses cavaleiros que combinam o feudalismo guerreiro com o cristianismo, considerando a morte no combate contra os infiéis como um martírio glorioso a serviço de Deus. Porém todos esses costumes e essas concepções não são os do século VIII, da época de Carlos Magno e de sua expedição à Espanha, mas antes os do princípio do século XII, quando o poema foi composto. A base histórica dos fatos narrados é um combate que ocorreu em 778, quando Carlos Magno era ainda jovem (no poema, ele é muito idoso); travou-se nos Pirineus, não contra os muçulmanos, mas contra os bascos cristãos que assaltaram a retaguarda dos francos para a saquearem. A expedição à Espanha foi levada a cabo por Carlos Magno para atender ao apelo de um príncipe muçulmano que lhe pediu socorro contra outro; não foi, de modo algum, uma espécie de Cruzada tal como a pinta a *Canção de Rolando*; Carlos Magno manteve excelentes relações com os príncipes muçulmanos, e a ideia da guerra santa contra os infiéis não é de seu tempo. Dessarte, a *Canção de Rolando* introduz, na história dos séculos passados, o espírito de sua própria época, o espírito da época das Cruzadas, não conscientemente talvez, mas porque o poeta não imaginava que a situação entre cristãos e muçulmanos pudesse ter sido jamais diferente daquela que vigorava na época em que vivia. Ele narra uma história antiga, mas com os costumes e as concepções de seu próprio tempo. Isso nos leva a falar de um problema que muito se discutiu no século passado, o problema da origem da *Canção de Rolando* e das canções de gesta em geral. Os eruditos influenciados pela escola romântica consideraram a *Canção de Rolando* e as epopeias antigas e populares em geral uma emanação do gênio dos povos (ver p. 43), o qual, segundo sua concepção, nela trabalhara durante séculos, de sorte que a epopeia surgiria no curso de uma lenta evolução pela combinação de canções populares, lendas etc., conservadas durante longo tempo por uma tradição puramente oral. Tentaram provar a existência de composições anteriores, mais próximas dos acontecimentos narrados, quer poesias semilíricas, semiépicas, quer pequenas epopeias, quer lendas que teriam servido de base às canções de gesta. Contrariamente, os eruditos mais positivistas atribuíram muito menor importância a esse trabalho anterior da fantasia popular e insistiram em ver nas canções de gesta obras de seu tempo, vale dizer, do século XII, compostas por poetas individuais, criadores, que só se serviram da tradição na medida em que todo poeta que trata um tema desse tipo é obrigado a se servir. Um desses eruditos, Joseph Bédier, ao qual devemos estudos sobremaneira preciosos e magníficas redações de obras antigas em francês moderno, entre outras uma tradução da *Canção de Rolando*, tentou inclusive provar que foram os conventos do século XII que contribuíram eficazmente para a redação das canções de gesta. Nessa época, o hábito da peregrinação havia tomado grande impulso na Europa; numerosos peregrinos atravessavam o país para rezar diante do túmulo ou das relíquias de qualquer santo célebre. Ora, ao longo das vias mais importantes, os conventos, que eram os hotéis da época, guardavam armas e lembranças de heróis populares, cultivavam-lhes a memória e se beneficiavam de uma espécie de publicidade neles fundada. A partir do século XII, pode-se comprovar o interesse dos conventos situados à margem das grandes vias de peregrinação pelos heróis épicos, por exemplo os conventos da estrada de Santiago de Compostela, na Espanha, pelos heróis da *Canção de Rolando*; e os nomes de lugares mencionados nas canções de gesta indicam amiúde locais onde existia, no século XII, um santuário ou um convento célebre. Dadas as estreitas relações que devem ter existido entre o clero e os jograis recitadores de poemas — estes dependiam em grande parte do clero, sem cujo favor seu ofício se tornava assaz difícil —, é muito provável que o clero tenha exercido sua influência sobre a canção de gesta e procurado fazer que nelas entrasse o espírito de devoção das relíquias e das Cruzadas. A concepção romântica não me parece entretanto falsa; as canções de gesta não podem ser concebidas sem uma longa tradição que se vincula aos nomes dos heróis célebres e aos grandes acontecimentos históricos, e essa tradição se deformou pouco a pouco, simplificou-se, arranjou os fatos conforme o gosto do povo e da sociedade feudal em via de se constituir, e, sem dúvida, conforme igualmente as tendências políticas do momento. Durante longos períodos, esse trabalho permaneceu oculto, sem assumir forma literária; a Igreja se mostrara, ao que parece, antes hostil à poesia em língua vulgar; se a tolerou e até mesmo a protegeu a partir do século XI foi com o fito de adaptá-la às suas necessidades; e isso mostra também que devia contar com ela e que lhe parecia doravante preferível servir-se dela a reprimi-la. Em suas formas métricas, a poesia antiga em língua vulgar não se manteve, ademais, independente da civilização clerical; as pesquisas recentes feitas nesse domínio parecem provar que a versificação dos antigos poemas franceses remonta à dos hinos latinos da Igreja, ou mesmo à da poesia latina clássica, tradição que não pôde ser mantida senão pela Igreja. A versificação de obras religiosas em francês, de que falamos no parágrafo precedente, sobretudo a da canção de Santo Aleixo, mostra um parentesco próximo com as estâncias das canções de gesta. Quanto às influências da técnica poética (imagens, figuras retóricas etc.) da Antiguidade que se descobriram nas epopeias, parece-me que não são mais que vestígios de uma sobrevivência debilitada, obscurecida e alterada, tal como a encontramos por toda parte na civilização medieval, particularmente nos tratados de poética.

Conforme chegaram até nós, as canções de gesta são obras dos fins dos séculos XI e XII, imbuídas do espírito da cavalaria dos tempos das primeiras Cruzadas: espírito guerreiro, feudal, fanaticamente cristão, mistura paradoxal de cristianismo e imperialismo agressivo; espírito nascido no fim do século XI e que não existira antes.

2. O romance cortês

Pelos meados do século XII, cerca de cinquenta anos após as primeiras canções de gesta portanto, revela-se pela primeira vez uma civilização de escol que se exprime em língua vulgar — a da cavalaria cortês. As canções de gesta, embora deem uma imagem da feudalidade, não mostram as formas refinadas da sociedade; os costumes de seus heróis são simples e rudes; o que se cria, agora, é uma sociedade elegante, de vida luxuosa, de hábitos cuidadosamente estabelecidos. Os centros dessa civilização se formaram primeiramente no sul da França, onde uma poesia lírica em língua provençal, de um estilo assaz individual e conscientemente artístico, de que falaremos um pouco, apareceu desde os primórdios do século XII. O primeiro poeta lírico provençal foi o mais poderoso senhor do sul, Guilherme IX, conde de Poitiers e duque da Aquitânia. Sua neta, Eleonora, casada primeiramente com o rei da França, mais tarde com o rei da Inglaterra, parece ter contribuído bastante para disseminar o espírito da cavalaria cortês nas cortes principescas do norte, bem como na Inglaterra, onde a corte dos conquistadores normandos falava francês nessa época (ver p. 112). Suas duas filhas, Marie de Champagne (protetora de Chrétien de Troyes) e Alix de Blois, continuaram essa tradição. Introduzindo-se no norte, o espírito da cavalaria cortês encontrou nova matéria: sua expressão, sobretudo lírica ao sul, manifestou-se na epopeia, adotando um ciclo de lendas de origem bretã, céltica portanto, que adquiriu grande voga. As lendas célticas continham boa dose de maravilhoso; tinham como figura central um rei lendário, Artus ou Artur; um escritor bretão, Geoffrey of Monmouth, dele fizera o herói de sua *Historia regum Britanniae* [História dos reis da Bretanha], escrita antes de 1140 em prosa latina. Esse rei e seu círculo, tão lendário quanto ele, forneceram a matéria principal do romance cortês; a corte do rei Artur tornou-se a corte ideal da sociedade polida, e esta se comprazia em descrever sua própria vida no quadro "Távola Redonda" do rei Artur. O romance cortês se distingue da canção de gesta nos seguintes pontos: não é escrito em estrofes assonantes, mas em versos de oito sílabas, rimados em parelha; seus assuntos não têm nunca base histórica, mas são "aventuras" puramente fantasiosas, num mundo imaginário; no interior desse quadro fantasioso, descreve com abundância de detalhes e de realismo a vida e os costumes da cavalaria feudal; seu tema principal é o amor, a adoração da mulher, que se torna senhora absoluta na civilização cortês, ao passo

que nas canções de gesta nem a mulher nem o amor desempenham nenhum papel; enfim, parece que os romances corteses se destinavam a ser recitados sem nenhum acompanhamento musical, e mesmo a ser lidos. O termo "romance" (*roman*) queria dizer a princípio "história em língua românica", isto é, em língua vulgar. As primeiras epopeias chamadas "romances" não tomam ainda seu tema à "matéria da Bretanha", mas à legenda da Antiguidade greco-latina (Alexandre, Tebas, Eneias, Troia) adaptada à civilização medieval. Todavia, o espírito do amor cortês e o gosto do maravilhoso já se fazem sentir em algumas delas. Após 1160, aparece o mais célebre poeta da matéria da Bretanha, Chrétien de Troyes, oriundo de Champagne; suas obras principais (*Erec*, *Cligès*, *Lancelot*, *Yvain*, *Perceval*) foram escritas entre 1160 e 1180. São romances de aventuras dos cavaleiros da Távola Redonda do rei Artur, aventuras maravilhosas e mágicas, sem nenhuma base real, que ocorrem num mundo imaginário no qual operam encantamentos e feitiçarias de toda sorte, mundo que parece ter sido construído unicamente para servir de teatro às aventuras dos cavaleiros. Todavia, o estilo se torna plenamente realista a partir do momento em que trata de descrever a elegância da vida nos castelos; é então mostrada a alta sociedade feudal da época, tal como ela vivia ou desejava viver. As mulheres e o amor ocupam nela lugar importante; Chrétien é um dos grandes artistas da psicologia amorosa. Inspirado na juventude pelas obras do poeta latino Ovídio, das quais traduziu ou antes redigiu alguns poemas em francês arcaico, ele acrescenta uma graça fresca e singela que faltava ao seu modelo e que dá às histórias amorosas de seus romances um encanto todo particular. Ora, a teoria do amor cortês, tal como foi desenvolvida nas cortes de Eleonora de Inglaterra e de suas filhas, comportava uma dominação absoluta da mulher; o homem era encarado como um escravo que devia obedecer cegamente a todas as ordens de sua senhora e servi-la, mesmo sem esperança de recompensa, até a morte; ela, no entanto, tem o direito de fazê-lo sofrer ou de recompensá-lo, conforme lhe aprouver, sem se importar nem com os sofrimentos do amante nem com os direitos do marido; pois o apaixonado não é nunca o marido, mas um terceiro; o adultério se torna um direito da mulher. Parece que Chrétien de Troyes fazia certa oposição às formas mais radicais dessa teoria, que lhe repugnava ao bom senso. Em sua derradeira obra, inacabada, *Perceval*, que é a mais interessante de todas e que descreve o desenvolvimento de um jovem ingênuo até o ideal do cavaleiro perfeito, Chrétien mistura aos motivos do ciclo bretão uma lenda da mística cristã, a busca do Santo Graal. O Graal é um vaso no qual um personagem dos Evangelhos, José de Arimateia, teria recolhido o sangue de Jesus Cristo, e que possui poderes miraculosos, por exemplo o de curar ferimentos (corporais e espirituais) e o de fazer distinguir os bons dos réprobos; é um símbolo da graça divina, e dessarte uma nuança mística se introduz no romance cortês. Cumpre reservar um lugar à parte a uma lenda amiúde tratada na poesia cortês, de origem bretã, igualmente, mas que não se vincula diretamente ao ciclo de Artur e que dá uma visão mais profunda e mais forte do amor. É a lenda de Tristão e Isolda, que narra a história trágica de dois amantes ligados indissoluvelmente um ao outro por um filtro mágico. Dela possuímos várias redações francesas, das quais a mais bela, que nos chegou incompleta, é devida a um poeta de nome Thomas, que escreveu por volta de 1160. Outra versão foi composta por um certo Béroul, e dois poemas sobre a loucura de Tristão se conservaram sem nome de autor: o *Tristan* de Chrétien de Troyes, que ele próprio menciona ao enumerar suas obras, não chegou até nós. Ao lado dos romances corteses, havia peças épicas mais curtas, do mesmo estilo e da mesma atmosfera: os *lais*, pequenos contos em verso que narram um episódio de amor no quadro do maravilhoso bretão; alguns são obras-primas de fina e suave psicologia, compostos por uma poetisa que vivia na Inglaterra e que escrevia no dialeto anglo-normando, conhecida pelo nome de Maria de França. E existe, por fim, um grande número de pequenos romances de amor e de aventura, dos quais o mais célebre é a história de Aucassin e Nicolette, mistura de prosa e verso, encantadora, talvez um pouco coquete e afetada; foi escrita provavelmente no começo do século XIII, na Picardia.

Os romances corteses tiveram grande êxito, não somente na França, mas em toda a Europa. Eram imitados e, em alguns países, sobretudo na Alemanha, obras muito belas e importantes foram escritas no mesmo estilo. Mais tarde, redações em verso e prosa, misturando os motivos do amor cortês aos da canção de gesta, se disseminaram em muitos países; serviam, nessa forma degradada, para divertir as turbas reunidas nas feiras; dessarte, as epopeias que relatavam os altos feitos dos cavaleiros, seus amores e suas aventuras maravilhosas e por vezes grotescas, viveram uma vida subliterária durante um longo período,
até o dia em que os poetas italianos da Renascença, três séculos após sua primeira floração, lhes deram vida nova, a elegância harmoniosa e serena de um jogo galante.

3. A poesia lírica francesa e provençal

As primeiras poesias líricas em língua vulgar que chegaram até nós são mais ou menos contemporâneas das canções de gesta, portanto dos primórdios do século XII. Certamente existiram em época bastante anterior, mas se perderam. Entre as que foram conservadas, as mais antigas e as mais belas são as canções francesas cantadas por mulheres para acompanhar seu trabalho; tratam sempre de amor, mas de um amor simples muito distante dos refinamentos e da dominação feminina que caracterizam o amor cortês. São chamadas romances ou canções de tecer (*chansons de toile*) ou canções de história (*chansons d'histoire*); a par delas, existem diferentes espécies de canções de dança, no mesmo estilo arcaico.

Desde os meados do século XII, a influência do sul, da poesia provençal, se fazia sentir; é daí que provém a corrente da alta civilização cortês de que falamos a propósito da poesia épica. Uma nova forma de vida feudal e uma nova forma de espírito se haviam desenvolvido nas cortes do sul, muito diferentes da antiga rudeza de costumes. Amante das elegâncias materiais e dos refinamentos de sentimento, essa sociedade codificava, como toda civilização de uma elite aristocrática, suas ideias e seus costumes num sistema cuidadosamente elaborado. O primeiro dos grandes poetas provençais, Guilherme IX de Poitiers (ver p. 177), um poderoso senhor que amava a guerra, as aventuras e as mulheres, e que escreveu por volta de 1100, nos deixou, ao lado de canções de uma inspiração licenciosa, galhofeira, caprichosa e por vezes bastante realista, algumas poesias de amor cortês. Este último tipo, a canção do trovador (*troubadour*), a implorar a graça da dama a quem adora, de quem é escravo, que o torna desditoso sem poder abalar-lhe a fidelidade, tornou-se o gênero clássico da lírica cortês que se disseminou pela Europa toda; em numerosos países, a língua provençal foi a língua modelo da poesia lírica da época feudal, assim como o francês do norte o foi da poesia épica. Muito se discutiu a respeito da origem desse espírito tão peculiar, que faz do amor uma adoração quase mística da mulher, ao passo que, em outros gêneros da literatura medieval, a mulher é antes desprezada. Relacionou-se tal concepção quase mística do amor a influências antigas, à mística religiosa contemporânea e mesmo com correntes semelhantes da civilização árabe. Creio que, nesse particular, exerceram papel decisivo as inspirações neoplatônicas, que se fizeram sentir ao mesmo tempo na mística cristã; um grande movimento de renovação mística enche todo esse século XII, que produziu as mais belas obras da mística cristã, que empreendeu a aventura fantástica das Cruzadas e que ergueu as primeiras catedrais de estilo gótico. A poesia provençal apresenta, outrossim, a peculiaridade de ser a única, entre as literaturas de línguas vulgares, que se serviu desde a sua primeira aparição de uma língua literária; suas poesias não são escritas num dialeto diferente para cada região, como a literatura medieval das outras línguas, pois o dialeto dos primeiros grandes trovadores, o limosino, se impôs aos seus sucessores; tornou-se uma espécie de língua internacional da poesia lírica: mesmo em outros países, sobretudo na península Ibérica e na Itália, os poetas compuseram versos líricos em provençal antes de imitarem o estilo provençal em sua própria língua materna. A partir da segunda metade do século XII, a imitação do estilo lírico provençal se dissemina pela França, pela Alemanha e pelos países românicos do Mediterrâneo. Ao lado da canção de amor em sua forma clássica, a poesia lírica provençal possui alguns outros gêneros, que foram também imitados em outras partes; enumerarei os mais importantes: a alba (*aube*), que é uma queixa do amante (ou por vezes da amante) deplorando o nascer do sol, que os forçará a separarem-se; a pastorela, que é uma conversação entre um cavaleiro e uma camponesa (o cavaleiro lhe pede o seu amor, mas é, na maioria dos casos, repelido); o sirvente, grande canção moral, política ou polêmica, que servia para ocasiões as mais diversas, mas sempre vinculadas a um fato exterior e contemporâneo (se se trata de lamentar a morte de uma personagem importante, é chamado *planh*; as canções de Cruzada, gênero assaz difundido, semelhante ao sirvente; por fim, a tensão ou *jeu-parti*, que é uma discussão poética acerca de um tema proposto, em geral um problema de psicologia amorosa). A poesia provençal produziu também obras épicas e religiosas, mas a importância destas é bem inferior à da poesia lírica que deu origem a todo o lirismo europeu. Sua floração, todavia, durou pouco. Suas

primeiras obras, as de Guilherme de Poitiers e de Cercamon, foram compostas pouco depois de 1100; o século XII compreende a atividade quase que total de seus sucessores, dos quais os nomes mais célebres são Marcabru, Jaufre Rudel, Bernardo de Ventador, Arnaut de Mareuil, Bertran de Born, Giraut de Bornelh e Arnaut Daniel. A partir dos primórdios do século XIII, a civilização dos grandes senhores do sul, e com ela a poesia provençal, perecem numa catástrofe política, uma guerra disfarçada em Cruzada contra uma seita herética, os albigenses; foi o fim da independência da civilização do sul da França.

Entretanto, os gêneros líricos do provençal se tinham introduzido no norte da França, assim como em toda parte; um grande número de poetas fizeram versos líricos nesse estilo, em francês arcaico, nos séculos XII e XIII; entre eles figura também Chrétien de Troyes. Mais tarde, no decurso do século XIII, a poesia lírica da França se faz mais burguesa e mais realista; citaremos, entre os poetas desse grupo posterior, duas personagens bastante interessantes, o parisiense Rutebeuf e o poeta de Arras, Adam de la Halle, dos quais voltaremos a falar quando tratarmos da poesia dramática.

4. Os cronistas

Também a história escrita em língua vulgar aparece a partir do século XII. Trata-se, a princípio, de escritos antes lendários, compostos em verso de oito sílabas, a pedido de um grande senhor: tal é o caso da *Geste des bretons* [Gesta dos bretões] ou *Roman de Brut* (que quer dizer Brutus), que o normando Wace escreveu para a rainha Eleonora, e a *Geste des normanz* [Gesta dos normandos] ou *Roman de Rou*, que o mesmo autor compôs para o marido de Eleonora, Henrique II da Inglaterra. Os primeiros cronistas contemporâneos que narram em prosa acontecimentos contemporâneos nos quais o próprio autor tomou parte datam do começo do século XIII; é o caso de *Histoire de la conquête de Constantinople* [História da conquista de Constantinopla], a história da quarta Cruzada, composta por um grande senhor de Champagne, Geoffroi de Villehardouin. Um cavaleiro menos poderoso, Robert de Clari, nos deixou igualmente memórias acerca da mesma Cruzada; parece que já nessa época a ideia de escrever um livro, em língua vulgar, bem entendido, não era mais algo de extraordinário para um cavaleiro. Villehardouin é um grande escritor, de caráter altivo, cujo estilo e cujas ideias refletem a hierarquia feudal, muito inteligente, todavia, e notável pela força sóbria, vívida e algo rígida que constitui o encanto das melhores obras medievais. No fim do mesmo século, um companheiro do rei Luís IX da França (São Luís), Jean de Joinville, grande senhor de Champagne que participara da sexta Cruzada, escreveu uma história do rei e de sua Cruzada; não tem nem a força de expressão nem a ordem de Villehardouin, mas é mais amável e ameno. A historiografia se desenvolve mais amplamente no século XIV; quando ela fala do passado, é puramente fantasiosa e lendária (a historiografia crítica só surgirá muito mais tarde); as crônicas contemporâneas, porém, são por vezes muito preciosas; tal é o caso de Froissart, burguês de Valenciennes, escritor muito bem-dotado e grande admirador da cavalaria que, em sua época (fim do século XIV, Guerra dos Cem Anos), já se encontrava em plena decadência.

C) A LITERATURA RELIGIOSA

1. Obras diversas

Durante toda a Idade Média, a vida dos santos forneceu o tema dos poemas em língua vulgar (ver p. 168); o grande número deles, a popularidade de alguns, as lendas, os milagres, as viagens maravilhosas etc. a eles vinculados constituem matéria quase inesgotável. Possuímos também uma redação poética da vida de um santo contemporâneo, escrita num estilo vigoroso e tocante, em estrofes monorrimas compostas de cinco versos de doze sílabas — a vida de São Tomás, arcebispo de Canterbury, que foi inicialmente o amigo e primeiro-ministro, mais tarde o inimigo implacável, do rei Henrique II da Inglaterra; o autor, que escreveu pouco tempo depois o assassinato de seu herói, ocorrido em 1770, se chama Garnier de Pont-Saint-Maxence. Um grande número de contos piedosos, amiúde encantadores, narra a vida e os milagres da Virgem Santa.

Certas partes da Bíblia foram traduzidas em prosa, por exemplo o Saltério e o Cântico dos Cânticos; outras foram redigidas em verso. Mencionemos finalmente as compilações de sermões, muito menos numerosas do que se poderia crer (preferiam-se os escritos em latim), e um grande número de obras didáticas de inspiração cristã.

2. O teatro religioso

Entre as criações da literatura religiosa dessa época, o teatro é certamente a mais importante e a mais ativa. Surgiu da liturgia, isto é, da dramatização do texto da Bíblia lido durante o ofício divino. Este era redigido sob a forma de diálogo, método extremamente eficaz para tornar a história sacra familiar ao povo, e esse diálogo em breve passou a ser cantado e recitado, parcialmente pelo menos, em língua vulgar; mais tarde, ele se ampliou, tornou-se independente do ofício, cujos limites poderia ter rompido, e saiu da igreja para a praça fronteira ao pórtico. Essa foi a origem das grandes representações religiosas que abrangem toda a história do mundo tal como esta aparecia aos olhos do cristão fiel, desde a criação do mundo, através da vida e Paixão de Cristo, até o Juízo Final.

A princípio, gostava-se sobretudo de representar duas cenas, que são as duas cenas principais da história sacra:

o nascimento de Cristo, no Natal, e sua Paixão, seguida de sua Ressurreição, na Páscoa; chegaram até nós testemunhos de tais representações, em língua latina e na igreja, datados do século X, para a Inglaterra, e de época algo posterior, para a França, bem como para a Alemanha. Essas cenas, narradas no Evangelho com muitos pormenores de um realismo vivo, se prestavam muito bem à representação.

Os primeiros textos que contêm versos franceses entremeados de versos latinos datam da primeira metade do século XII; são pequenos dramas que tratam da ressurreição de Lázaro, da história de Daniel etc., e, sobretudo, uma peça de 94 versos, o *Sponsus*, que põe em diálogo a parábola das virgens prudentes e das virgens loucas (Mt. XXV). O primeiro texto inteiramente em francês que chegou até nós é escrito em dialeto anglo-normando de meados do século XII; trata-se de *Le Jeu d'Adam* [O jogo de Adão], que contém a história do pecado original, o assassinato de Abel por Caim e um desfile de profetas; vincula-se, ao que parece, ao ciclo de Natal. A peça é por demais longa para ser representada na igreja durante o ofício; destina-se a ser representada por clérigos na praça fronteira ao pórtico, com um cenário simples, mas que simboliza as diferentes cenas da ação; observações sobre a encenação, escritas em latim, dão uma ideia bastante clara desta. A tentação e a queda de Eva e de Adão constituem a parte mais longa e bela da peça, escrita com uma penetração psicológica e um frescor realmente encantadores.

Mais tarde, tais representações se fazem muito frequentes; associações de artesãos (confrarias) tornaram-se seus organizadores e atores, e peças muito longas, de 30 mil a

50 mil versos, que se representavam durante vários dias consecutivos, apresentavam ao povo a história sagrada inteira, com o que se chama de "cenário simultâneo": os diferentes lugares onde decorrem os acontecimentos são justapostos no palco, por exemplo o Paraíso à direita, diferentes partes da Terra no centro e a boca do Inferno à esquerda. Chamavam-se essas peças "Mistérios" ou "Paixões": alcançaram seu apogeu no século XV, quando uma associação de artesãos parisienses, os Confrades da Paixão, tinha o monopólio dessas representações em Paris e cercanias. Duas particularidades importantes são de assinalar no que respeita a tal gênero dramático: ele não conhece unidades, nem de lugar, nem de tempo, nem de ação; e não separa o que é sublime e trágico do realismo cotidiano. Quanto às unidades, que foram a primeira e a mais importante regra do teatro clássico posterior e que haviam sido a base do antigo teatro grego e romano, o teatro cristão da Idade Média não as observava; ele combinava, numa mesma peça, acontecimentos que se desenrolavam em tempos e lugares os mais diversos, sem se preocupar com a verossimilhança; ao espectador era mostrado não um único conflito ou uma única crise, mas, num mesmo palco, os episódios de toda a história tal como o cristão fiel a concebia, da Criação ao Juízo Final; como, para esse fiel, toda a história se concentrava num só conflito — a queda do homem pelo pecado original, resgatado pelo sacrifício de Cristo —, ele não carecia de uma unidade exterior para vincular todos esses acontecimentos a um único ponto central. No que tange à outra particularidade, a mistura de cenas realistas, tiradas da vida cotidiana, com sucessos trágicos e sublimes, era

também desconhecida do teatro dos antigos, e a estética do teatro clássico francês, mais tarde, a condenou severamente; todavia, o modelo dessa mistura foi fornecido ao teatro medieval pelo exemplo da Santa Escritura, que narrava o nascimento de Cristo, sua vida e sua Paixão de maneira bastante realista (ver pp. 187-88). A Idade Média, para tornar essas histórias mais familiares ao povo, ampliava e desenvolvia ainda mais o realismo evangélico: não se considerava de modo algum chocante que, para citar alguns exemplos, à história em que Jesus ressuscitado aparece em Emaús sucedesse uma cena de estalagem bastante saborosa, em que as três mulheres que, após a Paixão, compram unguentos para perfumar o corpo divino de Jesus, tivessem uma pequena disputa com o negociante por causa do preço. O sentimento estético que exige uma separação precisa entre o que é sublime e trágico e o que é realista e cotidiano era estranho aos homens da Idade Média; e parece-me que nisso eles estão mais próximos do espírito do cristianismo, cuja própria essência é a reunião do sublime e do humilde na pessoa e na vida de Jesus Cristo.

À parte essas grandes representações de origem litúrgica, a Idade Média conhecia ainda outro gênero de teatro religioso, os milagres, que dramatizam histórias dos santos e da Virgem; em geral, trata-se, como o nome indica, de intervenções miraculosas em favor de um homem em perigo. Possuímos alguns milagres do século XIII e um grande número deles do século XIV; eles também estão salpicados de cenas realistas.

O teatro cristão da Idade Média, com a sua falta de unidade exterior e sua mescla de trágico e de realismo, teve profunda influência sobre o teatro posterior, na Inglaterra e na Espanha, ao passo que na França uma violenta reação, uma volta às ideias antigas, se fez sentir a partir da Renascença; essa reação se manifesta por toda parte, mas em nenhuma delas alcançou uma vitória tão completa quanto no classicismo francês do século XVII. A partir do século XVI, o excesso de realismo nas representações religiosas começa a chocar, e em 1548 o Parlamento de Paris proíbe aos Confrades da Paixão representar os mistérios sagrados.

D) O TEATRO PROFANO

São escassas as informações que possuímos acerca das origens do teatro profano na França. Parece que só se desenvolveu livremente na época em que a civilização burguesa das cidades havia adquirido alguma independência; entre os temas que põe em cena, encontram-se motivos muito antigos do folclore, a par de uma tradição que remonta às farsas da Antiguidade greco-romana. Os dois textos mais antigos que possuímos em francês datam da segunda metade do século XIII e são de um poeta da cidade de Arras, Adam de la Halle, cognominado de *Bochu* (Corcunda); são muito interessantes. Um, *Le Jeu de la feuillée* [O jogo do bosque], se assemelha muito ao que chamamos de revista; é uma mistura de sátira política, quadros realistas, lirismo e fantasia folclórica; passa-se em Arras e o autor põe a si próprio em cena. A outra peça, *Le Jeu de Robin e Marion* [O jogo de Robin e Marion], é uma espécie de ópera idílica; trata-se do amor de um casal de camponeses que um cavaleiro tenta perturbar raptando a moça, o que não consegue; trata-se, pois, de algo assim como uma pastorela dramatizada. Uma farsa, *Le Garçon et l'aveugle* [O menino e o cego], deveras brutal, um pouco posterior, foi provavelmente composta e representada na mesma região, em Tournai. Do século XIV não nos resta muita coisa; no século XV, houve uma floração do teatro profano popular, e três gêneros claramente distintos aparecem: moralidade, sotia e farsa. A moralidade é uma peça alegórica; aquelas épocas gostavam da alegoria, de que iremos falar mais demoradamente dentro em pouco, a propósito do *Roman de la rose* [O romance da rosa]; as moralidades são peças cujas personagens são qualidades morais e abstrações de toda sorte: Razão, Castidade, Paciência, Loucura, mas também Jantar, Ceia, Paralisia — há até personagens que se chamam "Desespero do Perdão" ou "Vergonha de Confessar Seus Pecados"; mais tarde, introduziram-se por vezes alegorias políticas, mas em geral o gênero tinha uma finalidade moral e edificante; parece-nos extremamente enfadonho, mas no fim da Idade Média desfrutou de longa popularidade. A sotia é uma peça representada por loucos; é provavelmente originária de um culto antigo; existia uma festa dos loucos em que pessoas vestidas com um traje amarelo e verde, cobertas com um chapéu de longas orelhas, diziam, sob a máscara da loucura, verdades desagradáveis e grotescas às autoridades e aos seus contemporâneos em geral; em Paris e em outras grandes cidades, os escreventes (*clercs*) do palácio (vale dizer, os empregados das secretarias de administração e justiça), os estudantes e outros grupos de jovens (por exemplo, os "Meninos sem cuidados", *Enfant sans souci*) se assenhoreiam de um gênero que servia sobretudo para a sátira contemporânea e política. A farsa é uma forma puramente realista e cotidiana do teatro cômico; corresponde, como forma dramática, aos *fabliaux* (trovas ou contos em verso) de que falaremos em seguida. A realidade que ela põe em cena é rasteira e algo burlesca; os assuntos preferidos são os ardis e as peças que as mulheres e seus amantes pregam aos maridos. Mas existem também outros assuntos; a farsa mais célebre, a de *maître* Patelin, nos apresenta um advogado ardiloso que se torna, ao fim e ao cabo, vítima de seus próprios ardis.

No século XV e sobretudo no século XVI, após a proibição da Confraria da Paixão de representar mistérios sagrados, houve também "Mistérios profanos", isto é, assuntos profanos dramatizados à maneira dos mistérios sagrados. São longos e indigestos, mas alguns desfrutaram de grande favor.

E) OS CONTOS REALISTAS

A partir do início do século XIII, isto é, a partir dos primórdios da civilização das cidades, um novo gênero ascende à superfície literária, gênero que, como se pode presumir, já vivia longo tempo antes na tradição oral: são os contos humorísticos em verso, chamados, segundo o termo picardo, de *fabliaux*; são compostos de versos de oito sílabas rimados aos pares. Seus assuntos, quase sempre de um realismo assaz grosseiro, remontam por vezes a motivos muito antigos, amiúde de origem oriental; outros são tomados à vida contemporânea; os temas estrangeiros e antigos são adaptados aos costumes da França medieval. Muito vulgares por vezes, mas frequentemente muito divertidos, contados com um estro popular, os *fabliaux* se comprazem em zombar dos maridos enganados, dos camponeses ingênuos, do clero miúdo ávido de mulheres e de bens terrestres; relatam as partidas que se podem pregar a qualquer pessoa; não têm nenhum propósito moral e são geralmente grosseiros e sem delicadeza. São do mesmo nível que as farsas de que acabamos de falar. Uma forma mais elegante do conto realista, destinada a um público mais escolhido, só se desenvolve na França no século XV, sob a influência de Boccaccio e de seus sucessores, sob a influência italiana, portanto; são as novelas em prosa. Todavia, as novelas realistas em prosa francesa do século XV se distinguem de seus modelos italianos por um espírito mais burguês e mais familiar; tal é o caso do *Les Quinze Joies du mariage* [As quinze alegrias do casamento], da primeira metade do século, e da coleção das *Cent Nouvelles nouvelles* [Cem novelas novas], da segunda metade. Todo esse realismo se desenvolve nas cidades do norte da França, na Picardia e em Flandres. Um outro gênero satírico e realista, que provém dos contos populares acerca de animais, aparece na França na segunda metade do século XII; é *Le Roman de Renart* [O romance de Renart], que não é, a bem dizer, um romance com unidade de ação, mas uma fieira de contos (chamados de *branches*, ramos ou partes) reunidos de maneira livre e descosida. Isso forma uma espécie de epopeia (versos de oito sílabas rimados aos pares) em que os animais vivem em sociedade como os homens. Os contos de animais, chamados de "fábulas" ou "apólogos", existiam na Antiguidade (Esopo), e o gênero antigo foi frequentemente imitado na Idade Média, como o foi mais tarde por La Fontaine; todavia, *Le Roman de Renart* se distingue dos modelos antigos e de suas imitações medievais pela ausência de propósito moral, por seu caráter claramente satírico, e às vezes mesmo político, e pelo estabelecimento de certos caracteres fixados entre os animais: o leão, o rei orgulhoso mas fácil de enganar; o lobo (Isegrim), cheio de violência e de cobiça; e, sobretudo, a raposa, diplomata ardilosa e hipócrita. Tudo é escrito com uma finura de observação e uma precisão de expressão notáveis, e é de um frescor que dá ao livro uma espécie de imortalidade popular. Pode-se ajuizá-la pelo fato de que o antigo termo francês para designar a raposa, *goupil*, foi suplantado pelo nome de pessoa que ela usa no romance, Renart. Algumas passagens do romance apresentam uma espécie de paródia burguesa da sociedade feudal e dos costumes do clero.

F) A POESIA ALEGÓRICA E O *ROMAN DE LA ROSE*

Durante o declínio da civilização antiga, uma espécie de poesia didática e alegórica foi criada por homens que eram antes eruditos, colecionadores e amadores de sistemas que poetas da natureza, da vida e da alma humana. Esse gênero, mais ou menos posto a serviço da Igreja cristã, vegetara durante os primeiros séculos da Idade Média, e havia em baixo latim e mesmo em francês arcaico poesias que descreviam, por exemplo, um combate entre vícios e virtudes, um debate entre o corpo e a alma ou ainda as asas do Valor (elas se chamam Largueza e Cortesia, e suas penas representam cada qual uma parte dessas virtudes). Tal tendência à alegoria foi reforçada pela predileção do cristianismo pela figura e pela visão que têm necessidade de interpretação; entretanto, ao passo que as alegorias e as figuras cristãs estão quase sempre ligadas a fatos históricos ou presumidamente históricos, de modo a conservar algo de vivo, essas alegorias imitadas dos modelos da baixa Antiguidade apresentam um caráter de secura abstrata, que nos parece assaz enfadonho; são sistemas de doutrinas, amiúde néscias por si próprias e cuja necessidade é posta ainda mais em relevo pelo excesso de sistematização com o qual foram organizadas, com personagens alegóricas falando em verso. Dessarte, essa espécie de literatura alegórica se demonstrou sem grande valor até o momento em que se apoderou de um assunto em voga na sociedade contemporânea, o amor. Dissemos mais acima que já a sociedade feudal do século XII tendia a codificar seus hábitos e suas maneiras de conceber o amor; o século XIII, já bem mais burguês e doutrinário, cultivava tal tendência e a combinava com a alegoria; e assim nasceu uma poesia amorosa alegórica cuja obra mais importante foi o *Roman de la rose*. A primeira parte desse romance foi composta por volta de 1230 por um clérigo de nome Guillaume de Lorris, e compreende cerca de 4 mil versos; a continuação, de 18 mil versos, muito diferente em seu caráter geral, é devida a outro clérigo, Jean de Meun, que a escreveu quarenta anos mais tarde. O verso do romance é o mesmo que o da maioria das obras dessa época: oito sílabas rimadas aos pares. Trata-se da narra-

tiva de um sonho em que o amante entra no reino do deus do amor para "colher a rosa"; o reino do amor é protegido por um alto muro guarnecido de ameias, ornado de dez estátuas alegóricas (Ódio, Felonia, Cobiça, Avareza etc.); o amante é ajudado em sua empresa por uma personagem que se chama Belo Acolhimento, guiado e às vezes retido pela Dama Razão, ferido pelas flechas do Amor, que se chamam Beleza, Simplicidade, Cortesia, consolado por Esperança, Doce Pensamento e Doce Olhar, e vivamente combatido, repelido mesmo, por Vergonha, Medo, Perigo, Calúnia, que guardam a rosa; por fim, Belo Acolhimento é encerrado numa fortaleza por Ciúme; a primeira parte termina com os queixumes do amante. Essa primeira parte é uma "arte de amar" alegorizada, rica de observa-
ções psicológicas e de belas paisagens; conserva ainda algo daquele frescor peculiar das melhores obras dos séculos XII e XIII; o alegorismo não impede que a leitura de certas partes do romance seja agradável ainda hoje. A segunda parte, que termina com a libertação de Belo Acolhimento e a conquista da rosa, está repleta de elementos didáticos, filosóficos e satíricos; novas alegorias aparecem, das quais as mais importantes são Natureza, seu sacerdote Gênio e Hipocrisia (*Faux Semblant*, tipo do hipócrita). Jean de Meun é bem menos cortês, elegante e lírico que Guillaume de Lorris; é vigoroso, algo grosseiro, escarninho e muito erudito. Serve-se do quadro do poema para nele introduzir todo o seu saber e todas as ideias que lhe falavam ao coração. É o primeiro espécime de um tipo que mais tarde se difundiu bastante pela Europa: o tipo do burguês inteligente, cuja inteligência é nutrida por só-

lidos conhecimentos, que utiliza para combater os poderes e as ideias reacionárias que desaprova; pouco sensível, sem delicadeza e algo pedante, é antes de tudo um espírito crítico. A enternecida finura da primeira parte é suplantada por um realismo frequentemente polêmico; Jean de Meun se faz o campeão da Natureza e combate tudo aquilo que possa travar o desenvolvimento de suas forças; o amor de que fala não é mais o amor cortês que idolatra a mulher e faz dela uma rainha (ele não tem a mulher em muito alta conta), mas o amor físico; professa ideias políticas extremamente burguesas, é muito mais amigo da nobreza feudal e suas concepções filosóficas, embora se mantenha dentro do quadro da Escolástica cristã, que passava então

por uma crise com a irrupção do aristotelismo averroísta (ver p. 163), se aproximam deveras de ideias extremistas e quase heréticas que foram por essa época difundidas por alguns teólogos em Paris.

O *Roman de la rose* é uma das obras mais difundidas da Idade Média; disso dão testemunho grande número de manuscritos e frequentes alusões em outras obras. Depois da invenção da imprensa, dois séculos mais tarde, foram feitas várias edições dela. Traduzida ou imitada em italiano, em inglês, em flamengo etc., deu origem a numerosas obras polêmicas e exerceu grande influência sobre poetas como Dante e Chaucer.

G) O DECLÍNIO. FRANÇOIS VILLON

Pôde-se comprovar, nos últimos parágrafos, que a maioria dos gêneros e obras da literatura francesa da Idade Média data dos séculos XII e XIII; o século XIV quase nada trouxe de novo, e é somente no século XV que certos gêneros, o teatro e a novela, por exemplo, exibem uma evolução de alguma importância. De fato, o século XIV e a primeira metade do século XV não foram ricos de atividade literária, o que se explica sobretudo pela situação deveras desafortunada em que se encontrava a França nessa época, dilacerada por crises intestinas e por uma longa guerra desastrosa, a Guerra dos Cem Anos, contra os ingleses. Essa crise, ao empobrecer o país e desorganizá-lo completamente diversas vezes, deu-lhe, por fim, sua unidade e consciência nacional; o símbolo de tal unidade foi a personalidade de Joana D'Arc, a Donzela de Orléans, jovem camponesa visionária que pela força de sua inspiração, a um só tempo religiosa e patriótica, libertou a cidade de Orléans, ameaçada pelos inimigos, e fez coroar o rei em Reims; mais tarde, caiu nas mãos dos ingleses e foi queimada como herética; há alguns anos é reconhecida como santa pela Igreja católica.

Os gêneros antigos, tornando-se cada vez menos corteses e cada vez mais burgueses, dominam a literatura do século XIV; a poesia se faz mais e mais didática e alegórica; esgota-se em refinamentos formais por vezes assaz pedantes. Os nomes de poetas mais conhecidos são os de Guillaume de Machaut, que foi também músico célebre, Eustache Deschamps e o cronista Froissart; no começo do século XV, Christine de Pisan e Alain Chartier. Mas desde os meados do século XV uma espécie de nova sensualidade se declara; não se trata mais do límpido frescor dos primeiros séculos da Idade Média, mas de um amor pelo ornamento rico, pelas sensações fortes, pelos gozos voluptuosos, bem como por terrores que empolgam a imaginação. A volúpia, o amor, a vida realista e sensual em geral e a morte são pintados com cores intensas e por vezes brilhantes; a imaginação se compraz em levar ao extremo os temas antitéticos (podridão do corpo e vida eterna, por exemplo) que lhe são fornecidos pelo cristianismo. Tudo isso se manifesta, ao mesmo tempo, em formas refinadas e populares; é uma época de transição, em que a decadência das formas medievais é aparente e em que as novas formas da Renascença ainda não se desenvolveram ao norte dos Alpes; época que foi recentemente analisada no livro magistral de Huizinga sobre o declínio da Idade Média.

O espírito de uma sensualidade vigorosa e refinada não se declara somente na literatura, mas também na arte dos miniaturistas, dos tapeceiros, pintores e escultores.

Quanto à literatura, já falamos dos mistérios com sua mistura de sagrado e realismo; falamos também das farsas, sotias e contos em prosa dessa época, dos quais alguns, particularmente *Les Quinze Joies du mariage*, são de um realismo extremado e surpreendente. Na poesia lírica, uma escola que florescia sobretudo na corte de Borgonha, a escola dos "retóricos" (*rhétoriqueurs*), produziu obras cujo refinamento formal chegava por vezes à frioleira, com sistemas de rimas e jogos de palavras de tal modo complicados que um crítico moderno chamou a tais poesias "filhas da paciência e do delírio", mas que, a despeito do conteúdo assaz insignificante, dão impressão de uma riqueza pesada e sensual. Todavia, essa época nos deu também verdadeiros poetas: o príncipe Charles d'Orléans, personagem simpático, de um lirismo delicado e relativamente simples em sua forma, e sobretudo François Villon, o maior poeta lírico francês da Idade Média e um dos grandes poetas líricos de todos os tempos (nascido em 1431; perde-se a sua pista após 1463). Parisiense educado pelo tio, um cônego da igreja Saint-Benoît, estudou e tornou-se mestre em artes, mas cedo começou a levar uma vida desordenada, o que, nessa época de guerra e de pós-guerra em que o país todo estava empobrecido, desorganizado e moralmente desequilibrado, foi o destino de muitos jovens. Villon era beberrão, briguento, frequentador de lugares escusos, ladrão e até homicida; expulso de Paris, a errar através do país, foi preso diversas vezes, torturado e viu-se até seriamente ameaçado de enforcamento. Malgrado tudo isso, conservou sua fé cristã, um grande candor no seio mesmo da perversão e uma consciência tocante e imediata da condição humana. Seus temas são simples: a realidade concreta de sua vida, a doçura e a vaidade dos gozos terrestres, a beleza e a podridão do corpo humano, a corrupção e a esperança da alma; temas simples mas fundamentais e concebidos sempre antiteticamente. É o primeiro poeta puramente poeta, cujo mérito reside na espontaneidade com que os movimentos da alma se lhe exprimem; simultaneamente realistas ao extremo e líricos por natureza, os mais belos de seus versos se fazem compreender imediatamente e exercem seu encanto mesmo sobre pessoas que não têm nenhuma preparação especial para a poesia medieval; é verdade que existem outros que apresentam dificuldades de compreensão devido à sua forma linguística e alusões a fatos e personagens contemporâneos pouco conhecidos. Pela maneira muito pessoal de exprimir a sua individualidade, Villon parece anunciar a Renascença; por suas ideias, porém, e pela forma de seus versos, pertence à Idade Média francesa, de que é o último grande representante.

O fim do século XV produziu outro prosador de relevo, Philippe de Commines (c. 1445-1511), ministro de Luís XI e de seus dois sucessores. Suas *Mémoirs* [Memórias] exibem uma mistura assaz curiosa de realismo político, habilidade destituída de escrúpulos e devoção cristã; é a atmosfera de seu senhor, Luís XI, que foi um dos fundadores da unidade nacional francesa e cujo caráter apresenta a mesma curiosa mistura.

III. A LITERATURA ITALIANA

A literatura em língua vulgar se constituiu muito mais tarde na Itália que na França, na Espanha e na Alemanha. As formas principais da literatura medieval permaneceram ali desconhecidas durante longo tempo; nem a canção de gesta, nem o romance cortês, nem mesmo a lírica cortês lograram desenvolver-se naquela região; a Itália não possuiu uma alta civilização feudal; bem cedo, a independência das cidades se manifestou, e as lutas políticas entre as comunas, as transações comerciais e as ideias universalistas inspiradas pela lembrança da grandeza romana, pelo papado e pelos imperadores criaram uma atmosfera bastante diferente da que reinava ao norte dos Alpes. A atividade literária começa no século XIII pela imitação da poesia lírica provençal; os primeiros trovadores do norte da Itália, como Sordello da Goito, que escreveu seus versos pouco depois de 1200, serviram-se inclusive da língua provençal, mas no sul, na Sicília, a imitação da lírica cortês se fez em italiano. Em Palermo residia o último imperador da grande casa alemã dos Hohenstaufen, Frederico II (morto em 1250), herdeiro, por parte da avó, uma princesa normanda (ver p. 112), do reino da Sicília e de Nápoles; é um dos homens mais notáveis da Idade Média, tanto por suas ideias políticas como por sua formação intelectual; ele, seus filhos e sua corte foram os primeiros a compor poesias de inspiração provençal em língua italiana; imitaram a forma principal da poesia provençal, a grande canção de amor, e inventaram, a par dela, uma forma mais breve e mais concisa, que se tornou a forma lírica mais usual da poesia lírica italiana e que, mais tarde, foi imitada em toda a Europa: o soneto, poema de catorze versos de dez sílabas, composto de duas quadras e de dois tercetos sobre duas rimas para os quartetos e três para os tercetos (por exemplo, ABBA ABBA CDE EDC). O exemplo da escola siciliana foi seguido, no decurso do século XIII, por poetas que viviam nas cidades do norte da Itália; a poesia provençalizante, que se tornou todavia algo seca e burguesa, foi ali ainda cultivada quando a escola siciliana desapareceu com a morte de Frederico II e a queda dos Hohenstaufen. Foi nas cidades do norte que se desenvolveu o grande movimento do qual surgiu Dante.

Ao lado desses primórdios da poesia lírica artística, o século XIII nos revela também os primeiros vestígios de poesia popular e nos fornece os primeiros documentos da poesia doutrinal e da epopeia. A poesia doutrinal, muito apreciada, amiúde alegórica, e nesse caso influenciada pelo *Roman de la rose*, produziu várias obras interessantes de vulgarização filosófica; quanto à poesia épica, não passa de uma imitação da epopeia francesa, sobretudo da canção de gesta, em diferentes dialetos; constituíra-se inclusive, para tal poesia, uma espécie de língua especial, mescla de francês e italiano, o franco-italiano, da qual se serviam os pelotiqueiros (*jongleurs*) que recitavam essas epopeias; ela subsistiu até o século XV. Em prosa, há traduções de livros latinos e franceses, cujos assuntos são, na maioria dos casos, didáticos e morais; há também obras originais em prosa, das quais as mais vigorosas são as coleções de contos e de "belas palavras"; tomavam emprestado seus assuntos a tradições antigas, orientais, e também a anedotas contemporâneas; a mais conhecida dessas coleções é o *Novellino*, a coleção *Cento novelle antiche* [Cem novelas antigas], à qual não falta elegância e encanto.

Cumpre reservar um lugar à parte para a poesia religiosa do século XIII; formou-se sob a influência de um gênio religioso que sublevou as almas na Itália e alhures, São Francisco de Assis, fundador da ordem dos franciscanos, morto em 1226. Sua devoção, mística, lírica, simples, popular e forte, desencadeou um movimento espontâneo, a um só tempo lírico e realista, na arte e na literatura; ele próprio foi poeta, e seu hino às criaturas é um dos grandes textos da língua italiana. Uma floração de lirismo religioso se vincula a seu movimento. O gênero principal desse lirismo religioso e popular é a *laude* (louvação): um franciscano, Jacopone da Todi (c. 1230-1306), compôs as mais sugestivas.

Algumas delas são em forma de diálogo e daí resultou uma florescente literatura dramática, as *sacre rappresentazioni*.

Ora, por volta de 1260, um poeta lírico de Bolonha, antiga cidade universitária (ver p. 164), que tinha o nome de Guido Guinicelli, deu à poesia provençalizante um espírito novo e peculiar: espírito de amor místico e filosófico, amiúde obscuro, acessível somente aos iniciados, imbuído de um aristocratismo que não se baseia no nascimento (tais poetas não pertenciam a uma sociedade feudal, saíam do patriciado das cidades), mas na concepção de uma elite espiritual (*gentilezza*). A concepção provençal do amor cortês toma novo desenvolvimento, muito mais manifestamente místico: a mulher se torna algo assim como a encarnação de uma ideia religiosa ou platônica; e a esse espiritualismo se junta fundo de sensualidade deveras sutilizada. Alguns jovens das cidades do norte da Itália, sobretudo da Toscana, imitaram o estilo de Guinicelli; foi esse o primeiro grupo de poetas, a primeira escola puramente literária, que se constituía desde a Antiguidade. Entre eles, o maior foi o florentino Dante Alighieri; ele deu ao grupo o nome com que é designado desde então: *dolce stil nuovo*, doce estilo novo.

Dante Alighieri é o maior e o mais vigoroso poeta da Idade Média europeia e um dos maiores criadores de todos os tempos. Nasceu em 1265 de uma família da aristocracia municipal de Florença, estudou a filosofia contemporânea e fez poesias no estilo de Guinicelli. Tendo alcançado postos de importância no governo da cidade, viu-se envolvido, em 1301, numa catástrofe política e teve de deixar Florença; passou o resto da vida no exílio; morreu em 1321, em Ravena. Já sua obra de juventude, a *Vida nova*, narrativa de um amor místico que experimentou por uma mulher a que chama Beatriz, ultrapassa o quadro do *dolce stil nuovo*, ao qual pertence, entretanto, por sua concepção do amor, sua terminologia e a forma de seus versos; a unidade do plano visionário e o vigor de expressão desse pequeno livro, misto de prosa e verso, não se encontram em nenhum outro poeta do grupo. Mais tarde, as obras de Dante, embora não desmentissem jamais sua origem, a inspiração fornecida pelo estilo novo, lograram abarcar todo o saber de sua época e tudo quanto os homens experimentaram sobre a Terra no que tange a paixões e sentimentos; o estilo novo tinha sido puramente lírico e

limitara-se a um pequeno número de motivos de amor místico. Os escritos posteriores de Dante são em parte latinos, em parte italianos; as mais importantes de suas obras latinas são o tratado *De vulgari eloquentia*, de que falarei em seguida, e a *Monarquia*, um tratado de teoria política em que ele luta por uma monarquia universal sob a predominância romana; entre as obras italianas, cumpre mencionar, primeiramente, um grande número de poesias líricas que os editores reuniram sob o nome de *Canzoniere*; a seguir, o *Convivio*, destinado a ser um comentário em prosa a catorze de suas poesias filosóficas, mas do qual ele só escreveu a introdução e três capítulos, comentando três poesias; e por fim a *Comédia*, a que se chamou mais tarde divina. Antes de falar dela, direi algumas palavras sobre o tratado *De vulgari eloquentia*.

Nesse tratado, Dante se ocupa da poesia em língua materna; procura estabelecer os princípios segundo os quais a língua literária italiana deve ser formada e fixar os temas e as formas da alta poesia à qual deve servir essa língua literária. A ideia da língua literária e a da alta poesia foi-lhe inspirada pelo exemplo das línguas da Antiguidade e sobretudo pela literatura latina; ele não reconhece mais, porém, o primado do latim, embora recomende os escritores latinos como modelos; quer cultivar e embelezar a língua italiana, para dela fazer o mais nobre instrumento da poesia. São as mesmas ideias fundamentais que mais tarde os homens da Renascença exprimiram e difundiram, e que aqui aparecem pela primeira vez. No curso de sua exposição, Dante alcança formular concepções assaz valiosas sobre as línguas em geral, sobre as línguas românicas e sua relação com o latim, sobre os dialetos italianos e sobre a poesia nas diferentes línguas românicas de sua época, o que nos permite considerá-lo um precursor da filologia românica.

A divina comédia é a realização concreta da teoria do *De vulgati eloquentia*; é um poema do mais elevado estilo, abarcando todos os conhecimentos humanos e toda a teologia e todo o escrito em italiano. Dante o chama de comédia, malgrado sua forma, que nos parece épica, porque ele termina bem e porque foi escrito na língua comum do povo; nisso, o poeta segue uma teoria medieval; às vezes, porém, chama-o também de "poema sagrado", indicando assim que pertence ao estilo sublime. O assunto do poema é a visão de uma viagem através do Inferno, do Purgatório e do Céu; sua forma é o terceto, grupo de três versos de dez sílabas em que o primeiro e o terceiro retomam a rima do segundo verso do grupo precedente (ABA BCB CDC etc.);

compreende três partes, Inferno, Purgatório e Paraíso; o Inferno, com sua introdução, se compõe de 34 cantos, as duas outras partes de 33 cada, de sorte que o conjunto tem cem cantos. Dante, extraviado numa floresta que simboliza a corrupção do homem perdido nos vícios e nas paixões da vida humana, é salvo pelo poeta latino Virgílio, que o conduz, para a sua salvação, através do reino dos mortos, até o cimo do Purgatório; no Paraíso, Beatriz se torna seu guia; fora ela que enviara Virgílio para socorrê-lo. A função desse poeta pagão, que nos parece estranha, se explica pelo fato de que, por um lado, ele foi o poeta do Império Romano, no qual Dante via uma forma ideal e definitiva da sociedade humana; e, por outro lado, porque Dante o considerava, como toda a Idade Média, o profeta de Cristo, dando tal interpretação a uma poesia em que Virgílio celebrara o nascimento de um menino miraculoso (ver pp. 73-74). Ora, nessa viagem, Dante encontra as almas dos mortos de todos os tempos, assim como as de seus contemporâneos falecidos recentemente; elas lhe falam e ele vê seu fado eterno; e o que distingue esses mortos de todos os outros que tenhamos visto em descrições do outro mundo feitas na Antiguidade e na Idade Média é que eles não têm uma existência debilitada; seus caracteres não são de modo algum alterados ou desindividualizados pela morte; ao contrário, parece que o julgamento de Deus consiste, em Dante, precisamente na plena realização do ser terrestre deles, de sorte que, por via desse julgamento, eles se tornam plenamente eles próprios. Todas as suas alegrias e dores, toda a força de seus sentimentos e instintos se exalam em suas palavras e gestos, extremamente concentrados, tão pessoais e ainda mais fortes que os de homens vivos. Outrossim, a viagem suscita uma explicação de toda a Criação, explicação distribuída pelas diferentes partes do poema segundo os fenômenos e problemas que se apresentam a cada estação da viagem, concebida de acordo com um plano tão rico quão límpido, cuja base é a forma tomista (ver p. 163) da filosofia aristotélica, vigorosamente poetizada pela imaginação e pela força da expressão. Por sua filosofia e por suas ideias políticas, Dante é um homem da Idade Média, da qual resume toda a civilização; por sua concepção individualista do homem e por suas ideias acerca da língua vulgar, ele constitui o limiar da Renascença. No que respeita à língua literária de seu país, pode-se dizer que foi ele quem a criou.

Imediatamente depois de Dante, a Idade Média literária termina na Itália; os dois grandes escritores do século XIV, Petrarca e Boccaccio, já são aquilo que se chama de humanistas; começam a pesquisar os textos autênticos dos autores da Antiguidade e a imitá-los; começam, embora sejam caracteres bem menos vigorosos que Dante, a cultivar conscientemente sua própria personalidade e a ver no poeta o que hoje chamamos de artista, ao passo que a Idade Média só conhecia, no fundo, o pelotiqueiro (*jongleur*) e o trovador indoutos, de uma parte, e o filósofo, de outra; Dante era, então, considerado mais "filósofo" que poeta. O culto da própria personalidade foi muito pronunciado em Petrarca, que experimentava também, contra as criações da literatura medieval (mesmo contra Dante), essa aversão peculiar dos humanistas e de todas as épocas de pendores antiquários. Francesco Petrarco, que mudou o nome para Petrarca, filho de um florentino exilado ao mesmo tempo que Dante, nasceu no vilarejo de Arezzo, na Toscana, em 1304; passou a mocidade no sul da França, em Avignon, onde residia, nessa época, a corte papal (ela ali permaneceu de 1309 a 1376) e que era o centro de uma sociedade refinada, mas assaz corrompida. Mais tarde, poeta célebre, protegido pelos homens mais poderosos de sua época, ele viajou bastante pela França, pela Alemanha e pela Itália; retirou-se em seguida para uma casa que possuía perto de Avignon, em Vaucluse, e foi coroado poeta no Capitólio de Roma em 1340; interessou-se sobremaneira pelo cometimento de um revolucionário inspirado, Cola di Rienzo, que quis fazer renascer a Roma republicana, cometimento que acabou por malograr. Em 1353, Petrarca deixou definitivamente a França para viver na Itália; residiu em Milão, Veneza e outras cidades; morreu em sua casa de Arquà, em 1374. Foi um grande poeta, delicado, mimado pelos contemporâneos, amiúde desditoso por culpa de sua própria alma desequilibrada, e deveras vaidoso. Falou muito de si; no fundo, foi ele próprio seu único tema; foi o primeiro autor, desde a Antiguidade, que deixou para a posteridade cartas pessoais (escritas em latim). Petrarca é também o primeiro dos humanistas. Colecionava manuscritos de autores antigos e preferia o latim à sua língua materna; tinha a ambição de escrever não o latim medieval, mas o dos grandes autores da época clássica; imitava o estilo de Cícero e Virgílio; compôs, a par de um grande número de cartas e tratados latinos em prosa, poesias latinas bucólicas e uma grande epopeia, a *Africa*, que canta, em hexâmetros virgilianos, a guerra dos romanos contra Cartago.

Foi nessas obras escritas em latim que ele quis fundar sua glória; falava com certo desprezo de suas poesias italianas que o tornaram imortal. Trata-se de uma coleção de cerca de 350 poemas, sonetos na maior parte, chamada de *Cancioneiro*; celebram, quase todos, uma mulher que ele amou na juventude, Laura, e nos revelam, nesse quadro, todos os movimentos de uma alma inquieta, ao mesmo tempo altiva e ansiosa, que adorava a Antiguidade e era no entanto cristã, que amava o mundo e a glória, mas que se desencantava rapidamente e buscava a solidão e a morte. Essas poesias, muito artísticas e por vezes artificiais pela exageração das imagens e das metáforas, são de uma doçura, de uma musicalidade e de um movimento rítmico irresistíveis. O *Cancioneiro* de Petrarca foi de certo modo o foco para onde convergiam as correntes poéticas da Provença e da Itália e de onde seu brilho se difundiu pela poesia posterior da Europa; ele reuniu em si tudo quanto os provençais, o *Dolce Stil Nuovo* e Dante tinham criado como motivos e formas do lirismo e lhes acrescentou algo de mais conscientemente artístico, de mais íntimo, e uma riqueza mais pessoal dos movimentos da alma. A poesia de Petrarca constituiu o modelo do lirismo europeu durante vários séculos; só o Romantismo, por volta de 1800, se livrou definitivamente de sua influência.

O contemporâneo e amigo de Petrarca, Giovanni Boccaccio, igualmente florentino (mas nascido em Paris em 1313), passou também os anos decisivos de sua juventude numa sociedade elegante e algo corrupta, a da corte de Nápoles. De acordo com a vontade do pai, ele deveria ter estudado direito; preferia, porém, a poesia, a leitura dos autores latinos clássicos e as aventuras amorosas. Mais tarde, retornou a Florença, mas dela se ausentou com frequência; só em 1349 foi que ali se fixou, após uma grande peste que então assolava a Europa; por essa época ligou-se a Petrarca. Serviu diversas vezes no serviço diplomático da República Florentina. No fim da vida, sua alma impressionável deixou-se perturbar por inquietações religiosas e remorsos; ele se tornou sombrio e supersticioso. Morreu em 1375 em Certaldo, vilarejo camponês perto de Florença, de onde sua família era originária. Como Petrarca, foi um humanista, um dos primeiros admiradores e imitadores das obras autênticas da Antiguidade; como ele, escreveu tratados em latim e foi um filólogo erudito cujas obras mitológicas e biográficas serviram durante muito tempo como instrumento de documentação aos sábios e poetas posteriores. Mas foi também, e sobretudo, um poeta italiano; e o que o distingue de Petrarca é ter sido um grande prosador, o primeiro grande prosador da língua italiana. Seu gênio é bem mais realista, mais alegre e mais flexível que o de seu grande amigo; conquanto fosse um grande artista (pode-se dizer que criou a prosa ritmica dos tempos modernos), possuía o dom da sátira e do realismo popular que faltava inteiramente a Petrarca. Depois dos romances de amor em verso e prosa que escreveu na juventude, pouco lidos hoje, mas que contêm passagens de uma sensibilidade encantadora e de uma psicologia realista e fina, Boccaccio compôs em 1350 sua obra-prima, a coleção de cem novelas chamada *Decameron*. A matéria das histórias lhe veio de toda parte; nelas se encontram motivos originários do Oriente, da Antiguidade, da França, anedotas contemporâneas e lendas populares; é a composição, o realismo, a finura psicológica e o estilo que dão à obra seu valor e seu brilho. Antes dele, não havia no gênero senão contos moralistas, secos e sem vida, e contos populares no gênero dos *fabliaux* (ver p. 193), divertidos por vezes, mas grosseiros. A coleção das *Cento novelle antiche* (ver p. 204) e algumas passagens nos cronistas italianos que escreviam em latim fazem já pressentir algo da veia realista de que os italianos e os florentinos eram bastante capazes, mas é somente no *Decameron* que essa riqueza, essa conquista da vida viva se desenvolve plenamente. O *Decameron* é um mundo, tão elegantemente artístico quanto popular, tão rico quanto *A divina comédia*, ainda que desprovido das grandes concepções de Dante, e bem mais terra a terra em sua maneira de tratar a vida humana; exala por toda parte o sabor da realidade vivida e está impregnado de uma sensibilidade fina e jovial, que o torna infinitamente aprazível. O quadro (algumas pessoas jovens e moças que, para escapar à peste, abandonaram Florença e se dirigiram para o campo, onde passam uma parte de seu tempo a narrar histórias, cada um por sua vez) contribui em muito para aumentar o encanto e a vida do conjunto, dada a diferença dos caracteres e dos temperamentos, que são antes esboçados que claramente expressos. A língua do *Decameron* é uma adaptação da arte da prosa antiga do italiano, um estilo em períodos de uma doçura e de uma flexibilidade incomparáveis, temperado às vezes pelo falar natural e popular das personagens do povo, que figuram num grande número de contos e que Boccaccio faz falar com uma diversidade espantosa. Em sua velhice algo triste e obscurecida por terrores religiosos, Boccaccio escreveu uma sátira violenta e muito realista contra as mulheres, *Il Corbaccio*. Foi um grande admirador de Dante, de quem escreveu uma biografia e cuja *Comédia* principiou a comentar nos derradeiros anos de vida. A influência de sua obra na Europa não foi em nada inferior à de Petrarca; o *Decameron* serviu de modelo a grande número de coletâneas posteriores na Itália e alhures; a arte de contar em prosa foi fundada na Europa por ele.

Após essas três grandes obras — a *Comédia* de Dante, o *Cancioneiro* de Petrarca e o *Decameron* de Boccaccio —, das quais pelo menos as duas últimas refletem precocemente o espírito nascente do humanismo e da Renascença que o da Idade Média, a literatura italiana dos séculos XIV e XV nada mais produziu de comparável, ainda que continuasse a desenvolver-se de maneira rica e saborosa. A poesia popular, lírica, épica, satírica, por vezes dialetal, amiúde grotesca, florescia; houve um grande número de coleções de novelas à maneira de Boccaccio; houve imitadores de Petrarca; e a poesia cristã, ascética, popular, polêmica e dramática (as *rappresentazioni*, ver p. 205) produziu algumas obras notáveis. Mas o que dá à civilização italiana dessa época sua atmosfera peculiar é a atividade dos "humanistas". Desde a segunda metade do século XIV, o movimento chamado humanismo (o termo provém do latim *humanitas*, "humanidade", "civilização humana", "formação digna do ideal humano") se prepara na Itália. Petrarca e Boccaccio já haviam sido o que se chamou mais tarde de humanistas, e a geração seguinte desenvolveu plenamente o tipo tal como ele se apresenta no século XV na Itália e um pouco mais tarde ao norte dos Alpes. O ponto de partida do humanismo foi, é bem de ver, o culto da Antiguidade greco-latina; os humanistas desprezavam a Idade Média, a filosofia escolástica e o baixo latim em que ela se exprime; querem voltar aos grandes clássicos da idade áurea da literatura latina, pesquisam seus manuscritos, imitam seu estilo e adotam sua concepção de literatura, baseada na retórica antiga. Procuram de fato estudar as obras da Grécia antiga; os primeiros eruditos que conhecem e ensinam o grego aparecem na Itália a partir de 1400; foram primeiramente professores gregos vindos para a Itália; já os havia até mesmo antes da queda de Constantinopla, mas eles se fizeram mais numerosos depois; todavia, no século XV, muitos humanistas italianos conheciam grego bastante bem para ensiná-lo e traduzir as obras célebres. Em Florença (onde uma família da aristocracia municipal que prezava as artes e as letras, os Médici, subiu ao poder na segunda metade do século XV), na corte papal (um dos papas do século XV, Pio II, que tinha o nome secular de Enea Silvio Piccolomini, foi ele próprio um humanista célebre) e nas de outros príncipes italianos, os humanistas são bem acolhidos e desfrutam de grande prestígio. São todos escritores e poetas em latim clássico, colecionadores, editores e tradutores das obras da Antiguidade, sempre prontos a celebrar em versos virgilianos os grandes que os protegem, a narrar num estilo elegante anedotas escabrosas e a perseguir com invectivas violentas seus concorrentes. Os humanistas italianos dessa época desprezam em geral sua língua materna, o italiano; isso os distingue de Dante e de Boccaccio, que tinham amado e cultivado o italiano (só Petrarca afetara preferir o latim); e isso os distingue também de seus sucessores, os humanistas do século XVI que, como veremos, somavam à sua admiração pela civilização antiga e pela língua latina clássica o esforço de elevar sua própria língua materna até o mesmo grau de riqueza, de nobreza e de dignidade desta, seguindo dessarte as ideias expressas pela primeira vez no tratado *De vulgari eloquentia* de Dante. Não obstante, os humanistas italianos dos séculos XIV e XV eram, na maior parte, muito nacionalistas, porque estavam imbuídos da ideia da grandeza romana e consideravam o latim como a língua verdadeira e autêntica de seu país.

As pesquisas gramaticais que levavam a cabo foram de grande utilidade para o italiano e outras línguas vulgares. O humanismo constitui também uma etapa importante no desenvolvimento do tipo profissional de escritor na Europa. Já Petrarca, como o dissemos acima, não tinha sido mais nem clérigo, nem filósofo, nem trovador, e sim poeta-escritor, e reclamara e encontrara todo o respeito e toda a glória devidos a tal qualidade; depois dele, forma-se toda uma classe de pessoas que são escritores, que vivem de sua pena e que aspiram à glória; a glória literária se torna um objetivo ideal. É verdade que, se viviam de sua pena, não viviam ainda do público; teria sido mister, para tanto, uma outra estrutura da sociedade e a possibilidade comercial de multiplicar e de fazer circular as produções literárias, possibilidade que foi criada pela invenção da imprensa por volta de 1450, mas cujo pleno desenvolvimento e organização não se revelam senão a partir do século XVI. Dessarte, os humanistas dos séculos XIV e XV dependiam ainda, na maioria dos casos, de um protetor poderoso, que frequentemente esperava ganhar ele próprio a imortalidade por via dos escritos de seus amigos humanistas. No conjunto, o humanismo italiano dessa época se distingue claramente da civilização medieval; é uma das correntes importantes da Renascença que aparece na Itália após os meados do século XIV.

IV. A LITERATURA NA PENÍNSULA IBÉRICA

Uma vigorosa originalidade, um caráter ao mesmo tempo orgulhoso e realista avultam já nas primeiras obras da literatura castelhana; deveras medieval, ela se distingue das outras literaturas que representam a Idade Média europeia por uma atmosfera assaz peculiar, mais altiva, mais doce e, não obstante, mais próxima da realidade — atmosfera devida, pelo que se pode presumir, ao tipo característico do país, às lutas contra os árabes e à raça que se formou nessas condições. A primeira obra que possuímos, composta por volta de 1140, mas conservada num único manuscrito defeituoso escrito em 1307, é *El cantar del mio Cid*; ela narra, em versos que recordam um pouco os da canção de gesta, mas dela diferem pela longura desigual, os feitos de uma personagem que tinha desaparecido fazia apenas meio século, Ruy (abreviatura de Rodrigo) Diaz de Vivar, apelidado pelos cristãos de el Campeador (o Campeão) e pelos árabes de el Cid (o Senhor). O Cid, que desempenhara papel importante nos combates contra os árabes e as rivalidades de vários príncipes cristãos, e que criara para si uma posição forte e independente, aparece no poema com todos os traços de um caráter real; denodado e astucioso, orgulhoso e popular, rigoroso em suas medidas e não obstante inspirado por um sentimento de justiça e de lealdade, e assaz inclinado à ironia; o leitor não se vê numa atmosfera de lenda heroica, como é o caso das canções de gesta, mas numa situação histórica e política bem definida. Podemos concluir, das redações posteriores, que *El cantar del mio Cid* não foi o único poema antigo em que o Cid aparece como herói, e parece estar demonstrado que outros assuntos foram também tratados no mesmo estilo; o erudito espanhol Ramón Menéndez Pidal pôde reconstituir um desses antigos poemas (*Los siete infantes de Lara* [Os sete infantes de Lara]) segundo uma

crônica em prosa, e um fragmento de um poema sobre Roncesvalles (é o lugar onde morreu Rolando, ver p. 172) foi descoberto recentemente na catedral de Pamplona. Parece também que os monastérios desempenharam na Espanha o mesmo papel que na França no que concerne à formação da epopeia heroica (ver p. 174).

Há vestígios de poesia religiosa e didática a partir da primeira metade do século XIII; Gonzalo de Berceo, o primeiro poeta espanhol cujo nome chegou até nós (morto por volta de 1268), foi um padre que narrou, em seus versos simples, realistas, devotos e encantadores, a vida dos santos regionais e os milagres da Virgem; serve-se de quadras monorrimas compostas de versos com a forma (originariamente francesa) do alexandrino épico, que tem uma sílaba a mais na cesura; chama-se a essa forma em quadras monorrimas, muito difundida na velha literatura espanhola, *cuaderna via* ou *mester de clerecía*, em oposição à forma mais irregular da epopeia popular, o *mester de yoglaría*. É nessa forma, a *cuaderna via*, que estão compostos a maioria dos poemas didáticos e épicos do século XIII; são escritos por poetas mais eruditos e traem a influência de fontes francesas e latinas.

A segunda metade do século XIII é assinalada pela atividade literária que exerceu o rei de Castela e Leão, Afonso X, cognominado o Sábio (1252-84); foi ele o criador da prosa espanhola; compôs ou mandou compor, nelas colaborando, numerosas obras; por exemplo, um código (*Las siete partidas* [As sete partidas]), muito rico em informações acerca da vida e dos costumes dos espanhóis dessa época; livros sobre a astronomia, as pedras, os jogos, tirados em grande parte de fontes árabes; grande número de traduções importantes; e sobretudo a *Crónica geral*, que foi mais tarde continuada e imitada e que, dessarte, fundou a historiografia em língua espanhola. O rei Afonso se interessou também pela poesia lírica que florescia, nessa época, em galego-português; ele próprio escreveu versos nessa língua. Seu sucessor, Sancho IV, encorajou as traduções e compôs, segundo modelos latinos, um livro de educação para seu filho. Foi uma época de compilações e de traduções, sobretudo a partir de fontes árabes; coleções de contos orientais tinham sido traduzidas mesmo antes da época de Afonso e de Sancho. A influência da civilização árabe continua na primeira metade do século XIV, que produziu todavia dois personagens e dois livros importantes: o infante Juan Manuel, autor do *Conde Lucanor*, e o arcipreste Juan Ruiz de Hita, que escreveu o *Libro de buen amor*; ambos morreram por volta de 1350. O *Conde Lucanor*, chamado também *Libro de Patronio* ou *Libro de los exemplos*, é uma coletânea de contos em prosa em que o conde Lucanor pede ao seu sábio conselheiro Patrônio opiniões acerca da maneira por que deve viver e governar; Patrônio lhe responde cada vez com um "exemplo", isto é, uma história que serve para ilustrar seu conselho. O quadro mostra a influência das coleções orientais de contos morais, tais como o *Livro dos sete sábios*; lembra também o livro das *Mil e uma noites*; entretanto, a maneira de narrar e o espírito que anima o autor são manifestamente espanhóis; trata-se de um livro muito bem escrito e assaz realista; seu estilo é, todavia, bem menos livre, o horizonte de suas ideias e de seus sentimentos, bem mais restrito que em Boccaccio, que escreveu seu *Decameron* pela mesma época. O livro do Arcipreste de Hita, o *Libro de buen amor*, é, a par do *Cantar del mio Cid*, a obra mais importante da Idade Média espanhola e uma das criações mais originais da antiga literatura europeia. Trata-se de uma espécie de romance bastante descosido, que se serve de todas as formas poéticas (a quadra monorrima, a par de formas imitadas à poesia portuguesa e francesa) e que emprega toda sorte de estilos e de gêneros: poesia devota, lirismo, alegoria, sátira, conto; extremamente pessoal e realista, a obra se consagra sobretudo à descrição dos amores do arcipreste, e a personagem mais saliente é a alcoviteira Trotaconventos (que corre os conventos), modelo de muitas criações posteriores (a *Celestina*, por exemplo).

Malgrado a influência da literatura francesa, não se encontram, na Espanha medieval, muitos dos traços do romance cortês, do ciclo arturiano e da ideologia do amor místico que a ele se vincula; fizeram-se traduções de romances corteses, é verdade, e encontram-se também alusões às personagens da Távola Redonda; no fundo, porém, o gênio castelhano se mostrou inicialmente refratário à civilização cortês; o único poema original que pode ser considerado romance de aventuras, *El caballero Cifar*, é antes ingênuo e algo tosco. Todavia, um tema do ciclo da Távola Redonda, a história de Amadis de Gaula, que mais tarde se tornou extremamente célebre, modelo dos romances de cavalaria da Renascença parodiados pelo *Dom Quixote* de Cervantes, deve ter sido redigido no século XIV, não se sabendo ao certo, porém, se o foi na Espanha ou em Portugal. Na segunda metade do século XIV, a personalidade mais marcante da literatura castelhana foi o chanceler Pero López de Ayala (1332-1407), que teve uma carreira política bastante movimentada; escreveu um poema satírico de grande força, o *Rimado de palacio*, e uma crônica de seu tempo, cujas concepções são ao mesmo tempo mais modernas e mais influenciadas pelos historiadores da Antiguidade (sobretudo Tito Lívio) que as das crônicas anteriores; foi ele também notável tradutor.

No século XV, a influência italiana, em primeiro lugar a de Dante e de Petrarca, prevaleceu; ela se manifesta por uma poesia lírica assaz artística e refinada, que chegou até nós em grandes coleções; mencionarei o *Cancionero de Baena*, redigido por volta de 1445 em Castela, e o *Cancionero de Lope de Stuñiga*, redigido um pouco mais tarde na corte aragonesa de Nápoles (o reino de Nápoles foi conquistado pelos aragoneses em 1443); uma grande coleção geral foi feita no começo do século seguinte e publicada em 1511 em Valência por Hernando del Castillo. A influência italiana se manifestou também através de poemas alegóricos e didáticos imitados de Dante; entre os poetas influenciados por este, cumpre citar o erudito Enrique de Villena, tradutor de Dante e de Virgílio, e Juan de Mena, que compôs por volta dos meados do século um poema alegórico, *El laberinto de fortuna*, e outras obras do mesmo gênero. Mas o escritor mais importante da primeira metade do século XV foi Iñigo López de Mendoza, marquês de Santillana (1398-1458), um parente do chanceler López de Ayala; poeta douto e encantador, foi colecionador de manuscritos, um dos primeiros críticos e historiadores da literatura medieval, e redator de

uma coleção de provérbios populares (*refranes*). Suas poesias mais belas são as canções graciosas e ligeiras de sua juventude (*decires, serranillas*) no estilo bucólico; ele escreveu a seu amigo, o Condestável de Portugal, uma carta deveras preciosa para nós, na qual dá um sumário geral da poesia nas diferentes línguas românicas. Foi somente na segunda metade do século XV que a poesia dramática religiosa apareceu, na obra de Gómez Manrique, sobrinho de Santillana e poeta lírico e didático de grande brilho; ele compôs um poema dramático sobre o nascimento de Cristo. É verdade que esse gênero de poesia deve ser muito mais antigo, segundo os testemunhos indiretos que chegaram até nós; a única peça anterior conservada é um fragmento de um mistério dos Reis Magos, que data da primeira metade do século XIII. Um poeta deveras sugestivo dos fins da Idade Média espanhola foi o sobrinho de Gómez, Jorge Manrique, morto em 1478, que compôs talvez a mais bela das numerosas poesias acerca da morte que o fim da Idade Média viu nascer por toda a Europa, *Las coplas por la muerte de su padre*. Entre os prosadores do século xv, citaremos Fernán Pérez de Guzmán, autor do *Mar de historias*, grande retratista de seus contemporâneos; e entre as sátiras políticas, que foram numerosas, sobretudo sob o reinado desditoso do rei Enrique v (1454-74), a mais importante foi escrita sob a forma de um diálogo entre dois pastores; trata-se das *Coplas de Mingo Revulgo*, de autor desconhecido.

A partir de 1479, a maior parte da península (com exceção de Portugal) forma uma unidade política após o casamento de Isabel de Castela com Fernando de Aragão; é o princípio do apogeu do poderio espanhol; a Espanha se havia tornado, com a queda do último reino árabe, o de Granada, completa e definitivamente um país cristão, europeu e ocidental; ela se converteu, com a descoberta da América, num vasto império extremamente rico. É, ao mesmo tempo, o começo do humanismo espanhol que, desde os seus primórdios, se interessou pela língua vulgar; o primeiro grande humanista espanhol, Antonio de Nebrija (1444-1522), escreveu uma gramática castelhana e um dicionário latino-castelhano. Foi ainda nessa época que se principiou a recolher a poesia popular dos romances; trata-se de canções semiépicas, semilíricas, cuja origem é bastante controvertida, mas que não são certamente documentos da mais antiga poesia espanhola, conforme se acreditou por longo tempo; algumas são muito belas. A primeira coleção a ser impressa foi o *Cancionero de romances de Amberes*, aparecido por volta dos meados do século XVI; outra coleção célebre foi publicada dois séculos mais tarde: a *Silva de romances* (Saragoça, 1550-1),

Consagraremos apenas algumas breves observações à literatura das duas outras línguas da península, a literatura catalã e a literatura galego-portuguesa. Ambas foram, desde seus primórdios, bastante influenciadas pela poesia provençal. A poesia catalã serviu-se mesmo, por longo tempo, de uma língua especial, intermediária entre o provençal e o catalão. No século XV, a poesia lírica catalã teve um período de florescimento e produziu obras de vigorosa originalidade; o mais célebre entre seus numerosos poetas foi o valenciano Ausiàs March (1397-1459). No que respeita à prosa, escrita desde o princípio em catalão

puro, houve cronistas notáveis, dos quais o mais conhecido é Ramón Muntaner (1265-1336), e o filósofo Ramón Llull (latinizado Raymundus Lullus, 1235-1315), muito influenciado pelo pensamento árabe, e que, entre os filósofos escolásticos da Idade Média, compôs não somente um poema, mas também seus escritos filosóficos em sua língua materna catalã; a tradução latina de tais escritos é devida, ao que parece, aos seus discípulos. Após a união da Catalunha com Castela (ela fazia parte antes do reino de Aragão), a literatura catalã não mais se desenvolveu e o catalão perdeu pouco a pouco sua importância como língua literária; foi ressuscitado no século XIX por um grupo de poetas.

A poesia lírica em galego-português, inspirada também no modelo provençal, produziu suas mais belas obras muito mais cedo, no século XIII, sob o reinado dos reis Afonso III (1248-79) e Dinis (1279-1352). Chegou até nós em grandes coleções chamadas "cancioneiros"; o mais célebre deles é o *Cancioneiro da ajuda*, manuscrito do século XIV (ver também o que dissemos na p. 219 acerca das coleções feitas pelo rei de Castela, Afonso, o Sábio). A influência castelhana foi muito intensa nos séculos XIV e XV; somente durante a Renascença é que a literatura portuguesa recomeça a se desenvolver independentemente.

I. OBSERVAÇÕES PRELIMINARES

O século XVI é geralmente considerado o princípio dos tempos modernos na Europa; e durante longo tempo explicou-se a renovação de energias humanas que então se produziu pelo fato de que, durante esse período, redescobriu-se a civilização greco-romana, recomeçou-se a estudar e a admirar as obras de sua literatura e de sua arte, e pelo fato de que, por isso, os homens, ao se livrarem dos entraves que lhes impunha à atividade intelectual o quadro por demais estreito do cristianismo medieval, alcançaram desenvolver plenamente suas forças e criar um novo tipo de humanidade: o homem que tende, por suas faculdades intelectuais e morais, a dominar todos os recursos da natureza e deles se aproveitar para edificar uma vida feliz sobre a Terra mesmo, sem esperar a beatitude eterna que a religião lhe prometia após a morte. Contra tal explicação, objetou-se, já há algum tempo, que a Renascença não era somente um movimento de retorno à civilização greco-romana; que esse retorno, ademais, começara bem antes do século XVI, pelo menos em alguns países; que a Renascença era igualmente um grande movimento religioso e místico no interior do próprio cristianismo; que fatos econômicos e políticos, invenções e descobertas desempenham em todo o desenvolvimento papel bem maior que os estudos clássicos; e que, se a civilização greco-romana tivesse bastado para produzir o homem moderno, esse homem moderno deveria ter aparecido nessa própria civilização, enquanto, na realidade, a civilização antiga, após ter dado resultados brilhantes e incomparáveis no domínio literário, artístico, filosófico e político, pereceu porque, no domínio prático das ciências e da economia, ela não se desenvolveu o bastante para levar a cabo as tarefas que a organização da sociedade civilizada lhe impunha. A discussão acerca das origens da Renascença duram na Europa um século, a partir da publicação das obras de Michelet e sobretudo de Jacob Burckhardt; nos limitaremos a expor os fatos mais importantes, classificando-os de acordo com nosso ponto de vista, vale dizer, do ponto de vista da filologia românica.

1) Desse ponto de vista, a Renascença é, antes de tudo, a época durante a qual as línguas românicas (como, de resto, também as outras línguas vulgares europeias, o alemão e o inglês, por exemplo) adquirem definitivamente a posição de línguas literárias, científicas e oficiais, e em que a supremacia do latim é definitivamente destruída (ver pp. 55-56). Isso pode parecer estranho, pois a Renas-

cença é a época que se empenha em cultivar o estudo do latim clássico. Mas foi precisamente a cultura do latim clássico que fez definitivamente do latim uma língua morta; o latim da Idade Média, o baixo latim, fora uma língua relativamente viva e prática, que se sujeitava às necessidades do pensamento e da ciência medievais; ao desprezá-lo, voltando à língua dos autores clássicos que tinham escrito 1500 anos antes, os humanistas faziam desta uma língua de valor puramente estético, que só se podia utilizar sem dificuldade para os estudos clássicos e, a rigor, para algumas obras de filosofia e de polêmica. As ciências e a administração, a política e a poesia viva não sabiam que fazer de uma língua que, sendo de grande elegância e de grande encanto para os conhecedores, refletia uma civilização morta havia longo tempo e que, ao condenar a introdução de neologismos, barrava a si própria a possibilidade de se adaptar à vida presente. Por outro lado, os humanistas do século XVI, que, por seus estudos das línguas clássicas, tinham adquirido um conhecimento aprofundado da gramática e da estrutura da língua literária em geral, procuraram com grande êxito reformar e enriquecer sua própria língua materna, de conformidade com as experiências que haviam feito ao estudar o latim e o grego; desenvolveu-se assim um movimento a que se deu o nome de "humanismo em língua vulgar", cujo precursor é Dante (p. 73). Esse movimento dava às diferentes línguas românicas uniformidade de ortografia e de gramática, um vocabulário mais rico e mais seleto, um ritmo mais elegante e um estilo mais conscientemente artístico. Ora, dois outros fatores contribuíram poderosamente para dar categoria literária às línguas vulgares e padronizá-las. O primeiro foi a grande evolução religiosa que levou à formação das Igrejas protestantes. O povo se interessava apaixonadamente pelo assunto; todos queriam saber a verdade acerca da doutrina cristã, ilustrar-se a respeito; a Bíblia foi traduzida (a tradução alemã da Bíblia por Lutero é a base do alemão literário moderno), e numerosos escritos, de controvérsias, às vezes sob a forma de breves panfletos, foram publicados nas línguas vulgares; um número de pessoas muito maior que antes aprendia a ler para poder acompanhar por si próprias as controvérsias acerca da fé. Ao mesmo tempo, uma invenção técnica, a da imprensa, feita na Europa em meados do século XV, tornava possível a satisfação de tal necessidade, permitindo que fossem postos em circulação escritos numa escala incomparavelmente mais larga que na época precedente. Ora, a impressão facilitava não somente a disseminação dos escritos, como também contribuía para a padronização da língua literária; verificou-se que existia em cada país, na Itália, na França, na Alemanha etc., uma língua nacional comum, que as pessoas que falavam os diferentes dialetos regionais poderiam todas se compreender se aprendessem a ler; e, obrigatoriamente, foi então sentida a necessidade de unificar a ortografia, a gramática e o vocabulário dessa língua impressa.

Dessarte, a partir do século XVI, as línguas vulgares se tornam o instrumento principal e mais tarde o instrumento único da vida intelectual e literária; tornam-se também, pouco a pouco, o instrumento único das publicações oficiais, das leis, éditos, julgamentos, tratados internacionais etc.; somente o ensino universitário se mostrou refratário por longo tempo e por longo tempo conservou o latim como a língua principal; em alguns países, isso deixou traços até o fim do século XIX. Mas eram apenas resíduos; no conjunto, a vitória das línguas vulgares era completa à altura do século XVI. Graças a isso, elas se tornam incomparavelmente mais ricas e mais elásticas; sua força de expressão aumenta, elas passam a ser objeto de cuidados e de estudo; e cada povo se esforça por fazer de sua própria língua literária a mais bela e a mais rica de todas; para tal finalidade serviram as primeiras academias, fundadas nos séculos XVI e XVII.

2) A partir dos fins do século XV e sobretudo no século XVI, o horizonte intelectual dos europeus se amplia súbita e enormemente em consequência das descobertas geográficas e cosmográficas. Foram descobertos a América e o caminho marítimo das Índias, e grandes matemáticos e astrônomos provaram que a Terra não é o centro do universo, mas apenas um pequeno planeta do sistema solar, e que esse sistema não passa de um dos sistemas de mundos inumeráveis de uma extensão que a imaginação é incapaz de abarcar. Percebeu-se, então, que não era o Sol que girava em torno da Terra imóvel, e sim esta que, com duplo movimento, girava em torno de si mesma e em derredor do Sol. É verdade que as descobertas cosmográficas não foram de modo algum compreendidas imediatamente pelas massas; todavia, elas se divulgavam pouco a pouco, e a descoberta dos continentes do globo, habitados por homens até então desconhecidos, que tinham vida, hábitos

e crenças próprios, constituiu por si só um choque que abalou todos os hábitos e crenças enraizados na Europa; todo o sistema da criação e da organização do mundo físico e moral, tal como o ensinava a filosofia da Igreja, sofreu idêntico abalo, e recebeu grande impulso a vontade humana de levar adiante pesquisas científicas a fim de conhecer a situação exata do homem no universo.

3) Ao mesmo tempo (e até antes, em certos países como a Itália), o humanismo cuidou de cultivar o estudo da Antiguidade greco-romana. Não se tratava apenas da questão do belo estilo latino; era todo um mundo novo que, sepultado até então no esquecimento, reaparecia; um mundo de beleza harmoniosa, de liberdade espiritual, e uma moral que permitia o desfrute da vida. Com a literatura, ressuscitou-se também a filosofia antiga, sobretudo a de Platão e seus sucessores; as artes da Antiguidade, a arquitetura e a escultura, reapareceram. Uma nova forma de vida, livre, harmoniosa, luminosa, parecia preparar-se; a imitação das formas da Antiguidade na literatura e nas artes dava à Europa (e sobretudo à Itália) uma atmosfera assaz diferente daquela que haviam criado, anteriormente, a filosofia escolástica e a arquitetura gótica. Parecia aos artistas e humanistas da Renascença que os homens lograriam por fim, impulsionados pela Antiguidade que voltara à superfície, livrar-se da pesadez sombria e da tristeza metafísica da Idade Média; e um desdém pior que o ódio os animava contra todos os métodos de educação escolástica (em plena decadência desde a época de São Tomás de Aquino); contra a Igreja corrompida, com

seus prelados rapaces e voluptuosos, seus monges sujos e ignorantes, seu culto mecânico e suas superstições ridículas; contra a estultícia, a falta de liberdade, a repressão da vida sexual, a hostilidade para com o corpo humano, a natureza viva e a beleza artística. Cumpre, todavia, não pensar que a Renascença tenha sido, no conjunto, anticristã. Existiam certamente nesse período muitas pessoas que não eram mais crentes, mas tratava-se de indiferentes que não combatiam e que só revelavam seus pensamentos a um pequeno grupo de amigos. A imensa maioria, mesmo de homens cultos, queria permanecer cristã, embora desejando uma reforma do culto e uma purificação da Igreja.

4) E foi essa a primeira vez, em sua longa história, que a Igreja católica ocidental não soube reformar-se e adaptar-se às novas circunstâncias quando ainda era tempo. Guiada por pessoas por vezes muito inteligentes, mas que estavam imbuídas, elas próprias, de ideias céticas, e apreciavam os deleites da vida e perseguiam objetivos políticos egoístas, envolvidas num nó inextricável de interesses e negócios pessoais, ela só teria podido ser salva da catástrofe por uma personalidade poderosa e inspirada, um santo; e tal santo lhe faltou nessa hora decisiva. Entre seus adversários, podem-se distinguir dois grupos; um, composto de pessoas da mais alta civilização, desejava um cristianismo menos dogmático e mais puro, que deixasse maior liberdade à devoção individual e soubesse conciliar o dogma cristão com o pensamento antigo, sobretudo com o platonismo, bastante difundido por essa época; tal grupo,

que era denominado então "os libertinos espirituais", e cuja personalidade mais bem conhecida era uma princesa francesa, a rainha Margarida de Navarra, foi pouco perigoso para a Igreja e lhe permaneceu em geral, pelo menos exteriormente, fiel. O outro grupo, ao qual cedo se vinculou um movimento espiritual da maior envergadura em todos os países ao norte dos Alpes, atacou a Igreja, após algumas hesitações, aberta e frontalmente. O teólogo alemão Martinho Lutero, professor da Universidade de Wittenberg, publicou primeiro um protesto violento contra um abuso escandaloso, a venda por atacado da remissão dos pecados (indulgências); e, quando o caso se agravou, graças à perfeita incompreensão da corte papal, que não se dava absolutamente conta da disposição dos espíritos ao norte dos Alpes, Lutero separou definitivamente sua doutrina da da Igreja católica e, sustentado por grande parte do povo e por vários príncipes alemães, fundou a primeira Igreja protestante. Esses sucessos se produziram entre 1517 e 1522, enquanto na Suíça, em Zurique e suas cercanias, um movimento paralelo se declarava. Desordens revolucionárias ou motivos econômicos, contra os quais o próprio Lutero tomou partido, se misturavam às tendências religiosas, agravando a situação; malgrado essas dificuldades e malgrado a oposição tenaz dos católicos, o protestantismo luterano se estabeleceu solidamente na Alemanha e na Escandinávia. Um outro reformador, o picardo João Calvino, que havia iniciado sua atividade em 1532 em Paris, fundou sua Igreja por volta de 1540 em Genebra. Calvino encontrou também muitos adeptos na Alemanha, mas sua influência se exerceu sobretudo na Suíça, na França, nos Países Baixos e na Escócia. Esse foi o fim da unidade religiosa do Ocidente, a origem de muitas perturbações políticas e um grave obstáculo para a organização da sociedade nos diferentes países da Europa; todavia, foi também a origem das ideias mais importantes da sociedade moderna. A concepção da liberdade de consciência, e por conseguinte da liberdade de pensamento, assim como a concepção de tolerância, se constituíram nas lutas religiosas dos séculos XVI e XVII. Tais concepções poderiam ter se formado de maneira diferente, por exemplo a propósito de combates políticos ou científicos. Mas nem a política nem a ciência eram compreendidas nessa época pelas massas da população, ao passo que a fé era o próprio centro de sua vida; e, assim que compreenderam que careciam de liberdade nesse domínio que lhes tocava imediatamente, bem como o fato de a liberdade da consciência religiosa estar indissoluvelmente ligada à liberdade geral, ou seja, à liberdade política, viram-se necessariamente impelidas na via política; a ideia da liberdade política, isto é, da democracia, com tudo quanto ela comporta no que respeita à autonomia e aos direitos do homem e com todas as suas consequências sobre os domínios administrativo, jurídico, científico e econômico, surgiu na Europa da ideia de liberdade de consciência, vale dizer, das lutas pela Reforma.

Em certo sentido, humanismo e Reforma nasceram de uma mesma necessidade: a de remontar às fontes puras, afastando os escombros da tradição que sobre elas se tinham acumulado; assim como o humanismo afastou a ciência medieval, que havia deformado e adaptado às suas necessidades a civilização antiga sobre cujas ruínas se fundara, e procurou reencontrar os textos e em geral as obras autênticas de tal civilização, também a Reforma procurou libertar o cristianismo de todo o acúmulo de tradições secundárias de que um desenvolvimento de quinze séculos o recobrira e remontar às fontes puras dos Evangelhos. A Reforma condenava, assim, o culto dos santos e da Virgem, o poder sobrenatural dos padres e a autoridade do papa; permitia o matrimônio ao clero e abolia os conventos; estabelecia o culto religioso em língua materna. Todavia, em seu próprio seio, surgiram as dissensões acerca da interpretação dos Evangelhos; Lutero, que foi homem de temperamento vigoroso, intuitivo, imaginativo, muito apegado aos símbolos concretos da fé, não pôde jamais se afinar com Calvino, de caráter frio, racionalista, metódico e abstrato, de sorte que as duas grandes Igrejas protestantes se mantiveram separadas. A Igreja católica fez um grande esforço para se reorganizar e reconquistar o terreno perdido através do movimento da Contrarreforma, assinalado primeiramente pela fundação da ordem dos jesuítas e organizada pelo Concílio de Trento (1545-1563). A Contrarreforma não logrou nem suprimir ou sequer enfraquecer consideravelmente o protestantismo, mas alcançou reorganizar e modernizar a Igreja católica.

5) A necessidade de remontar às fontes, experimentada tanto pelos humanistas como pelos reformadores (entre os promotores da Reforma, havia grande número de humanistas), levou à fundação da filologia; a invenção da imprensa contribuiu bastante para isso; numerosos

impressores foram, ao mesmo tempo, humanistas insignes e alguns se vincularam muito de perto à Reforma. Foi por essa época e nessa situação que a pesquisa e a edição de manuscritos, atividade que descrevi nas primeiras páginas deste livro, se impôs e se desenvolveu espontaneamente. A par de sua atividade erudita, que consistiu em edições, em obras acerca da gramática e do estilo do latim e de sua própria língua materna, acerca da lexicografia e da arqueologia, esses filósofos humanistas levaram a cabo uma importante tarefa de vulgarização; foram os tradutores das grandes obras da Antiguidade; com isso, deram ao público, que estava em via de se desenvolver, uma ideia da civilização greco-romana, um gosto mais seguro e mais apurado, e aos poetas a possibilidade de imitar essas obras-primas.

6) Falemos, a esta altura, algo acerca do "público". Antes da Renascença, não existia um público no sentido moderno da palavra; em seu lugar havia o povo sem instrução, que tinha, como formação intelectual, apenas as verdades da fé católica que a Igreja lhe ensinava. A partir do fim da Renascença, formou-se pouco a pouco uma camada social, a princípio pouco numerosa, mas que aumentava continuamente, composta de aristocratas e burgueses enriquecidos, que sabia ler e escrever, tomava parte na vida intelectual, estimava a arte e a literatura, desenvolvia um gosto e se tornava, sem ser erudita, instruída e vigorosa o bastante para se constituir pouco a pouco árbitro da arte e da vida literária. A formação do público instruído na Europa e a lenta expansão de seu poderio, lenta mas ininterrupta a partir da Renascença —

expansão que durou mais de três séculos e não teve fim senão com o desenvolvimento assaz recente, em que os povos da Europa em sua totalidade se tornaram "público" e destruíram assim o caráter de escol que o público tivera anteriormente —, é um fenômeno dos mais interessantes e dos mais importantes da civilização moderna. Esse desenvolvimento comporta outrossim a formação de uma nova profissão e de um novo tipo humano: o escritor ou "homem de letras", que escreve para o público e deste vive, vendendo-lhe sua produção diretamente ou por meio de intermediários. Antes da Renascença, essa profissão não teria tido base; os que escreviam não dependiam do público (pois tal público não existia e ademais, antes da imprensa, não havia possibilidade de difundir as obras em quantidade suficiente), e sim da Igreja ou de um grande senhor, ou então dispunham de outros recursos para suprir suas necessidades; somente os tipos no ponto mais baixo da escala literária, os jograis e cantores de feira, viviam em certo sentido do "público"; vê-se bem, todavia, que se trata de coisa muito diversa do escritor moderno. O desenvolvimento da profissão de escritor se fez tão lentamente quanto o do público; o século XVI e mesmo o século XVII exibem ainda numerosos fenômenos de transição; foi somente no século XVIII que se estabeleceu definitivamente o tipo do escritor que vive do público.

7) Todos esses desenvolvimentos tiveram uma base econômica, de que falaremos muito sumariamente. Na Itália e em alguns outros países europeus, o comércio e a atividade industrial sobre uma base mais ampla e mais racional já se

tinham desenvolvido bem antes do século XVI. Todavia, por volta de 1500, um acontecimento decisivo colocou o Ocidente inteiro no caminho do grande comércio e do regime capitalista; tal acontecimento foram as grandes descobertas de ultramar. Mercadorias até então desconhecidas ou raras e de escasso consumo, como o algodão, a seda, as especiarias, o açúcar, o café, o tabaco, produzidos de ora em diante a baixo custo pelo trabalho forçado dos escravos negros, entram em grande quantidade na Europa e se tornam de consumo corrente; enormes riquezas novas, sobretudo uma quantidade até então inimaginável de ouro e prata, chegam primeiramente à Espanha e a Portugal (pois foram esses dois países que, como primeiras potências coloniais, disso se beneficiaram imediatamente) e em seguida ao restante da Europa, sobretudo aos Países Baixos, mas também à Inglaterra, à França e à Alemanha. A Espanha, que possuía quase todas as minas de ouro e de prata descobertas na América, procurava guardar o produto delas, mas, como ela própria não contava senão com fracos recursos e queria se aproveitar de sua riqueza para elevar o nível de vida de seus habitantes, teve de trocar grande parte de seus metais preciosos pelos gêneros e mercadorias de que carecia. Os metais preciosos que entram na Europa aceleram o progresso do capitalismo financeiro e, provocando crises terríveis, dão a uma camada bem mais ampla do que anteriormente a possibilidade de enriquecer; será a classe "média", a burguesia moderna, que irá constituir o público de que falamos no parágrafo precedente. O comércio interior e, sobretudo, o comércio exterior e marítimo, ao evoluírem

muito rapidamente, encorajam o espírito de iniciativa, modernizam os processos econômicos, criam novos métodos de organização e de crédito e fazem nascer por toda parte o gosto dos negócios, do trabalho econômico, do ganho e do luxo. Formava-se assim um tipo de homem que considerava o trabalho econômico um dever austero e a aquisição de riquezas um sinal visível da bênção de Deus, de sorte que se combinavam o espírito comercial com uma devoção extrema, um moralismo severo e uma vida quase ascética; tais pessoas, que criam uma ética do trabalho sobremaneira característica da Europa moderna, se encontram de início sobretudo nos países em que o calvinismo exerceu uma forte influência: na Suíça, nos Países Baixos, nos países anglo-saxões e nos calvinistas
franceses (huguenotes).

8) Na maioria dos países europeus, a evolução política que esbocei anteriormente (p. 158) terminou no século XVI: os povos adquiriram sua consciência nacional, e o poder particularista do feudalismo foi destruído. Mas não foi logo que a burguesia chegou ao poder; na maior parte dos países em questão, a necessidade de criar uma organização central no domínio político e econômico e de reprimir as graves desordens que provinham das lutas religiosas conduziu a uma concentração do poder, até então desconhecida, nas mãos do monarca: foi o absolutismo que triunfou tanto sobre os senhores feudais, reduzidos a partir de então ao papel de cortesãos, como sobre as organizações da burguesia; esta, carecendo ser sustentada em seus negócios por um forte apoio político, viu-se pouco a

pouco obrigada a renunciar, em favor do monarca, à independência adquirida em relação aos senhores feudais. Isso não passa, naturalmente, de um esboço assaz sumário de um desenvolvimento que, ademais, não foi idêntico em todos os países; o absolutismo se estabeleceu no século XVI apenas na Espanha e em alguns principados da Itália; na França, foi só no século XVII que triunfou; não logrou jamais se estabelecer solidamente na Inglaterra e nos Países Baixos; e, quanto à Alemanha, sua evolução foi por demais complicada para que possa ser aqui explicada. Todavia, a tendência à concentração do poder nas mãos do monarca, isto é, o absolutismo, foi muito forte em toda parte, sobretudo a partir da segunda metade do século

XVI, quando o entusiasmo do primeiro movimento intelectual e religioso e o ardor da luta tinham cedido lugar à fadiga, ao ceticismo e à necessidade de ordem. Ora, o absolutismo conduzia a um nivelamento da população; as antigas castas — a nobreza feudal, o clero, a burguesia, os ofícios, os camponeses —, cada uma das quais subdividida por sua vez em diversos grupos hierárquicos, perdiam pouco a pouco sua importância política, pois todas eram igualmente súditas do monarca absoluto que governava não mais com sua ajuda, como antes, servindo-se de sua organização, mas diretamente por intermédio de pessoas que dependiam inteiramente dele, os funcionários; essa profissão de "funcionário do Estado" começava a se organizar pouco a pouco. Constituiu uma longa evolução, tal decadência das antigas castas; no século XVI, assiste-se apenas ao seu começo; ela levava a uma nova forma da sociedade, na qual os homens não se distinguiam mais entre si por castas, de acordo com seu nascimento e sua profissão, mas antes por classes, por sua situação econômica; ou, se se quiser exprimir a mesma coisa de maneira diferente, na qual uma só casta, a burguesia, que era a única a sobreviver como potência política, se subdividia em classes. Como acabei de dizer, porém, trata-se de uma longa evolução da qual o século XVI traz apenas os primeiros sintomas.

9) Já por diversas vezes, nas páginas que acabo de escrever, tive de fazer alusão a desenvolvimentos que, esboçando-se a partir do século XVI, não se declararam de maneira definitiva e não encontraram sua forma bem circunscrita senão nos séculos seguintes. Esta qualidade de fecundidade em potência, de evolução inacabada, de germe para as florações futuras, talvez seja a qualidade mais característica e mais importante desse primeiro século da Europa moderna. Indivíduos de um poder criador quase sobre-humano, inebriados de novas ideias e visões, aparecem em quase todos os países do Ocidente e exercem sua atividade em todos os domínios; não obstante ligados, por um lado, mais ou menos conscientemente à tradição medieval, e não vendo, por outro lado, nenhum limite à atividade criadora de seus espíritos, eles produzem amiúde obras ousadas, fantásticas, utópicas; quase todos estão repletos de contradições interiores e, quando se considera um grupo deles, suas atividades parecem se entrecruzar e se combater umas às outras; só se pode encontrar uma unidade em seu dinamismo exuberante e na riqueza de germes contidos em suas obras. Por conseguinte, nem

em política, nem em economia, ciências, filosofia, artes ou literatura, é possível encontrar muitas formas definidas, métodos bem estabelecidos ou resultados estáveis. Sobretudo nos países ao norte dos Alpes, tudo é crise, movimento e embrião do futuro. Grupos de população se sublevam, acicatados ao mesmo tempo por necessidades religiosas e materiais, necessidades que não sabem distinguir nem formular claramente; excessos terríveis, tanto de parte dos revolucionários como dos reacionários, são frequentes, e manifesta-se um desbordamento de paixões humanas que raramente se viu antes ou depois dessa época. No conjunto, o século XVI é a Europa moderna em potencial.

II. A RENASCENÇA NA ITÁLIA

O aspecto dinâmico, revolucionário e agitado da Renascença, do qual acabo de falar, se manifesta menos na Itália que nos países ao norte dos Alpes; primeiramente porque o movimento ali se preparava, conforme explicamos, havia já dois séculos, e depois porque a Itália quase não foi tocada pelo movimento religioso da Reforma, que abalou tão profundamente os povos da Europa central e ocidental. A Itália apresenta a forma mais harmoniosa e mais bela da Renascença, e sua contribuição mais importante e mais brilhante, aquela em que se pensa imediatamente ao pronunciar a palavra Renascença, consiste em suas obras de arte, obras de arquitetura, de escultura e de pintura. Após dois séculos de preparação, a arte atinge na Itália, no século XVI, um apogeu sem precedentes; pois, se outras épocas produziram por vezes artistas tão insignes quanto os da Renascença italiana, nenhuma outra exibe desenvolvimento tão ininterrupto e seguido nem unidade tão natural e afortunada no conjunto de sua produção artística. Este não é o lugar adequado para falar disso; quero apenas insistir em dois pontos de vista de ordem geral, porquanto eles se aplicam tanto à literatura quanto à arte. Em primeiro lugar, toda a Renascença artística da Itália repousa, como a da literatura, na imitação dos princípios gerais da arte antiga. A completa realização das formas corporais, sobretudo as do corpo humano; sua plena evidência no mundo aqui de baixo; o equilíbrio harmonioso da composição e da articulação dos diferentes membros de um conjunto; a luz plena difundida pelo mundo das coisas visíveis e sensíveis — tudo isso constitui herança da arte antiga; desde o grande pintor dos primórdios do século XIV, Giotto, até os grandes artistas do século XVI, Leonardo da Vinci, Rafael e Michelangelo, verificou-se um esforço contínuo de imitação da Antiguidade, o qual foi ao mesmo tempo uma imitação da natureza sensível em suas formas mais belas e mais perfeitas; o esforço em prol de tal objetivo contrastava claramente com o espírito da Idade Média, cuja arte havia sido (ver p. 166), ao mesmo tempo, muito menos e muito mais que uma imitação da realidade exterior; tinha querido expressar, nas formas sensíveis, menos estas que o significado oculto que pareciam encerrar, e demonstrar, em cada uma de suas obras, a ordem metafísica e hierárquica da criação divina. É bem de ver que a separação entre a arte simbólica e metafísica da Idade Média e a arte imitativa da

natureza sensível, própria da Renascença italiana, não é assim tão nítida quanto se apresente num resumo de poucas frases; muitas das tradições simbólicas da Idade Média sobrevivem no século XVI, e o platonismo que se difundia insuflava-lhes, por vezes, vida nova; esse simbolismo, porém, não mais impede a plena eclosão das formas da natureza corporal, e a imitação de tais formas, herança da Antiguidade, domina toda a atividade artística da Renascença italiana. Isso implica também uma nova concepção do indivíduo humano, concepção que se aproxima à da Antiguidade e que tem sido considerada por muitos eruditos, sobretudo por Burckhardt (ver p. 47), como a base de todo o movimento da Renascença.
244 Enquanto na Idade Média o indivíduo humano ocupava um lugar na ordem hierárquica que desce de Deus através dos anjos, do mundo humano, da criação física até o inferno, ou seja, uma classificação vertical, a Renascença lhe assinalava seu lugar no mundo aqui de baixo, sobre a Terra, na história e na natureza, numa ordem horizontal, portanto. Essa ideia é de fundamental importância para a compreensão da Renascença; todavia, é mister prevenir-se contra dois erros. Em primeiro lugar, não se acredite que a concepção do indivíduo se tornou, por isso, mais forte e mais vigorosa, porquanto, na ordem hierárquica e vertical da Idade Média, o homem se encontra diante de Deus empenhado numa luta que se cumpre durante sua curta vida terrestre e cujo desfecho decide irrevogavelmente se ele será um bem-aventurado ou um réprobo; forças opostas disputam sua alma num combate dramático; nessa luta totalmente particular, o indivíduo se

forma por vezes de maneira peculiar, enérgica e vigorosa. Evidentemente, não faltaram à história ou à literatura da Idade Média personalidades de forte individualidade; elas eram, então, tão ricas quanto na Renascença. Ademais, qualquer distinção entre o indivíduo medieval e o indivíduo da Renascença só se aplica, pelo menos no século XVI, à Itália e a uma pequena minoria ao norte dos Alpes. Pois, ao norte dos Alpes, os movimentos religiosos tendem por vezes mais a reformar, e mesmo reforçar, os vínculos religiosos e místicos que prendem o indivíduo à ordem vertical, que a destruí-los; a tendência a libertá-lo deles não pôde ganhar terreno senão muito mais lentamente. O segundo ponto no qual eu gostaria de insistir com respeito à arte italiana é o de que sua imitação da Antiguidade não é servil como a do humanismo integral, mas se adapta, antes, às necessidades e aos instintos do século XVI e do povo italiano dessa época, assemelhando-se, nisso, ao humanismo em língua vulgar (ver p. 228). Basta pensar nas Madonas de Rafael, nos profetas e no Juízo Final de Michelangelo, nas numerosas igrejas, para darmo-nos conta de que os assuntos cristãos e as necessidades do culto ocupavam sempre o primeiro lugar na produção artística. Mas tais assuntos foram concebidos e tais necessidades satisfeitas num espírito diferente do da Idade Média, um espírito mundano e secular que preza e imita as formas da natureza por sua beleza, de sorte que a Madona era, verdadeiramente, uma jovem mulher com seu filho; que Jesus, no Juízo Final, lembrava um deus antigo; e que as igrejas, imitando a forma e o espírito da arquitetura antiga, não conservavam nada mais do impulso metafísico das igrejas góticas. E a par da arte que servia às necessidades do culto, uma outra arte, puramente secular, que quase não existira anteriormente, se desenvolve com rapidez; surgem palácios magníficos, assuntos mitológicos, históricos, e sobretudo retratos são executados pelos pintores e escultores, e as artes decorativas tomam grande ímpeto. Tudo isso se inspira no espírito e nas formas da Antiguidade, mas adapta-os às necessidades atuais da Itália do século XVI.

Em seguida, é no domínio político e econômico que a Itália desenvolve, com primazia, as ideias da Renascença. Nas cidades da Itália setentrional, em Veneza, Pisa, Gênova, na Lombardia e na Toscana, o grande comércio e as instituições de crédito bancário se estabeleceram; diversas formas modernas de governo encontraram ali sua primeira realização prática; a república aristocrática em Veneza, diferentes evoluções do governo popular em Florença e alhures e os primórdios do absolutismo nos tiranos mais ou menos poderosos que se estabeleceram, a partir do século XIV, em muitas comunas, como em Verona, Milão, Ravena, Rimini etc. A partir do século XIV, as disputas acerca da teoria política são muito animadas; não é por acaso que o primeiro escritor moderno a considerar o Estado e a política de um ponto de vista puramente secular e humano, sem nenhuma relação com as teorias da Igreja e sem qualquer alusão à tarefa da sociedade de preparar os homens para a beatitude eterna, e a declarar abertamente que o poder é, por si mesmo, o fim natural de toda política e sua expansão uma aspiração normal de todo governo são e forte, foi um italiano — Nicolau Maquiavel (1469-1527), florentino que se inspirou nos historiadores romanos, sobretudo em Tito Lívio; ele escreveu um diálogo sobre a arte da guerra, uma biografia de Castruccio Castracani, célebre capitão, os *Discursos sobre Tito Lívio*, uma história de Florença e o livro célebre *O príncipe*, composto em 1513 e publicado em 1532; escreveu também comédias (ver p. 249). No tocante à teoria política, cuja forma mais radical está contida em seu retrato ideal do príncipe, ele teve numerosos sucessores e adversários; a polêmica acerca do "maquiavelismo" durou mais de dois séculos.

Ao falar de Maquiavel, entramos do domínio da literatura. A partir dos humanistas, movimentos modernos, eruditos e populares aparecem na literatura italiana. Nos fins do século XV, seus principais centros são Florença, Nápoles e Ferrara. Em Florença, o mais célebre e o mais bem-dotado dos Médici (ver p. 215; a família teve grande brilho durante a Renascença; dela saíram dois papas e teve uma condição quase régia posteriormente), Lorenzo, o Magnífico (1448-92), ele próprio poeta insigne, reuniu em sua corte humanistas, filósofos e poetas; fundou a Academia platônica, que procurou conciliar o espírito da beleza antiga com o cristianismo, e que teve grande influência mesmo além-Alpes; a concepção platônica da beleza corporal e terrestre como imagem enfraquecida e provisória da verdadeira beleza, incorpórea e divina, e o amor da beleza terrestre como encaminhamento para a beleza eterna, foi uma das ideias mais caras aos homens da Renascença, que aspiravam a um cristianismo humanista. Tratados filosóficos, poesias líricas de diversos gêneros, eruditos e populares, e um drama mitológico, com trechos líricos muito belos (o *Orfeo*, composto pelo humanista Poliziano), saíram desse grupo florentino. Em Nápoles, na corte dos reis aragoneses que ali reinavam então (ver p. 221), cultivavam-se a poesia latina e o lirismo no estilo de Petrarca. Em Ferrara, onde governava outra célebre família principesca, os Este, floresceu a grande epopeia, a par do lirismo e do drama imitado da Antiguidade. Entretanto, o movimento literário não se confinava a esses três centros. Vou fazer um rápido resumo das tendências e das obras mais importantes da literatura italiana do século XVI.

1) Começarei pelo movimento de que já falei diversas vezes, o humanismo em língua vulgar; essa tendência (expressa já por Dante), cujo objetivo era o de elevar o italiano à dignidade de uma língua literária da mais alta perfeição, foi conscientemente cultivada na Itália antes de o ser em outros países, e grande número de escritores de relevo tomaram parte nas discussões suscitadas por esse problema. Um grupo purista era da opinião de que a língua literária florentina, tal como se havia formado nas obras de Petrarca e Boccaccio, devia servir de modelo único; outro grupo, de vistas mais largas, queria dar lugar mais amplo à língua popular e aos dialetos. Foram os puristas que, por fim, alcançaram vitória; entre eles, a personagem mais importante foi o cardeal Bembo (1470-1547), humanista e escritor célebre, autor de um tratado acerca da língua italiana (*Prose della volgar lingua*), de outro acerca da poesia lírica (*Asolani*) e de poesias no estilo petrarquista. A vitória dos puristas prepa-

rou o academismo, que procurou regulamentar a língua literária, conservá-la pura e isenta de toda influência popular, fixá-la de uma vez por todas de acordo com os modelos que cumpria imitar; essa tendência dominou o gosto literário por longo tempo, não somente na Itália como também em outros países, sobretudo na França; os clássicos franceses do século XVII, de Malherbe a Boileau, são os herdeiros dos puristas italianos da Renascença.

2) Entre as imitações de formas antigas a que o humanismo em língua vulgar deu origem, a do teatro greco-latino é a mais importante e a mais revolucionária. Em 1515, Trissino publicou a primeira tragédia clássica numa língua vulgar, *Sofonisba*, imitação da tragédia grega, com unidade de ação, de tempo e de lugar. Muitos outros lhe sucederam; fizeram-se também comédias no estilo antigo, por essa época, e algumas excelentes; a mais divertida é *A mandrágora*, de Maquiavel (1513). Possuímos também comédias de Ariosto.

3) O modelo mais admirado, ao lado dos antigos, foi Petrarca. Sua língua, suas formas poéticas, suas metáforas, sua terminologia amorosa foram imitadas, cultivadas e por vezes mesmo exageradas a um grau em que o artifício começa a se aproximar da frioleira. Toda a produção poética da Renascença, inclusive a de outros países europeus, se colocou sob a influência do petrarquismo; a língua das sabichonas (*précieuses*) do século XVII e mesmo a poesia dos grandes clássicos franceses se ressentem dos efeitos desse vigoroso modelo.

4) Outra tendência não menos importante da poesia italiana, também em estreita relação com a imitação dos antigos, foi a tendência bucólica: quer dizer, o gosto dos quadros campestres para a poesia amorosa, tanto em pequenas peças dramáticas como no romance; foi a poesia bucólica de Virgílio e alguns romances da Antiguidade que se constituíram nos modelos dessa arte. Poetas da Idade Média, Boccaccio entre outros, tinham já composto poesias e romances no quadro pastoral; durante vários séculos, esse disfarce poético de seus amores teve grande encanto para a sociedade elegante. O gosto pastoral se manifesta por exemplo no *Orfeo* de Poliziano (ver p. 248) e sua voga cresceu no decurso do século XVI, sobretudo na corte de

Ferrara. A obra-prima do gênero pastoral dramático é a *Aminta*, de Torquato Tasso (1573); outra obra do mesmo gênero, um pouco posterior, *Il pastor fido* [O pastor fiel], de Guarini, não foi menos célebre. Tais obras tiveram uma repercussão europeia; o quadro pastoral foi imitado em toda parte; serviu até para as ideias místicas. No tocante ao romance pastoral na Itália, mencionemos a *Arcadia*, do napolitano Sannazaro, impressa em 1502; foi, por longo tempo, o modelo do gênero; imitações espanholas (*Diana enamorada* [Diana apaixonada], de Jorge de Montemayor, 1542) e francesas (*L'Astrée*, de Honoré d'Urfé, 1607) tiveram voga quase tão grande quanto a dele.

5) A criação mais bela e mais valiosa da poesia italiana da Renascença foi a epopeia, cuja matéria é medieval, mas cuja arte está inteiramente impregnada pelo espírito de uma sociedade moderna e brilhante. Os assuntos

da epopeia da Idade Média — canção de gesta e romance cortês — estavam havia muito decadentes; corrompidos por acréscimos e modificações inumeráveis, muitas vezes fantasiosas ou grotescas, não serviam senão para os jograis, que cantavam perante o público das feiras (ver p. 175). Um poeta florentino, Luigi Pulci, amigo de Lorenzo, o Magnífico, se assenhoreou desses assuntos para deles fazer uma epopeia grotesca cheia de verve (*Il Morgante*, composta por volta de 1480) cujo herói é um gigante; empregou uma forma conhecida desde Boccaccio, a oitava; trata-se de uma estrofe de oito versos de dez sílabas, rimadas ABABABCC; foi a forma clássica da epopeia italiana da Renascença. Um pouco mais tarde, o conde Matteo Maria Boiardo, que passou grande parte de sua vida na corte dos Este, em Ferrara, publicou seu *Orlando innamorato* [Orlando apaixonado] (a partir de 1487), epopeia de um estilo muito mais elevado que a de Pulci, mas, como ela, repleta de aventuras e de inúmeros episódios que se seguem e se enredam continuamente, dando assim ao leitor o prazer de perder e retomar a todo momento os diferentes fios da ação. Pulci e Boiardo se valeram da desordem introduzida pelos jograis, que acumulavam aventuras maravilhosas e inverossímeis, para criar um painel cheio de verve e de ironia; Pulci o fez de uma maneira antes popular e grotesca, e Boiardo, num estilo aristocrático e elegante, introduzindo motivos da mitologia antiga e a atmosfera da sociedade de seu tempo. Seu continuador, Ludovico Ariosto (1474-1533), também a serviço dos Este, autor do *Orlando furioso* (primeira edição, 1516), foi o maior poeta épico da Renascença e um dos poetas mais puramente artistas de todos os tempos. Sem outro objetivo que não o prazer estético, com uma naturalidade cheia de desembaraço, ele nos conta as aventuras de seus cavaleiros heroicos e amorosos, de suas damas galantes ou cruéis e até mesmo guerreiras, aventuras cuja inverossimilhança é compensada pela doce ironia do poeta, pelo realismo encantador de sua psicologia do amor e pela beleza incomparável de seus versos. Malgrado o quadro fantasioso, todo o espírito da sociedade renascentista está contido nesse poema, cuja leitura é um dos prazeres mais perfeitos que a literatura europeia nos oferece. Na segunda parte do século, outro grande poeta, Torquato Tasso (1544-95), compôs na mesma forma sua epopeia

Goffredo, mais conhecida pelo nome de *Jerusalém libertada* (publicada em 1580). Como indica o título, trata-se de um grande tema histórico e cristão, a primeira Cruzada. Mas o tema não é absolutamente tratado de maneira severa e grave; histórias de amor, cenas idílicas, personagens doces e lânguidos, em suma, um lirismo extremado e assaz refinado constitui o encanto da obra, e por vezes o tema principal fica esquecido em meio à multiplicidade de episódios. Tasso esteve também por longo tempo a serviço dos Este em Ferrara; foi um homem muito delicado, suscetível e melancólico, desditoso por temperamento, e que, no fim da vida, ficou louco. Sua arte tem tanta suavidade e volúpia que não deixa de cativar os ouvidos, sobretudo na Itália, em que a sonoridade harmoniosa de seus versos desfrutou sempre de grande prestígio; para muitos leitores modernos, porém, é difícil apreciar os méritos desse poema cujo espírito se nos tornou estranho; a custo se pode apreciar o lirismo amoroso num tema cristão, heroico e devoto, bem como o excesso de metáforas rebuscadas, de antíteses brilhantes e artifícios de sonoridade musical. Uma obra como essa não seria possível senão na segunda metade do século XVI (os historiadores da arte chamam a essa época Barroco), em que o gosto da beleza sensual, levado até o refinamento, serviu à Contrarreforma para criar uma espécie de mística sensual.

6) No que respeita à prosa, podem-se distinguir escritores puristas, como Bembo (ver em 1), e outros mais livres, que prezavam o sabor expressivo da linguagem popular e mesmo dialetal; o mais conhecido entre estes últimos é Maquiavel, de quem já falamos. Temos, dessa época, numerosas coleções de novelas, segundo o modelo de Boccaccio; obras de história, como as de Maquiavel e de seu insigne imitador Guicciardini, florentino como ele; cartas e panfletos de propaganda política e satírica, como os de Pietro Aretino, personagem de má fama que viveu em Veneza; e diálogos acerca de numerosos temas, por exemplo do amor, da língua e da literatura; essa forma, de origem platônica, gozou de grande favor durante a Renascença. É a tal gênero que pertence também um livro platonizante acerca da verdadeira nobreza, muito célebre em seu tempo: *O cortesão*, do conde Baldassarre Castiglione (1478-1529).

Em fins do século XVI, termina a grande época literária da Renascença italiana; segue-se uma longa decadência, que durou até a segunda metade do século XVIII. As razões dessa decadência são múltiplas: o purismo exagerado das academias, o excessivo rebuscamento das formas da linguagem poética no petrarquismo e nos sucessores de Tasso; depois, a atmosfera de pesadez e constrangimento intelectual criada pelo absolutismo e pela Contrarreforma. Todavia, no início desse período (fim do século XVI, começo do século XVII), a prosa filosófica e científica (Giordano Bruno, Campanella, Galilei) toma grande impulso; e alguns gêneros secundários foram inventados ou desenvolvidos, alcançando grande êxito mesmo fora da Itália: a epopeia parodiada, a ópera (que foi a princípio uma pastoral dramática com música) e a comédia improvisada com personagens-tipos (Pantalone, Arlecchino, Pulcinella etc.), chamada de *commedia dell'arte*.

III. O SÉCULO XVI NA FRANÇA

Na França, a época da Renascença começa com as guerras da Itália, em fins do século XV e começos do século XVI. O país, que se curara das chagas causadas pela Guerra dos Cem Anos (ver p. 199) sob o governo de um rei hábil e enérgico, Luís XI, alcançou levar a cabo uma política expansionista, que conduziu repetidas vezes seu exército para além dos Alpes, sob Carlos VIII, Luís XII e sobretudo Francisco I, o grande rei da Renascença francesa (1515-47). Francisco I foi um rival perigoso do personagem mais poderoso de sua época, o imperador Carlos V; foi, outrossim, um importante promotor do humanismo; coube-lhe fundar, em contraposição à antiga universidade escolástica e conservadora, uma espécie de universidade humanista em Paris, o Colégio dos leitores reais, que se tornou mais tarde o Collège de France. Na Itália, os franceses, cujas ideias e costumes haviam conservado até então o quadro estreito e a rigidez da sociedade medieval, conheceram a vida e o espírito da Renascença; tais formas de vida e de arte entraram na França também por outra via, pelo comércio; a cidade de Lyon, centro do comércio italiano, desempenhou importante papel nesse sentido. Durante a primeira metade do século, o entusiasmo é geral; a França imita a arte italiana, o petrarquismo, o platonismo; as letras e os estudos de inspiração humanistas florescem. Mas a resistência dos grupos escolásticos foi bem mais forte e tenaz que na Itália; e, quando se declaram as tendências da Reforma, a situação interior do país se perturba. Uma forte minoria calvinista, chamada de huguenotes, que busca organizar-se, é cruelmente perseguida; e após a morte prematura do filho de Francisco I, Henrique II (1559), eclode a guerra civil, na qual toda sorte de interesses políticos e de intrigas se acrescenta ao fanatismo dos dois partidos. Os três filhos de Henrique II, que reinaram um após outro, primeiro sob a influência de sua mãe, Catarina de Médici, não conseguiram acalmar o país e pôr fim às desordens; sob o segundo, Carlos IX, a morte atroz de todos os protestantes em Paris, conhecida pelo nome de Noite de São Bartolomeu, envenenou os espíritos; e quando, sob o terceiro, se tornou claro que a casa reinante se extinguiria com ele, a guerra pela sucessão irrompeu entre duas casas colaterais, uma das quais, os Guise da Lorena, era ultracatólica e tinha o apoio da Espanha; a outra, os Bourbon de Navarra, era protestante. Após muitas desordens e violências, foi o candidato de Navarra, Henrique IV de Bourbon, que venceu, nos últimos anos do século. Contou ele, entre seus partidários, com um grupo de católicos patriotas que, no interesse do país, se mostravam tolerantes em relação aos protestantes; eram chamados de "os políticos", tratava-se, em sua maioria, de homens da grande burguesia que ocupavam os altos cargos da administração (nobreza togada). Henrique IV consolidou sua vitória convertendo-se ao catolicismo e concedendo certo grau de liberdade religiosa aos protestantes calvinistas (Édito de Nantes, 1598). Foi o rei mais popular que a França teve. As desordens da segunda metade do século não interromperam o desenvolvimento literário e intelectual da França; marcaram-no, porém, com um caráter mais sombrio e mais cético, menos otimista e entusiástico que o do primeiro período. Faremos agora um apanhado das correntes principais e das personagens mais importantes da vida literária.

1) Começaremos pela língua. Sob a influência italiana, o humanismo em língua vulgar, vale dizer, a cultura consciente do francês literário, de acordo com o modelo das línguas antigas, se desenvolveu rapidamente; gramáticos, humanistas tradutores, teólogos e poetas colaboraram para isso; Francisco I contribuiu igualmente quando, pela ordenança de Villers-Cotterêts, determinou que todos os atos e operações de justiça se fizessem doravante em francês. É provavelmente à teologia reformada que o francês mais deve no que toca à sua evolução literária, pois foram os escritos teológicos que tiveram, por essa época, o maior número de leitores. João Calvino, ao dar

uma versão francesa a sua obra principal, *A instituição da religião cristã*, criou a prosa teológica e filosófica; sua prosa é clara e vigorosa, ainda muito influenciada pela sintaxe latina; o livro teve tanto maior importância no que toca ao emprego literário do francês quanto obrigou, por seu exemplo, até seus adversários católicos a imitarem-no. Na segunda metade do século, muitos eruditos e sábios escreviam em francês arrostando por vezes a oposição violenta de seus confrades mais conservadores; citemos o humanista Henri Estienne, os eruditos Pasquier e Fauchet, o grande teórico da política Jean Bodin, o cirurgião Ambroise Paré, o inventor Bernard Palissy e o agrônomo Olivier de Serres. Ora, a língua francesa não estava preparada para uma expansão assim tão rápida e tão grande de seu campo de ação; nem os recursos de seu vocabulário nem os de sua sintaxe bastavam para tanto. Era necessário enriquecê-la, e produziu-se então uma enorme infiltração de palavras e torneios de frase estrangeiros; não foi somente ao latim que se fizeram numerosos empréstimos (o que, de resto, já era largamente praticado desde o século XIV; ver p. 151), mas também ao grego e sobretudo ao italiano; tentou-se fazer reviver uma porção de termos esquecidos do francês arcaico, mobilizar os recursos dos dialetos, forjar novas palavras por composição ou derivação; foi uma evolução rápida e admirável, mas algo desordenada. Os italianismos se introduziram em grande quantidade na língua francesa; o italiano tinha o apoio da moda petrarquista, do prestígio da civilização e da literatura italianas em geral, e, a partir de Henrique II, da influência de sua esposa, a rainha Catarina, princesa florentina cujos dotes de espírito dominaram a sociedade da corte durante longo tempo. Os tratados acerca da teoria da língua e do estilo poético abundavam; o mais conhecido era *La Défense et illustration de la langue française*, espécie de programa de um grupo de poetas chamado *la Pléiade* (a Plêiade), redigido conforme um modelo italiano por Joachim du Bellay (1549). Na segunda metade do século, verifica-se uma oposição crescente contra os excessos do italianismo, sobretudo contra a língua italianizada da corte; o representante mais importante dessa oposição é Henri Estienne, filho de um humanista que foi impressor e lexicógrafo célebre, bem como insigne helenista; ele tentou provar que o francês se aparentava mais ao grego que ao latim. Uma reação bem mais importante contra o enriquecimento excessivo e a desordem linguística que disso resultava se declarou por volta de 1600; foi a reforma de Malherbe, de que falaremos em nosso capítulo acerca do século XVII.

2) A primeira geração do século XVI produziu um grande poeta lírico, Clément Marot (1495-1544), que se manteve independente do gosto italiano. Era filho de um *rhétoriqueur* (ver p. 200); soube tirar do próprio substrato francês uma linguagem cheia de desembaraço e graça; gênio amável, sua vida, a princípio feliz, foi depois ensombrecida por sua inclinação pela Reforma calvinista, a qual, embora lhe atraísse a alma sinceramente devota, o desgostava por sua excessiva severidade dogmática. Fez versos nas formas tradicionais (baladas, rondós); imitou as elegias, os epigramas e as epístolas da poesia antiga e

traduziu os Salmos. Por sua elegância simples e seu belo equilíbrio, foi um precursor dos clássicos. — As influências italianas, o petrarquismo e o platonismo, dominam na escola lionense, cujo representante mais célebre foi Maurice Scève, poeta místico e sensual, de vigorosa originalidade, por vezes obscuro, que merece atenção maior que aquela que a maioria dos manuais e das antologias lhe consagra (morreu por volta de 1562); Lyon foi também a cidade onde viveu Louise Labé, que compôs sonetos amorosos muito sugestivos pelo ardor de sua paixão. — Foi por volta dos meados do século que se formou o grupo da *Pléiade*, que criou os mais belos poemas da Renascença francesa. Esses poetas eram todos influenciados pelo humanismo e pela civilização italiana (grande parte de sua obra lírica é composta na forma italiana do soneto), mas deram alma francesa ao petrarquismo. Embora fossem poetas doutos e imitassem o estilo sublime dos antigos e as metáforas italianas, souberam fazer entrar em seus versos um calor sensual, doce e vivo, que falta aos petrarquistas italianos; são a terra e o temperamento francês que respiram em suas poesias. Os maiores deles foram Pierre de Ronsard (1524-85), reconhecido ainda em vida como o príncipe dos poetas franceses, e Joachim du Bellay (1522-60); ambos foram igualmente teóricos da poesia e da linguagem poética. Ronsard não se revelou somente poeta lírico; escreveu poemas políticos durante as guerras de religião, nas quais tomou o partido dos católicos; sua grande epopeia nacional, a *Franciade*, ficou inacabada: era, ademais, erudita e alcandorada demais para permanecer viva. Entre os imitadores protestantes da *Pléiade*, há dois poetas épicos notáveis: Du Bartas (1544-90), que escreveu a *Semaine* [Semana], epopeia religiosa acerca da criação do mundo, e sobretudo Agrippa d'Aubigné (1552-1630), protestante fanático e militante, partidário de Henrique de Navarra; foi o autor de *Les Tragiques*, epopeia que descreve, em estilo humanista e bíblico, as guerras de religião de seu tempo; poema desigual, por vezes prolixo, mas amiúde de uma força de expressão que nenhum outro poeta francês alcançou; pode-se dizer outro tanto de suas poesias líricas. As *Tragiques* só foram publicadas em 1616, época em que o estilo da *Pléiade* não estava mais na moda; durante dois séculos, o gosto mudou de tal maneira que a poesia da Renascença, com exceção da de Marot, ficou inteiramente esquecida e desprezada; não foi redescoberta senão pelos românticos (Sainte-Beuve, *Tableau historique et critique de la poésie française e du théâtre français au 16e siècle*, 1828).

3) A *Pléiade* assinala também uma etapa importante na história do teatro francês; introduziu nas peças as regras da Antiguidade, a unidade de lugar, de tempo e de ação e a ordem clássica dos cinco atos. Étienne Jodelle escreveu a primeira tragédia francesa, *Cléopatre captive* [Cleópatra cativa], representada em 1552 perante a corte de Henrique II; muitos outros, católicos e protestantes, a imitaram. Já antes de Jodelle, humanistas haviam composto em latim peças no estilo dos antigos (as tragédias de Sêneca lhes serviam de modelo), peças que foram representadas sobretudo nas escolas; e em italiano já se haviam escrito tragédias muito tempo antes (ver p. 249). O exemplo dado por Jodelle foi suplantando pouco a

pouco os mistérios medievais (ver p. 189) e lançou as bases do teatro clássico francês. Nas tragédias de Jodelle e de seus sucessores do século XVI, a retórica e o lirismo sobrepujam a ação dramática, e a imitação dos antigos é por demais rigorosa para possibilitar peças verdadeiramente vivas; o que é de admirar nas tragédias do século XVI, sobretudo nas de Garnier e Montchrestien, são as passagens oratórias e líricas. Somente nos primórdios do século XVII foi que um poeta e hábil administrador teatral, Alexandre Hardy, estabelecido no palácio de Borgonha, onde os Confrades da Paixão tinham anteriormente representado seus mistérios (ver p. 189), logrou adaptar o estilo dos autores inspirados pelos antigos às necessidades cênicas. No que toca à comédia imitada da Antiguidade, foi ainda uma peça de Jodelle (*Eugène*) que a introduziu na França. A comédia do século XVI esteve inteiramente sob a influência italiana, ao passo que os diferentes gêneros de comédias da Idade Média, sobretudo a farsa, continuaram a gozar do favor popular.

4) Em prosa, temos contos no estilo italiano, traduções e memórias; reservaremos alguns parágrafos à parte para Rabelais e Montaigne. A coleção de contos mais conhecida é o *Heptaméron*, da rainha Margarida de Navarra (1492-1549), irmã de Francisco I e avó de Henrique IV. Margarida foi uma mulher quase erudita, muito corajosa, de grande inteligência e grande coração; era a protetora dos humanistas e dos partidários perseguidos da Reforma, que nem sempre lograva salvar; favorável a princípio à Reforma, contrária a vida toda à secura da teologia es-

colástica e ao espírito monástico, não pôde tampouco acomodar-se ao dogmatismo de Calvino; formou para si um cristianismo todo místico e platonizante; foi o exemplo mais ilustre dos "libertinos espirituais" (ver p. 233). Compôs grande número de poesias, místicas e de outras espécies; de suas obras, porém, sobreviveu apenas o *Heptaméron*. Trata-se de uma obra de educação platônica e de ensinamento moral, o que não impede que, entre as aventuras ali narradas, existam muitas de caráter galante e bastante livre; isso estava na tradição do gênero que remonta aos *fabliaux* e a Boccaccio, e, ademais, o século XVI tinha uma concepção da moral sexual bem mais ampla que a dos séculos seguintes; o atrevimento e mesmo o impudor estavam nos costumes e na linguagem como uma marca do retorno à natureza fecunda e benfeitora. Entre outras coleções de contos, citemos as *Récréations et joyeux Devis*, de Bonaventure des Périers, humanista e pensador assaz audacioso, amigo da rainha Margarida e de Marot, cujos contos são menos inspirados pelo gosto italiano e mais gauleses e populares que os da rainha; e as obras de Noël du Fail, que apresentam quadros da vida rústica e põem em cena camponeses a discutirem seus negócios. As traduções de autores antigos e italianos abundam; traduzem-se mesmo autores gregos desde o começo do século (Tucídides, por Claude de Seyssel, 1527); a tradução mais célebre da época é a das *Vidas paralelas*, de Plutarco, por Jacques Amyot, publicadas em 1559. Plutarco, autor grego, biógrafo e moralista, morto em 125 dC, é um narrador elegante, divertido e um tanto vulgarizador; Amyot fez dele um livro francês encantador, de estilo ingênuo e espontâneo, que foi lido por toda parte, mesmo pelas mulheres, e cuja voga se manteve durante mais de um século. Foi esse livro que deu ao público francês sua concepção da Antiguidade greco-romana e de seus grandes homens; concepção talvez um pouco idealizada demais, mas viva e fértil. As memórias são numerosas a partir da segunda metade do século; mencionaremos os *Commentaires*, de Monluc, general que combateu na Itália e nas guerras de religião, livro sincero e viril, que Henrique IV chamou, segundo se conta, de bíblia do soldado: as *Vies des grands capitaines* [Vida dos grandes capitães] e as *Mémoires*, de Brantôme, soldado, aventureiro e cortesão, escritor de talento, observador curioso e por vezes bastante frivolo; e por fim as *Mémoires*, repletas de fanatismo e de amargor, que o protestante Agrippa d'Aubigné (ver em 2) escreveu nos derradeiros anos de sua vida.

5) Todo o movimento francês do século XVI se resume e se reflete nas obras de duas figuras de grande envergadura, ambos prosadores, um dos quais representa os primórdios e o outro, o fim da Renascença francesa: Rabelais e Montaigne. François Rabelais (1494-1554), natural de Chinon, em Touraine, foi a princípio monge franciscano; todavia, apoiado por protetores poderosos, furtou-se pouco a pouco às suas obrigações monacais e viveu ora como médico nos hospitais de várias cidades, sobretudo Lyon, ora na Itália, no séquito de grandes senhores; no fim da vida, foi provido em dois curatos (o de Meudon lhe deu seu sobrenome, o cura de Meudon), sem todavia exercer funções eclesiásticas; morreu em Paris. Vê-se, por essa

rápida biografia, que foi homem extremamente hábil, e tal impressão se confirma quando se considera o arrojo de suas opiniões; soube professá-las ou pelo menos insinuá-las sem jamais incorrer em perseguições sérias, ao passo que outros, bem menos audaciosos que ele, foram exilados, torturados e até mesmo queimados. Exprimiu tudo o que queria dizer no quadro de um romance grotesco, que narra as aventuras de dois gigantes, pai e filho, Gargantua e Pantagruel (*Pantagruel*, 1532; *Gargantua*, que se tornou o primeiro livro do conjunto, pois Gargantua é o pai, 1534; terceiro livro, 1546; quarto livro, 1552, quinto livro, póstumo, de autenticidade duvidosa, 1562 e 1564). O quadro provém de uma lenda popular e anônima que conta histórias maravilhosas de gigantes, derradeira ramificação dos romances de aventura da Idade Média. Nesse quadro, que se presta particularmente bem à verve fantasista e galhofeira de Rabelais e à sua intenção de exprimir ideias audaciosas e por vezes perigosas, sem que por elas possa ser seriamente responsabilizado, ele faz entrar toda uma torrente de vida alegre e nova, baseada numa concepção essencialmente anticristã, concepção que é a raiz de todo o movimento ativista da Europa moderna: a de que o homem nasce bom e, desde que seja deixado livre, entregue ao desenvolvimento de sua natureza, sem entravá-la com costumes absurdos e dogmas artificiais, será generoso, humano e fecundo em boas obras; terá o paraíso sobre a Terra. Tal é o sentido da abadia de Thélème que Gargantua manda construir e cujos religiosos têm por regra principal unicamente o preceito: *fais ce que voudras*, “faz o que quiseres”. Outros exprimiram a mesma ideia, com maior

ou menor radicalismo, em teorias filosóficas ou sociológicas; Rabelais a torna viva em seu romance, infunde a suas personagens uma vitalidade poderosa, enorme e amiúde grotesca. Nessa obra, os elementos mais heterogêneos formam um conjunto de unidade perfeita; Rabelais é assaz erudito, tanto nos sistemas escolásticos de que escarnece cruelmente quanto nas letras humanistas; é também versado em medicina e nas ciências naturais de sua época; nem por isso é menos incomparavelmente popular, conhecendo a fundo os costumes e a linguagem de todas as classes da sociedade, sobretudo as do povo, dos monges, dos camponeses, imitando tão naturalmente as extravagâncias de linguagem dos eruditos escolásticos ou dos esnobes latinizantes quanto os patoás populares;
descrevendo, com igual espírito, uma disputa filosófica ou a ébria conversação de um festim ou uma cena da vida cotidiana em Touraine; e mesclando a tudo isso as aventuras maravilhosas, colossais e grotescas de seus gigantes. É o campeão de uma nova moral, humana e racional, e, ao mesmo tempo, é de um impudor sem igual, mesmo em sua época, acumulando farsas grosseiras e jogos de palavras com uma imaginação inesgotável, misturando amiúde a blasfêmia ao impudor e provocando em seus leitores um riso doido, enorme e irresistível. O que Rabelais detesta e combate acima de tudo, a atmosfera medieval dos conventos, os monges ociosos, ignorantes e sujos, ele a conhece por experiência própria, pois a viveu em sua juventude e lhe deve muitos elementos de sua verve popular; e ele, que conhece a fundo a erudição humanista de seu tempo, é o criador de neologismos monstruosos

que são o que existe de mais contrário ao gosto clássico. A ideia da bondade original da natureza do homem e da natureza em geral é a ideia principal do livro, mas não é de modo algum a única; o livro está repleto de sugestões e de conceitos em todos os domínios: pedagogia, política, moral, filosofia, ciências e literatura; é inconcebivelmente criador, fecundo, otimista e, ao mesmo tempo, de uma inteligência maliciosa, dissimulada, por vezes maligna e cruel. Trata-se de um livro de que se podem dar partes a ler às crianças, que nele encontrarão diversão inigualável; que a gente pode folhear apenas para alegrar-se quando está triste; de que se podem citar passagens aos companheiros, em razão do riso desbragado que provocam; acerca de cujas ideias filosóficas e morais podemos meditar longamente; e que suscitou as mais sutis e extensas pesquisas em linguística, história literária e história dos costumes, em filosofia e em diversos outros domínios. Pela variedade de seus elementos e pela força de sua imaginação, é o livro mais rico e mais vigoroso da literatura francesa.

6) Michel Eyquem, senhor de Montaigne (1533-92), descendia por linha paterna de uma família de ricos comerciantes de Bordeaux, de origem portuguesa; seu avô se alçara à nobreza por funções na magistratura (nobreza togada); sua mãe provinha de uma família de judeus espanhóis. Ele foi esmeradamente educado no espírito humanista, seguiu as tradições de sua família fazendo-se magistrado (conselheiro do Supremo Tribunal de Justiça), mas apresentou sua demissão após a morte do pai (1568) e retirou-se para

o seu castelo de Montaigne, onde consagrou o melhor de seu tempo à leitura e à meditação; foi lá que pouco a pouco compôs, completou e corrigiu seu grande livro, os *Ensaios*. Foi algumas vezes interrompido em seu trabalho: pelas agitações da guerra civil; por uma grande viagem empreendida por motivos de saúde, mas que foi também uma viagem de estudos e que o levou até Roma; por sua eleição para o posto de presidente da Câmara Municipal de Bordeaux; pela peste que assolou o país durante vários anos; entretanto, na maior parte de sua idade madura, levou uma vida de grande senhor de província em seu castelo, lendo e escrevendo, furtando-se polida mas tenazmente a todas as obrigações que lhe teriam podido perturbar seriamente o lazer, mas mantendo, não obstante, sua condição de homem de peso e autoridade, de grande prestígio junto de dois reis. Ele publicou em 1580 os dois primeiros livros dos *Ensaios* e, em 1588, uma edição aumentada de um terceiro livro; a edição corrigida e completa que preparou nos últimos anos de vida só apareceu depois de sua morte. Os *Ensaios* resultaram de vastas leituras de Montaigne e não passavam, a princípio, de uma coleção de anedotas e observações que lhe vinham ao espírito a propósito desta ou daquela passagem dos autores que lia. Mas, depois, a obra se desvincula cada vez mais dessa base e se transforma numa análise de sua própria personagem, considerando-a tanto em si mesma quanto em suas relações com o mundo no qual se situa; é uma análise de Michel de Montaigne como exemplo da "condição humana", porque, como ele próprio o disse, todo homem é dotado da forma inteira da humana condição. Como, de caso pensado, ele não dá à sua obra nenhuma ordem metódica — acredita que o homem é um ser que muda a todo momento, sem forma definida, de sorte que para pintá-lo de maneira sincera e completa cumpre adaptar-se às suas transformações, sendo o acaso dos humores sucessivos a melhor ordem a seguir para alcançar seu fim —, é muito difícil dar um resumo exato de seu livro, que está, quando comparamos entre si as diferentes passagens referentes a um mesmo assunto (por exemplo, a morte), cheio de contradições e é extremamente rico de nuanças e variantes; só instintivamente é que lhe podemos compreender a unidade, muito vigorosa, a qual reside inteiramente na possante e saborosa unidade de sua personagem, que fórmula alguma alcançaria abranger. Tentarei, não obstante, destacar alguns pontos de vista que me parecem de fundamental importância. A análise de si mesmo que Montaigne leva a cabo não se sujeita a nenhuma forma ou ideologia estabelecida, nem mesmo aos dogmas cristãos; embora ele fale destes com o maior respeito possível, embora se sirva deles para apoiar ideias que lhe são caras (a unidade do corpo e da alma, por exemplo), ele raciocina como se tais dogmas não existissem; ele se considera um ser atirado a esta terra sem saber de onde vem nem para onde vai e que deve buscar seu caminho por si só. Ao examinar os instrumentos que estão à sua disposição, verifica que são insuficientes, todos, para conhecer a verdade acerca do que for; os sentidos são enganadores, a razão, débil, limitada e sujeita a toda sorte de erros de perspectiva; as leis não passam de costumes, as próprias crenças não são coisa diversa; leis e crenças variam de acordo com os países e os tempos; são apenas convenções que podem mudar a todo momento. Entretanto, se os instrumentos de que o homem dispõe não bastam de modo algum para dar-lhe uma certeza a respeito do que exista fora dele, são mais que suficientes para lhe propiciar o conhecimento de si próprio, contanto que ele se dê ao trabalho de ouvir-se atentamente; descobrirá em si sua própria natureza e nela encontrará a natureza da condição humana, o que lhe bastará para viver bem. Nisso está toda a arte a que Montaigne aspira: a de bem cumprir seu ofício de homem vivo, de desfrutar com inteligência e moderação seu próprio ser e a vida que lhe coube. Ora, desse ponto de vista, seu ceticismo em relação às crenças e instituições não o leva absolutamente a uma atitude revolucionária; como tudo é incerto, sujeito a mudanças, provisório, cumpre aceitar os quadros nos quais se situa nossa vida, conformar-se com eles, pois toda tentativa de mudança voluntária não paga as penas que necessariamente provocaria; a nova situação não será melhor nem mais estável que a antiga. Por conseguinte, ele aceita a natureza, não como uma natureza abstrata e eterna, mas como uma natureza sujeita às mudanças históricas, e a aceita tal como ela se lhe apresenta, a ele Michel de Montaigne, no momento de sua vida; aceita os costumes e as crenças, as leis e as formas de vida, não porque neles acredite, mas porque existem e porque o jogo de querer mudá-los não valeria a pena. E aceita também a si próprio, não apenas sua alma, mas também seu corpo. A ideia de que o homem seja um todo, um conjunto composto de alma e corpo, que não se podem separar um do outro sem grande perigo, mesmo em teoria, nenhum escritor antes dele a perseguiu tão concreta e praticamente; Montaigne observa seu corpo tanto quanto sua alma, descreve-lhes os prazeres, os humores e as enfermidades e procura tornar a morte doce e familiar pensando nela sempre. Ele era um perfeito *honnête homme*, espontaneamente generoso e nobre, caridoso por instinto, apto para toda sorte de assuntos importantes, de que soube cuidar com uma inteligência clara e uma calma energia; era, ao que parece, de trato muito agradável; entretanto, depois da juventude, quando teve um amigo íntimo (Étienne de la Boétie, escritor e tradutor humanista, que morreu moço), não se ligou intimamente a nenhuma coisa ou pessoa; aceitou-as quando muito, algumas vezes; a única coisa que o interessava profundamente era sua própria pessoa e sua própria vida; foi inteligentemente, deliberadamente, integralmente egoísta. Quando comparamos sua atitude com o ardor do otimismo revolucionário de Rabelais, damo-nos conta de que seu ceticismo, sua indolência, seu conservadorismo traem a reação da segunda parte do século: desilusão, pessimismo no que concerne à sociedade humana, que não encontrará jamais uma solução definitiva para os seus problemas; não obstante, esse homem indolente, que não parecia pensar senão em si mesmo, teve um êxito enorme e duradouro, bem diferente, em seus efeitos, dos que ele próprio tivesse podido prever. Seu livro foi a primeira obra de introspecção escrita por um laico para laicos; e o êxito que obteve provou, poderíamos mesmo dizer denunciou, pela primeira vez, a existência de um tal público de laicos. Ora, o encanto indescritível de seu estilo, ao mesmo tempo vigoroso, saboroso e matizado, agiu num sentido muito mais revolucionário e ativista do que o pretendera o autor. Seu primeiro imitador, Charron, tirou dele, é bem verdade, uma conclusão inteiramente cristã (se não podemos saber nada, se a razão é vã, confiemo-nos à revelação); as gerações subsequentes, porém, fizeram uso do espírito de relativismo e de dúvida que ele insinua a todo momento, dele tirando consequências ativistas, práticas e subversivas na luta contra os dogmas religiosos e políticos. Essas lutas terminaram há muito; Montaigne, para nós, é tão somente um dos homens mais essencialmente, mais realmente e mais deliciosamente inteligentes que jamais existiu; poucos livros serão tão nutritivos quanto o seu.

IV. O SÉCULO DE OURO NA LITERATURA ESPANHOLA

O movimento da Renascença se apresenta na Espanha de maneira assaz peculiar. Após lutas várias vezes seculares contra os árabes, o país tinha conquistado sua plena independência (ver p. 223); adquirira mesmo, graças às descobertas transoceânicas, riquezas enormes e, graças ao casamento de uma de suas rainhas com um príncipe da casa imperial dos Habsburgos, tamanho poderio que, em certo momento, pareceu poder dominar toda a Europa. Um filho nascido desse matrimônio foi o homem mais poderoso da Renascença: Carlos v reuniu em suas mãos e nas de seu irmão vastos territórios na Alemanha, a Boêmia, a Hungria, os Países Baixos, a Espanha com suas dependências na Itália (reino de Nápoles) e na América, e ostentou, de 1519 a 1556, a coroa imperial. Ora, a tradição histórica do longo combate levado a cabo contra os muçulmanos contribuíra para conservar intacto, nos espanhóis, o espírito racista, cavaleiresco e católico; e quando os reis habsburguenses, tanto por tradição de família como por razões políticas, abraçaram a causa dos católicos contra os protestantes e a causa do absolutismo contra todos os movimentos de independência, a Espanha acompanhou com entusiasmo tal política de seus reis e se fez, numa harmonia e unidade perfeitas, campeã da Contrarreforma católica, da unidade monárquica e das ideias cavaleirescas de bravura, orgulho e lealdade. Isso já se preparava sob Carlos V e se acentuou no reinado de seu filho Filipe II (1556-98), verdadeiro espanhol, que combateu seus súditos protestantes revoltados nos Países Baixos e que procurou em vão enfraquecer o crescente poderio da Inglaterra protestante. A Espanha, todavia, não era bastante forte para suportar por longo tempo encargo tão pesado; seu império era grande demais e suas conquistas, adquiridas pela audácia de seus navegadores e pela bravura de seus soldados, não foram exploradas e fecundadas pelo trabalho; a classe que, nos outros países europeus, foi a promotora principal do desenvolvimento econômico, a burguesia em sua forma moderna, não se constituiu na Espanha ou pelo menos não chegou a ali desempenhar papel de importância; um empobrecimento lento mas progressivo arruinou pouco a pouco o enorme império. Essa decadência se fez sentir já no fim do reinado de Filipe II e se acentuou durante os longos reinados de seus três sucessores; na segunda metade do século XVII, a Espanha era um país empobrecido pela ociosidade e pela corrupção.

Ora, num país de semelhante estrutura, o espírito da Renascença, tal como se desenvolveu na Itália e no norte, não podia deitar raízes. O humanismo espanhol (ver p. 223), profundamente influenciado por um moderado, o célebre humanista holandês Erasmo de Roterdã, não paganizou de modo algum os espíritos; a influência italiana, muito intensa sobretudo na poesia lírica, deu lugar cedo a concepções claramente nacionais, e, tão logo se manifestaram os primeiros sinais da Reforma religiosa, uma violenta reação a elas se opôs. A Inquisição, que foi um tribunal eclesiástico contra os heréticos, não teve em nenhuma outra parte tanto poder quanto na Espanha; o racismo se lhe juntou, os judeus e os árabes que restavam no país (mouriscos) foram perseguidos e por fim expulsos.

Um renascimento da filosofia escolástica, do ascetismo e da mística cristã se propagou. Entre os filósofos da escolástica espanhola, mencionemos Francisco Suárez (1548-1617), o último grande metafísico católico; entre os teóricos da disciplina ascética, o fundador da Sociedade de Jesus, Inácio de Loyola e, entre os místicos, Teresa de Jesus e João da Cruz, ambos escritores bastante sugestivos. Não era mais, entretanto, o espírito da Idade Média, as novas ideias — platonismo, racionalismo, criticismo e tantas outras correntes — não podiam mais ser ignoradas, cumpria combatê-las, vencê-las ou enquadrá-las no sistema católico; o culto renovado da beleza sensual encontrava um terreno fértil nesse povo apaixonado, ávido de espetáculos e extremamente imaginativo. A tais contrastes entre a fé e as ideias novas, entre a devoção e a sensualidade, acrescenta-se outro: essa nação tão orgulhosa era ao mesmo tempo, por sua própria natureza, deveras realista; tendência que já se revela, conforme vimos, em sua literatura medieval e que se torna mais forte e mais consciente durante a época de que ora falamos. Trata-se de um realismo assaz popular, por vezes próximo do grotesco, e que tem, todavia, algo de fantasioso e rebuscado; não nos mostra o comum da vida de todos os dias senão raramente; versa, antes, sobre aventuras na escória da sociedade, tão romanescas quanto as dos cavaleiros, das quais constituem a contraparte e o contraste extremos. Ascetismo e amor da beleza sensível, realismo e ilusionismo, orgulho e devoção, popularidade e refinamento estético: todos esses contrastes se encontram no "Século de Ouro" da literatura espanhola, a que não se pode considerar uma literatura da Renascença, porque carece inteiramente daquele equilíbrio harmonioso das obras da Antiguidade, na qual aliás se inspirava; não conhece a separação nítida entre os domínios do trágico e do cômico; não conhece tampouco o fundo otimista e prático que se desenvolveu alhures; vive no contraste de um idealismo extremo com uma desilusão profunda (*desengaño*) — esta é, outrossim, uma das antíteses características dessa época. Mesmo cronologicamente, tal literatura não pertence mais à Renascença, porquanto só se desenvolve plenamente na segunda metade do século XVI e seu apogeu dura até a segunda metade do século XVII, época na qual o poderio espanhol já estava muito abalado; é antes uma literatura da Contrarreforma, ou, para empregar o termo posto em voga pelos historiadores da arte, do Barroco; quer dizer que sua beleza consiste no jogo ou na luta dos contrastes. Os três gêneros principais dessa literatura são a poesia lírica, o teatro e a prosa narrativa.

1) A poesia lírica do século XVI começa por uma nova irrupção do italianismo. Foi inaugurada por Juan Boscán, catalão de nascença que, a conselho de um amigo italiano, abandonou as formas medievais espanholas e imitou as da Itália, e que fez uma bela tradução do livro de Castiglione acerca do perfeito cavaleiro (ver p. 253). O representante principal do gosto italiano é Garcilaso de la Vega (1503-36), o primeiro dos grandes poetas líricos espanhóis, cujos sonetos, éclogas, elegias, *canzoni*, embora tivessem uma forma claramente italiana, serviram de modelo ao lirismo espanhol do período seguinte; suas poesias foram comentadas e imitadas, e a reação conservadora, representada sobretudo por Castillejo, poeta elegante, satírico e por vezes assaz realista, que se apegava às antigas formas espanholas, não teve influência duradoura. O desenvolvimento posterior se funda sobretudo nas formas italianas, no humanismo e no platonismo, embora introduzindo as tendências místicas e os refinamentos artísticos peculiares ao gênio espanhol. Um poeta extremamente artista e douto, em cujas obras se reúnem as correntes petrarquistas platônicas e bíblicas, foi Fernando de Herrera (1534-97), nativo de Sevilha, cuja bela linguagem melodiosa parece entretanto simples quando a comparamos com os versos da geração seguinte; pode-se dizer o mesmo de seu contemporâneo Luís de León (1527-91), professor de teo-

logia na Universidade de Salamanca, que foi longo tempo perseguido pela Inquisição devido às suas opiniões sobre o texto latino do Antigo Testamento; ele foi um erudito hebraísta, tradutor ao mesmo tempo dos poetas gregos e latinos e um poeta lírico cujos versos mais belos, filosóficos e religiosos, falam da vaidade do mundo e do desejo ardente de elevar a alma até Deus. Os versos de João da Cruz são ainda mais apaixonada e profundamente místicos; é o maior dos místicos espanhóis, cujo ardor reveste amiúde as formas do simbolismo da poesia pastoral ou do Cântico dos Cânticos (Jesus, pastor amoroso, sacrificando-se por sua amante, que é a alma humana, ou então Jesus como esposo e a alma humana como sua esposa). Os três grandes poetas dessa geração (Herrera, Luís de León, João da Cruz) formam como que uma escala ascendente de recolhimento interior, platonizante e místico, de formas petrarquistas e por vezes pastorais; a poesia religiosa dessa época produziu ainda uma obra-prima anônima num soneto ("No me mueve, mi Dios...") que exprime o pensamento de que a alma é atraída pelo amor de Deus mesmo sem a promessa do Céu e a ameaça do Inferno. O lirismo da geração seguinte é manifestamente barroco, vale dizer, extremamente rebuscado em sua expressão e inclinado às antíteses violentas, tratando por vezes em estilo sublime assuntos que parecem frívolos e tolos, ou em estilo grotesco assuntos heroicos e mitológicos, comprazendo-se em todos os ornamentos da linguagem, nos conceitos sutis e nos sistemas rebuscados de símbolos. Há alguns poetas que formam uma espécie de transição entre a geração antiga e a nova, entre os quais se pode contar Lope de Vega, grande poeta dramático, mas que compôs também numerosas poesias líricas, por vezes muito belas, cujo estilo não é, em geral, tão afetado quanto o dos grandes "conceptistas" e "cultistas". Essas duas expressões caracterizam a poesia barroca espanhola: o conceptismo busca os refinamentos do pensamento (*agudezas*), o cultismo, os da palavra, vale dizer, os epítetos, metáforas e comparações extraordinárias; autoriza os neologismos, as alterações dos sentidos das palavras, as hipérboles, uma sintaxe às vezes arbitrária; é intencionalmente obscuro. Nem o conceptismo nem o cultismo são fenômenos realmente novos; a retórica dos antigos os criou (*figurae sententiarum et verborum*), os poetas provençais e Petrarca se servem de seus processos; a Escolástica, com seus refinamentos lógicos, e mesmo a mística, com suas antíteses, contribuíram para desenvolver o conceptismo; é bem verdade, porém, que os espanhóis do século XVII levaram ambas essas tendências ao extremo. O poeta mais importante entre os conceptistas foi Francisco de Quevedo (1580-1645), espírito fecundo e diversamente dotado, que foi douto diplomata e ministro, escreveu romances, sátiras, vidas de santos, versos líricos e muitas outras coisas, e que teve uma vida deveras movimentada, no conjunto bastante desditosa; seus versos, satíricos e realistas, por vezes meditativos e devotos, são amiúde muito belos. Quanto ao cultismo, foi inaugurado por um poeta que morreu jovem, em 1610, Carrillo, e teve seu apogeu num dos gênios mais estranhos e mais notáveis da história da poesia, Luis de Góngora (1561-1627), por causa de quem chama-se o cultismo às vezes de gongorismo. Ele foi a princípio imitador do estilo relativamente clássico de Herrera, mas mudou sua maneira a partir de 1611, provavelmente sob a influência de Carrillo. A obra principal de seu último estilo, as *Soledades* [Solidões], são, malgrado sua obscuridade, singularmente sugestivas e mesmo saborosas; em anos recentes, chamou a atenção dos críticos mais modernos e mais insignes. Uma reação contra o conceptismo e o cultismo se faz sentir em alguns poetas, dos quais os mais conhecidos são os irmãos Argensola. Ao lado da poesia lírica artística, uma rica floração de poesias populares existiu ao longo de toda essa época; distingue-se da poesia artística por não se destinar a ser lida ou recitada, e sim cantada com acompanha-

mento de alaúde e mais tarde de guitarra; por o número de sílabas do verso ser irregular; por seus temas serem mais populares e sua linguagem mais simples; e, por fim, por possuir sempre uma espécie de tema-refrão (*estribillo*). Apresenta diversas formas, das quais as mais importantes são o vilancico e o romance.

2) Possuímos apenas uns poucos monumentos do teatro espanhol antes dos fins do século XV (ver pp. 222-23). A célebre *Tragicomedia de Calisto y Melibea* é mais um longo conto em diálogos que um drama; a partir de 1492, porém, podemos acompanhar a atividade de Juan del Encina, padre, músico e dramaturgo, que parece ter criado o teatro espanhol (e também o teatro português, por via de seu imitador Gil Vicente). Escreveu pequenas peças em verso, religiosas e profanas, e seus sucessores, entre os quais mencionamos Torres Naharro na primeira e Juan

de la Cueva na segunda metade do século XVI, desenvolveram esses germes mais no sentido popular e nacional que na maneira erudita da imitação dos antigos. O teatro espanhol é manifestamente popular em sua mistura do trágico e do cômico, em seus temas e em seu espírito, que são puramente espanhóis. O grande Cervantes escreveu peças que anunciam o desenvolvimento posterior; só se pode, porém, datar a grande floração do teatro a partir da atividade de seu contemporâneo, quinze anos mais jovem que ele, Félix Lope de Vega y Carpio (1562-1635), poeta extremamente fértil; Lope de Vega escreveu 1 500 comédias, das quais quinhentas chegaram até nós, e além disso muitas peças religiosas e entremezes; compôs diversos romances e contos, uma obra em prosa, que é uma mescla de romance e drama, *La Dorotea*, várias epopeias e muitas poesias líricas; de todos os grandes poetas europeus, foi certamente o que escreveu com maior facilidade natural. É um improvisador genial, dotado de um instinto inato para a beleza da linguagem, para o efeito dramático e, sobretudo, para a psicologia do povo espanhol. Os temas que interessam a esse público — religião, honra, patriotismo, amor — enchem-lhe a alma assaz naturalmente; ele pensa e sente como seus ouvintes e poucos escritores viveram tão constantemente em harmonia completa com seu público e por ele foram tão incessantemente amados e aplaudidos. Lope de Vega deve isso ao fato de representar tão perfeitamente essa mistura de realismo integral e ilusionismo patético, aventureiro, cavaleiresco, que impede o realismo de jamais tornar-se prático e cotidiano; e ainda essa outra mistura, não menos curiosa, que une a paixão ardente nos assuntos de amor e de honra à devoção inquebrantável, à fé jamais tocada pela menor dúvida, aos sentimentos místicos que lhe são quase familiares. A comédia espanhola se baseia inteiramente nos contrastes: o heroísmo do cavaleiro se opõe ao realismo do Gracioso, com seu bom senso e sua moral terra a terra (é o personagem ridículo da comédia); a devoção mística se opõe às paixões humanas; e entre estas, a honra, intimamente ligada ao ciúme, se opõe ao amor. A comédia de Lope de Vega é frequentemente muito lírica, sem deixar por isso de ser dramática; sua psicologia é relativamente simples, reduzida a uns poucos motivos, mas absolutamente conforme à dos espec-

tadores; é, se se quiser, uma literatura para as massas, da qual constitui talvez o espécime mais perfeito no continente europeu. A linguagem é barrocamente declamatória e conceptista, sem deixar por isso de ser popular; o povo espanhol prezava a declamação, e a metáfora se lhe tornara familiar. Os poetas dramáticos distinguem duas espécies de comédia: *comedias de capa y espada*, que versam sobre assuntos contemporâneos e são representadas com os trajes da época, e *comedias de teatro*, chamadas também de *cuerno* ou *ruido*, que tratam de temas históricos, lendários etc., e que exigem trajes especiais; não é preciso dizer que, mesmo nesse segundo grupo, o espírito e os sentimentos são ingenuamente hispanizados. A par da comédia, existiam duas outras formas dramáticas muito importantes: os entremezes, farsas grotescas representadas entre os atos das comédias, e das quais algumas, muito belas, foram compostas por Cervantes; e os *autos sacramentales* (a palavra "auto" é linguisticamente idêntica a "ato"), que são peças religiosas ligadas ao mistério da Eucaristia; todos os tipos de assuntos bíblicos, históricos e mesmo contemporâneos são adaptados, por meio da interpretação figurativa, com a finalidade de celebrar e explicar esse mistério e de mostrar-lhe a força miraculosa. Os *autos sacramentales*, que tiveram sua grande época no século XVII (Lope de Vega escreveu mais de quarenta e Calderón, número ainda maior), continuam a tradição medieval do teatro litúrgico e de mistérios (ver p. 189), aos quais se assemelham por sua apresentação figurativa e por sua mistura do sublime e do realista; todavia, diferem deles por sua forma mais concisa e por sua finalidade mais ostensivamente dogmática. Entre os poetas dramáticos contemporâneos de Lope de Vega, citemos Guillén de Castro (1569-1631), autor das *Mocedades del Cid*, que foram o modelo do Cid de Corneille; Tirso de Molina (1584-1648), poeta espiritual e algo extravagante, que prezava a sátira, autor provável de *O burlador de Sevilha*, primeiro drama a ter por tema a história do sedutor ateu Don Juan, que a ópera de Mozart tornou célebre; e Juan Ruiz de Alarcón (c. 1581-1639), poeta misantropo, mais grave que seus concorrentes, que, sem ter alcançado muito sucesso entre seus contemporâneos, exerceu alguma influência, sobretudo sobre o teatro francês (o mentiroso de Corneille é uma adaptação de uma peça de Alarcón). Na geração seguinte, o grande poeta dramático foi Pedro Calderón de la Barca (1600-81). Poeta bem menos espontâneo que Lope e bem menos popular na concepção de sua arte, teve entretanto também muito sucesso; era um artista consciente, que agrupava as cenas e os episódios num ritmo calculado, por vezes bastante complicado, sempre ricamente variado; que aprofundava os problemas, sobretudo os problemas religiosos, e que fazia a ação mergulhar, por intermédio dos símbolos e dos sonhos, e amiúde através do horror, num atmosfera de penumbra sugestiva, o que fez dele um dos modelos mais admirados dos poetas românticos do século XIX. Calderón é mais erudito, muito mais aristocrático que Lope de Vega, mas talvez seja menos vigoroso e menos completo.

3) A prosa narrativa produziu, nos primórdios do século XVI, duas obras importantes: a redação de *Amadis de Gaula* (ver p. 221), por Garcia Ordoñez de Montalvo (1508), que se tornou o modelo de todos os romances de cavalaria de que zombou Cervantes (ele fazia exceção, todavia, do *Amadis* de Montalvo); e a admirável *Tragicomedia de Calisto y Melibea*, mais conhecida pelo nome de *La Celestina*, publicada por volta de 1500 e atribuída a Fernando de Rojas. Malgrado sua forma dramática — em 21 atos —, trata-se, no fundo, de uma novela em diálogos: é a história de um amor infeliz, deveras realista, cuja personagem principal é a alcoviteira Celestina; lembre-se do alcoviteiro Trotaconventos na obra do Arcipreste de Hita (ver p. 220); encontra-se, no caso, uma antiga tradição cuja modelos são os poemas eróticos de Ovídio e um drama latino do século XII, *Pamphilus*. Lope de Vega foi provavelmente influenciado pela *Celestina* quando escreveu sua "ação em prosa", *Dorotea*, na qual certos críticos quiseram descobrir traços autobiográficos. Um autor célebre da época de Car-

los V foi Antonio de Guevara (c. 1480-1545), que escreveu uma espécie de romance histórico acerca de Marco Aurélio, o imperador romano filósofo. Depois, diversos gêneros de romance se desenvolveram: o romance pastoral, o romance de amor aventuroso, o romance realista em sua forma peculiarmente espanhola (*novela picaresca*) e o romance de cavalaria. Quanto ao romance pastoral, imitado de Sannazaro (ver p. 250), sua obra-prima é a *Diana enamorada*, de Jorge de Montemayor (1542); o gênero teve muito sucesso, e os maiores poetas o tentaram: Cervantes em sua *Galatea* (1585) e Lope de Vega em seu *Arcadia* (1599); as novelas e os episódios pastorais abundam em toda a literatura narrativa; o gosto dos quadros campestres para a poesia de amor esteve em moda por toda a Europa até os fins do século XVIII. Os romances de amores aventurosos, baseados em modelos gregos prezados pelos humanistas (sobretudo *Teágenes e Caricleia*, de Heliodoro, autor do século III dC); esse gênero foi muito cultivado a partir dos meados do século XVI; a ele se pode vincular a última obra de Cervantes, *Persiles y Sigismunda* (1617) e *El peregrino en su patria*, de Lope (1604). O romance realista encontrou na Espanha uma forma peculiar, o romance picaresco: é a biografia de um garoto ou rapazinho muito pobre, muito hábil, de costumes duvidosos, cujas aventuras, más partidas e experiências dão ocasião à crítica satírica de todas as classes da sociedade e a uma descrição de sua escória. Tudo isso é, nas melhores obras, muito vivo e se baseia na realidade da vida espanhola, em que o trabalho regular não constituía, para nenhuma classe, um ideal; o gênero é, entretanto, pitoresco demais para ser realista no sentido moderno da palavra; ele se opõe, por contraste violento, aos gêneros dos romances cavaleirescos e pastorais, mas é de igual maneira fantasioso. O primeiro espécime desse grupo foi *A vida de Lazarilho de Tormes e de suas fortunas e adversidades* (1544), pequena obra cujo autor não pode ser determinado com certeza; entre o grande número de romances picarescos posteriores, mencionaremos *De la vida del picaro Guzmán de Alfarache* (1599, segunda parte 1604), de Mateo Alemán, *La Vida del Buscón* (1626), do mesmo Quevedo de que falamos como poeta conceptista, e *La hija de Celestina* (1612), de Salas Barbadillo, em que se trata de uma *pícara*, portanto de uma mulher. A voga do romance picaresco foi imensa; foi imitado em muitos outros países europeus, por exemplo na França, pelo *Gil Blas*, de Lesage. Entre o grande número de romances de cavalaria mais ou menos imitados do *Amadis*, nenhum é digno de menção; o gênero foi destruído pela poderosa sátira que se tornou a obra mais célebre da literatura espanhola: a história *O engenhoso fidalgo D. Quixote de la Mancha*, de Miguel de Cervantes Saavedra (1547-1616); a primeira parte do *Quixote* apareceu em 1605, a segunda em 1615. Cervantes, de começo soldado, foi ferido gravemente na batalha de Lepanto, permaneceu cinco anos prisioneiro na Argélia e teve uma vida difícil e penosa após seu regresso à Espanha. Já falamos de suas comédias e entremezes, de seus romances *Galatea* e *Persiles*; suas obras-primas são o *D. Quixote* e as *Novelas exemplares*. *D. Quixote* é, antes do mais, uma sátira contra os romances de cavalaria, e Cervantes lhes tocou o ponto principal: o ideal cavaleiresco num mundo totalmente mudado após a época em que a cavalaria teve uma função real. Ora, ao opor perpetuamente seu herói a uma realidade que não tem mais qualquer relação com aquela que lhe está viva na imaginação, tão firmemente enraizada que nenhuma decepção, nenhuma experiência é capaz de dissipá-la, e ao dar-lhe por escudeiro o campônio Sancho Pança, cujo bom senso realista se junta a uma crença inabalável nas ideias e nas promessas de seu senhor, Cervantes ultrapassou os limites de uma simples sátira dos romances de cavalaria; sua obra se tornou o símbolo vivo do povo espanhol, de seu nobre e brilhante ilusionismo, de sua maneira peculiar de combinar esse ilusionismo com o realismo, e até mais que isso: de todo nobre ilusionismo dos homens, da grandeza e da vaidade da vida humana. O romance está entremeado de contos e peças líricas de todo gênero, como a maioria dos romances da época. Cervantes compôs, além disso, doze *Novelas exemplares* (1613); na Espanha, o termo *novelas* é empregado, sem distinção, para designar o que chamamos de "romance" e "conto";[2] as *Novelas exemplares* são contos, e são, a par das de Boccaccio, os modelos clássicos do gênero na Europa. São mais longas, menos doces e melodiosas que as do *Decameron*; sente-se que é um espírito mais firme e viril que as inspira. Entre os autores de contos posteriores, citemos o contista alegre Castillo Solórzano, *Os sonhos* (1627) deveras satíricos de Quevedo, e *O diabo coxo* (1641), de Luis Vélez de Guevara, imitado por Lesage em seu *Le Diable boiteux*. Comparada a esse apogeu da poesia narrativa em prosa, a epopeia em verso não é muito importante no Século de Ouro espanhol; a mais célebre, *La araucana*, de Ercilla (1569), narra os combates heroicos dos índios do

2 No original francês, *roman et nouvelle*. É bem de ver que, em francês, o termo *nouvelle* designa, ao mesmo tempo, aquilo que em português chamamos de conto e de novela. [N.T.]

Chile contra os espanhóis, combates nos quais o autor tomara parte como oficial espanhol. A mais bela epopeia da península Ibérica é portuguesa: *Os lusíadas* (1572), de Luís de Camões, a grande epopeia do oceano, que conta a viagem de Vasco da Gama ao redor da África e a colonização portuguesa das Índias.

4) Terminarei este capítulo com algumas palavras acerca do moralismo espanhol, que tem também um caráter assaz peculiar. Ele prefere o bosquejo breve, elegante e algo obscuro; a técnica das "divisas", explicações espirituais e fragmentárias de desenhos simbólicos (*empresas, emblemas*), muito em voga no século XVI, influenciou-a

certamente. Os mais brilhantes moralistas espanhóis do século XVII são Quevedo, por sua *Política de Dios y gobierno de Cristo* e seu *Marco Bruto*, e sobretudo Baltasar Gracián (1601-58), um dos estilistas mais refinados da história literária, pessimista e reacionário, cujos aforismos procuram erigir a imagem do homem perfeito, baseada na fé, no desprezo do mundo, na sutileza de espírito e no domínio de si próprio. Seu livro mais maduro é o *Criticón*, aparecido pela primeira vez em 1651. A obra de Gracián exerceu influência considerável mesmo fora da Espanha.

A partir da segunda metade do século XVII, a literatura espanhola, arrastada pelo declínio econômico e político do país, entrou numa decadência de que só se ergueu no século XIX.

[C] OS TEMPOS MODERNOS

I. A LITERATURA CLÁSSICA DO SÉCULO XVII NA FRANÇA

No século XVII, a consolidação da monarquia absoluta, a centralização da administração e a debilidade dos vizinhos propiciaram à França hegemonia na Europa. Disso resultou para ela uma supremacia de civilização, de língua e de literatura, que se manteve quase sem contestação até o fim do século XVIII; mesmo no século XIX, a civilização francesa ocupa lugar preponderante na Europa.

No reinado de Henrique IV e de seus sucessores, as forças que, no interior, tentam opor-se ao absolutismo — protestantismo, feudalismo, grande burguesia — são dominadas, graças sobretudo à política enérgica do cardeal Richelieu, primeiro-ministro do filho de Henrique IV, Luís XIII. Durante a longa minoridade que se seguiu à morte desse rei, sobrevinda em 1643, quase ao mesmo tempo que a de Richelieu, uma derradeira tentativa de revolta contra o absolutismo foi levada a cabo pela grande burguesia dos parlamentos e por alguns grandes senhores; malogrou; tratava-se da Fronda (1648-1653), movimento sem ideia condutora e complicado por toda sorte de intrigas, dirigido sobretudo contra o cardeal Mazarino, sucessor de Richelieu. Após a morte de Mazarino (1661), o jovem rei, Luís XIV, continua e conclui a obra de seus predecessores, centralizando a administração; governa o país através de seus funcionários; tenta inclusive dirigir-lhe a vida econômica. É a ruína definitiva da estrutura corporativa da Idade Média, na qual todas as castas e todas as profissões tinham uma vida própria, e a vitória da organização central: o rei é o centro do país, para onde tudo converge. Vamos dar em seguida um rol cronológico dos reinados do século: Henrique IV, assassinado em 1610; Luís XIII, 1610-1643, primeiro sob a regência de sua mãe, Maria de Médici, depois, a partir de 1624, com Richelieu como ministro todo-poderoso; Luís XIV, 1643-1715, primeiramente sob a tutela de sua mãe, Ana da Áustria, cujo primeiro-ministro é Mazarino; depois da morte deste, ocorrida em 1661, abre-se "o século de Luís XIV". A consolidação do poder permitiu à França uma política deveras ativa na Europa; e, como a Inglaterra atravessava uma crise religiosa e política, enquanto as forças da Espanha se esgotavam e a Alemanha era completamente arruinada pela Guerra dos Trinta Anos e suas consequências, a França alcançou ampliar seu território e estabelecer sua hegemonia política tanto pela força militar como pelo peso de seu poderio econômico.

De todos os pontos de vista, pode-se dividir o século em duas partes distintas: a primeira, que vai até a morte de Mazarino, compreendendo os reinados de Henrique IV,

Luís XIII e a minoridade de Luís XIV, época durante a qual o absolutismo encontra ainda adversários, em que perturbações surgem de quando em quando, em que a supremacia da corte ainda não se estabeleceu solidamente, em que esta não é ainda o centro da vida literária e artística, em que o gosto e o espírito público se mostram ainda assaz indecisos e flutuantes; e a segunda, que compreende o reinado de Luís XIV, quando o absolutismo é incontestado, o rei domina toda a atividade política e intelectual do país, e o espírito público, suas tendências e seus gostos são claramente definidos. Entre os grandes homens do século, Descartes e Corneille pertencem à primeira época; La Rochefoucauld e Pascal a um período de transição; La Fontaine, Molière, Bossuet, Boileau, Racine, La Bruyère e Fénelon são do século de Luís XIV. Procuremos agora descrever as principais correntes, acompanhando cada uma delas ao longo dos dois períodos.

1) No que toca ao desenvolvimento da linguagem literária, o século XVII começa por uma violenta reação contra o espírito do século XVI, contra o enriquecimento exagerado do vocabulário, a desordem da sintaxe, o italianismo e a anarquia das formas poéticas. É verdade que nesse domínio o século XVII tem, da mesma maneira que o século XVI, tendência a imitar a Antiguidade, e sua estética é uma estética de modelo, isto é, ele concebe a finalidade da arte como uma imitação de um modelo perfeito; e esse modelo é, na prática, a língua e a literatura das grandes épocas greco-latinas, cujas obras foram consideradas conformes à própria natureza; de sorte que o preceito de

imitar a natureza coincidia praticamente com a imitação da Antiguidade. Mas o século XVII (e nisso ele se opôs manifestamente ao século XVI) procede, no tocante a essa imitação, com um espírito de ordem, de crítica e de escolha; se, da mesma forma que as gerações precedentes, aspira a uma língua literária constituída segundo o modelo das línguas antigas, não aceita, todavia, todas as inovações e experiências feitas pelo humanismo em língua vulgar e pelos teóricos da *Pléiade*; não quer mais imitar os imitadores italianos da Antiguidade; quer adaptar a imitação a uma forma nacional e francesa. Além disso, o século XVI, em vista de sua necessidade de enriquecer a língua (ver pp. 258-59), se abeberara copiosamente na lín-

gua medieval e nos dialetos: prezava os termos arcaicos e dialetais e mesmo o sabor dos falares populares e profissionais; favorecia os neologismos e as composições de palavras segundo o modelo grego. O século XVII se opõe a todas essas tendências; persegue um objetivo de delimitação, codificação, classificação, escolha e gosto. O primeiro representante desse novo espírito de ordem e clareza foi François de Malherbe (1555-1628), poeta e crítico, homem de gosto apurado e seguro, de perfeita honestidade intelectual, mas algo pedante e estreito em seus pontos de vista. Ele depurou o vocabulário, procurou fixar o significado das palavras e o valor exato de suas relações sintáticas; estabeleceu regras para a estrutura do verso (número de sílabas, cesura, rima, *enjambement*) e escolheu, no grande número de formas poéticas em uso, aquelas que lhe pareciam mais apropriadas ao gênio francês; condenou os neologismos, os termos dialetais, populares, arcaicos, os italianismos e todas as espécies de extravagâncias. Não que ele tivesse querido conscientemente separar a língua literária de sua base popular; bem ao contrário, afirmou que a língua do povo deve sempre servir-lhe de modelo (os *crocheteurs a Saint-Jean*); seu método foi antes o do jardineiro que, para tirar da terra os mais belos frutos, poda e monda as árvores. Todavia, trata-se de um jardim, não de campos, florestas, montanhas. É Malherbe quem prepara a cisão entre a língua literária (ou a da boa sociedade) e a língua do povo; foi sob sua influência que a língua literária francesa começou a se tornar aquilo que foi por longo tempo e de que guarda vestígios até hoje: uma língua extremamente elegante e precisa em seus contornos, mas algo abstrata, muito conservadora e por vezes quase seca. É também a Malherbe que remonta a centralização ditatorial da língua, que decreta de maneira autoritária o que é permitido dizer e escrever; não no tocante ao conteúdo, mas à forma; pode-se comprovar amiúde que os franceses são bem menos revolucionários em sua língua do que em política. É verdade que desde a época de Malherbe uma certa oposição se declarou; ele foi atacado pelos últimos partidários das ideias da *Pléiade*, sobretudo por um poeta satírico muito dotado, Mathurin Régnier; outros poetas do começo do século se importavam muito pouco com seus preceitos; a sociedade aristocrática e a corte do tempo de Henrique IV e Luís XIII não lograram aprender grande coisa do bom gosto e do bom senso malherbianos. Mas como esses grupos não tinham a opor à reforma de Malherbe nada de vigoroso, de sólido ou de popular, mas somente o romanesco e o extravagante, não tiveram influência duradoura. Entre 1620 e 1650, o preciosismo (*preciosité*), isto é, a forma francesa do petrarquismo extremado, que preza os refinamentos da linguagem, sobretudo as metáforas e as comparações rebuscadas, teve prestígio considerável; contudo, se bem que se opusesse ao espírito da reforma de Malherbe, ele lhe foi antes útil por seus efeitos, pois habituou a boa sociedade a uma forma cuidada de expressão. A atividade da Academia Francesa, fundada em 1634 por Richelieu, se exerceu inteiramente no sentido da tradição de Malherbe. Sua grande obra, o *Dicionário*, não apareceu senão no fim do século, mas sua influência purista, que excluía tudo quanto fosse irregular, extravagante e

tudo quanto fosse saborosamente popular, se fez sentir desde seus primórdios. No quadro dessas tendências, podem-se distinguir duas correntes que amiúde caminham juntas e se completam, mas que todavia derivam de princípios diferentes. Uma aceita como árbitro o uso, vale dizer, o uso da boa sociedade, que então recebia o nome de *les honnêtes gens* ("pessoas de prol") ou *la cour et la ville* ("a corte e a cidade"). Esse é o ponto de vista do livro mais influente nesse domínio, *Remarques sur la langue française* [Observações sobre a língua francesa], de Vaugelas (1647), da maior parte de seus numerosos sucessores e do público em geral. A outra corrente, mais rigidamente lógica, insiste na estrutura racional da língua, na razão; essa maneira de considerar a língua é inspirada pelo racionalismo da filosofia cartesiana, cujo espírito se difundiu muito além do círculo restrito dos filósofos e dos eruditos e favoreceu a necessidade de clareza e de nitidez da expressão que já se havia manifestado desde Malherbe; a tendência racionalista em matéria linguística é particularmente forte na *Gramática de Port-Royal, ou Gramática geral e razoada* (ver p. 302), composta por Arnauld e Lancelot (1660). Pode-se dizer que, no conjunto, é "o uso" que domina; como, porém, trata-se do uso de uma minoria deveras culta, imbuída de bom senso e de razão, o uso é bastante racional. Essa minoria cheia de bom gosto e de bom senso, que guarda a medida em todas as coisas e evita toda extravagância, se constitui definitivamente em árbitro das formas de vida, de linguagem e de arte por volta de 1660, quando Luís XIV sobe ao poder; o próprio rei é o mais perfeito representante desse espírito, e era em seu círculo que vivia o grande teórico da literatura francesa clássica, o sucessor mais célebre de Malherbe: Nicolas Boileau-Despréaux (1636-1711). Ele também possuía o mesmo gosto apurado e seguro, algo estreito, muito francês; ademais, era um homem bastante culto, que conhecia a fundo a poesia antiga, e um poeta satírico assaz malicioso, de um espírito e de uma justeza de expressão que lhe davam às ideias, mesmo quando eram banais, amplitude e brilho. Seus preceitos não se limitavam à linguagem e ao verso; ele insistia na diferença de gêneros na poesia, à maneira dos teóricos antigos; insistia, sobretudo, na diferença principal, a clara separação de tudo quanto fosse trágico do realismo da vida cotidiana; mesmo na comédia, a partir do momento em que a ação se passasse num meio de pessoas de bem, seria mister excluir todo grotesco e todo realismo rasteiro, admitido somente na farsa, que, de resto, Boileau detestava. Tratava-se, segundo ele, de uma regra de conveniência, essa tripla separação dos gêneros: o trágico sublime, o cômico das pessoas de bem na linguagem da conversação polida e o baixo realismo grotesco da farsa; ele não concebia outro realismo popular que não fossem as momices da farsa. E, se insistia na regra das três unidades no teatro (tempo, lugar, ação), não era somente por causa da autoridade dos antigos, mas porque, a seu ver, o próprio bom senso e a verossimilhança o exigiam. A imaginação, a força da ilusão, o prazer do povo "ignorante" não contavam, a seus olhos; conveniência e verossimilhança intelectuais eram as únicas que contavam; se ele exigia que se imitasse a natureza, entendia por essa palavra os hábitos e usos das pessoas de

bem, que evitam toda extravagância; e visto que, segundo ele, os antigos tinham sido, exemplarmente, pessoas de bem, muito racionais, imitar a natureza significava, para Boileau, seguir a um só tempo a razão, o uso das pessoas de bem e os antigos. Como se tratava de um homem de muito espírito, excelente observador, reto e firme em suas ideias, sem nada de enfadonho, em perfeita harmonia com os instintos de sua época, sua influência foi muito grande; durante mais de um século, ele foi o ditador do gosto na Europa.

2) Em nosso capítulo acerca da Renascença (p. 226), falamos dos primeiros vestígios da formação do público moderno. Esse desenvolvimento se verificou na França, no século XVII, num sentido assaz peculiar. No século XVI, a literatura foi ou erudita ou popular, e algumas vezes ambas as coisas ao mesmo tempo; na França, no século seguinte, o

erudito não desfrutava mais de muito prestígio, havendo mesmo a tendência de desprezá-lo como pedante se não lograsse esconder seu saber ou pelo menos apresentá-lo de maneira agradável e compreensível a todos; quanto ao povo, é mudo, e os escritores não trabalham mais para ele. Mas forma-se um novo agrupamento, a sociedade polida, composta de pessoas bem-educadas e instruídas, cuja cultura era por vezes bastante superficial, mas cuja formação se adaptava perfeitamente às necessidades de uma vida elegante e civilizada. Os conhecimentos que o humanismo havia laboriosamente conquistado tinham então se difundido; na boa sociedade, todos quantos possuíssem um pouco de gosto e de ambição de passar por "belo espírito" podiam facilmente diligenciar obter algumas noções elementares a respeito da literatura antiga, e era ainda mais fácil seguir as correntes contemporâneas da moda literária. O ideal dessa sociedade foi o homem que sabe viver, isto é, viver em boa sociedade; era necessário, para tanto, possuir maneiras perfeitamente agradáveis e adaptadas à moda, saber perfeitamente o lugar que ocupava na sociedade (e não se enganar a respeito) e não ter nenhuma especialização profissional, ou saber disfarçá-la; quem não lograsse disfarçar, em sociedade, que era juiz, médico ou mesmo poeta, tornava-se logo ridículo. Quem estivesse disposto a conformar-se a tudo isso, era considerado *honnête homme*; o nascimento não era indispensável; podia-se ser *honnête homme* sem ser "homem de prol". Todavia, entenda-se que tal formação só poderia ser obtida nos meios da nobreza ou da burguesia enriquecida; esta, naquela época, ambicionava abandonar as profissões que a tinham enriquecido, o comércio ou a indústria, e comprar um cargo, amiúde puramente nominal, na "nobreza togada". (A maior parte dos homens célebres dessa época saiu de famílias ligadas à magistratura.) O ideal do *honnête homme* tem raízes múltiplas na civilização antiga e na Renascença; encontram-se fenômenos semelhantes em outros países europeus; a forma francesa, porém, é assaz peculiar e teve muita influência e prestígio mesmo fora da França. Montaigne já a esboçara quando zombava dos eruditos que são apenas eruditos e que ficam desconcertados quando saem do domínio de sua erudição, ao passo que o homem "suficiente" é suficiente em tudo, mesmo no ignorar. Essa concepção foi adaptada às necessidades da sociedade do século XVII, perdeu seu

caráter individualista e independente e se tornou geral; produziu um tipo de homem de sociedade perfeitamente "universal", sempre à vontade e muito natural na sua atitude, um homem que possuía gosto e espírito, honra e bravura, mas que guardava a medida em todas as coisas e evitava distinguir-se de seus iguais por originalidade demasiada, sem o que corria o risco de passar por "extravagante". A sociedade francesa deve muito ao preciosismo (*preciosité*) sobretudo à primeira e à mais brilhante das sabichonas (*précieuses*), a marquesa de Rambouillet, de origem semi-italiana, que criou em seu palácio a sociedade íntima dos salões (não se empregava então a palavra no sentido que assumiu mais tarde; dizia-se no século XVII *ruelle* ou *alcôve*);[3] trata-se de uma forma de reunião que não existia anteriormente e cuja particularidade consiste na sua intimidade elegante e no fato de reunir pessoas de diverso

3 Alcova ou quarto de dormir era o lugar onde as pessoas de alta categoria recebiam visitas antes de se levantarem. Tal sentido prevaleceu do século XV ao século XVII; assim é que *style de ruelle* significa estilo amaneirado, "precioso". [N.T.]

nascimento em pé de igualdade, pelo menos aparente, baseado na boa educação, na homogeneidade do nível moral, intelectual e estético, na galantaria e na firme resolução de ser agradável ao próximo ou pelo menos não melindrá-lo, a não ser de forma impecavelmente polida. Na época de madame de Rambouillet (a primeira metade do século), a corte era ainda bem pouco polida; o rei e uma grande parte da aristocracia tinham permanecido assaz grosseiros em seus costumes; a influência pedagógica do palácio de Rambouillet foi considerável. Mas seu grupo e os numerosos imitadores e imitadoras da civilização preciosa tinham, em seu gosto e em sua maneira de se conduzir e de se exprimir, alguns traços que pareceram mais tarde extravagantes: o amor do romanesco aventuroso, a exageração no emprego das metáforas, certo pedantismo na análise dos sentimentos; isso se vê nos romances e nas poesias inspirados pelo preciosismo; eram modas que pareciam toleráveis e até mesmo encantadoras enquanto eram novas e ficavam limitadas a um escol da sociedade, mas que se tornavam perfeitamente ridículas quando se difundiam ou eram imitados por não importa quem. Sabe-se como Molière escarneceu dela. Suas sabichonas (*As preciosas ridículas*) coincidem com a subida de Luís XIV ao poder; nesse momento, a moda do preciosismo e o império de seus salões tinham passado. Sob o jovem rei, a corte e a sociedade em geral perderam o gosto do romanesco e da extravagância; a medida, o bom senso, o gosto do equilíbrio harmonioso, a elegância, a conveniência, chegaram ao auge, e o único centro da sociedade era o rei. Ora, Luís XIV foi ele próprio o ideal do *honnête homme*; talvez nunca um rei tivesse sido tão naturalmente elegante, comedido, digno e senhor de si, e ao mesmo tempo dotado de encanto pessoal; houve poucos homens cuja história conhecemos que tivessem qualidades e capacidades tão afortunadamente desenvolvidas sem que nenhuma delas sobrepujasse as outras. O absolutismo, e Luís XIV em particular, contribuíram decisivamente para a formação do público que acabo de descrever; pois, ao destruir em definitivo a independência feudal, forçando os grandes senhores a não ser mais que cortesãos inteiramente dependentes dele, e tirando-lhes toda função inerente à sua casta, o rei não lhes deixou nenhuma forma de vida que não fosse a de *honnête gens* com alguns privilégios; e quanto à grande burguesia, cuja antiga independência não era mais tolerada de modo algum, tampouco encontrava ela atitude mais conveniente que não fosse a de *honnête gens* desligada de toda obrigação profissional, ou pelo menos simulando tal. Eis as duas partes que compõem o público do século de Luís XIV, e daí vem o nome que se lhe dá ordinariamente nos documentos contemporâneos: a corte e a cidade (*la cour et la ville*). Essa sociedade, composta de cortesãos e grandes burgueses, mais frequentemente membros da magistratura, foi o árbitro do uso no tocante à língua, à literatura e às formas de vida, desse uso de que falamos em nosso último parágrafo. Acrescentemos ainda que é só Paris que domina; a província não conta.

3) As grandes lutas religiosas do século anterior terminaram. A derradeira resistência dos protestantes é vencida por Richelieu, e a partir dessa época a civilização francesa se torna de novo puramente católica. É verdade que os

huguenotes desempenharam papel muito importante na vida econômica; quando Luís XIV os expulsou em 1685 mediante a revogação do Édito de Nantes (ver p. 256), enfraqueceu consideravelmente as forças produtivas do país; esse foi um dos erros mais graves de seu reinado. No começo do século, um movimento epicurista, materialista e ateu se esboçou, e grupos de epicuristas ateus sobreviveram até mesmo durante a época de Luís XIV; sua influência, porém, é insignificante. Trata-se, pois, no conjunto, de um século católico, ortodoxo, muito distante das audácias da Renascença. A atividade católica é considerável em todos os domínios; o é, também, no domínio da educação, em que a Igreja, modernizada em consequência do movimento da Contrarreforma, dá lugar de destaque à formação humanista e não se mostra absolutamente hostil às pesquisas científicas e filosóficas; muitos cartesianos insignes foram homens da Igreja, por exemplo o padre oratoriano Malebranche. A atividade das congregações católicas foi muito intensa e a arte do sermão alcançou, sob Luís XIV, um apogeu sem igual na literatura francesa; seu principal representante, Jacques-Bénigne Bossuet (1627-1704), é um dos maiores oradores europeus e um dos grandes artistas da prosa francesa. Entretanto, o movimento católico não tem aquele aspecto vivo, imaginativo e popular que tinha na Idade Média e que se conservou, ainda no século XVII, em alguns outros países, como na Espanha; suas manifestações têm amiúde algo de racionalista, um ar de cerimônia oficial, que impressiona aquele que conhece os textos religiosos anteriores. Quase todas as grandes obras francesas da literatura católica do século XVII, desde São Francisco de Sales, grande teólogo místico e grande pregador, embora um tanto precioso (*Filoteia, ou Introdução à vida devota*, 1608), até Bossuet e Fénelon, falecido em 1704 e o outro em 1715, se dirigem à sociedade e não ao povo. Seu estilo, suas concepções, toda a sua maneira de apresentar as verdades cristãs se ressentem disso; a devoção tal como se reflete na literatura, sobretudo a das damas da sociedade rica e nobre, embora fosse amiúde bastante séria e mesmo rígida, exala por vezes uma atmosfera de sociedade polida, um ar de almas seletas que não se logra encontrar na vida católica das épocas anteriores. Com exceção das perturbações do começo do século e da revolta dos protestantes das Cevenas após a revogação do Édito de Nantes (os camisardos),[4] não se produziu mais nenhum movimento anticatólico; crises graves, porém, surgiram no próprio seio da Igreja católica na França; a mais grave e a mais importante foi a luta entre os jesuítas e os jansenistas. Os jesuítas (ver p. 235) haviam desempenhado papel destacado na obra da Contrarreforma; entre outros objetivos, perseguiam o de adaptar a moral cristã às necessidades da vida moderna; tinham, nesse particular, contribuído bastante para o desenvolvimento do estudo da moral nos casos particulares e práticos — a casuística —, e alguns de seus autores, por excesso de sagacidade, para mostrar exatamente os limites extremos daquilo que poderia ser permitido em certos casos particulares, haviam enunciado por vezes opiniões estranhamente relaxadas; além disso, os jesuítas, na discussão acerca de um dos problemas mais graves da teologia, o problema da graça — tratava-se de

4 Designação dos calvinistas das Cevenas, na França, por ocasião das perseguições que se seguiram à revogação do Édito de Nantes. [N.T.]

saber se a graça divina é por si só capaz de tornar o homem justo e salvá-lo da danação eterna, ou se o livre-arbítrio do homem desempenha no caso algum papel —, eram partidários da doutrina que dava destaque relativamente grande à cooperação do livre-arbítrio. Ora, um bispo holandês, Jansenius, partindo das doutrinas de Santo Agostinho e exagerando ainda mais o rigorismo deste, sustentara energicamente a ideia da potência total da graça divina, o que implica um extremo pessimismo, no que concerne à alma humana, incapaz de se libertar por si só do pecado que lhe é inerente. Um de seus partidários franceses, Saint-Cyran, granjeou uma abadessa, madre Angélique Arnauld, que converteu seu convento (Port-Royal) à doutrina jansenista. Ora, o ódio aos jesuítas era hereditário nos Arnauld; tratava-se de uma velha família pertencente à alta magistratura que havia combatido os jesuítas nas lutas políticas e religiosas dos fins do século XVI; a família toda, na qual a firmeza de caráter se unia ao rigorismo religioso e a um espírito tradicional de independência burguesa, se converteu à causa do jansenismo; parte de suas numerosas relações na grande burguesia dos parlamentos a apoiou; conquistaram adeptes mesmo na alta nobreza; e assim se formou o grupo do jansenismo francês, os *Messieurs* de Port-Royal. Seu chefe foi um dos Arnauld, Antoine, teólogo destacado, espírito firme, claro e reto, assaz obstinado; ele e seus amigos empreenderam uma longa luta, por vezes bastante dramática, contra os jesuítas, acerca das questões da graça e da moral; após a grande crise, que durou de 1650 a 1670, a luta recomeçou em 1679, e novamente no início do século seguinte. O governo, supondo talvez a existência de um germe de partido político no movimento, apoiou os jesuítas na corte papal e usou de sua influência para as doutrinas jansenistas serem condenadas. Por volta de 1660, tentou-se forçar as religiosas de Port-Royal a assinar um formulário condenando o fundo das ideias jansenistas; elas e suas partidárias foram perseguidas, as escolas que Port-Royal fundara foram fechadas. Antoine Arnauld se viu obrigado, em 1679, a deixar a França; o convento das religiosas de Port-Royal foi suprimido definitivamente por volta de 1710; o espírito e as ideias dos jansenistas, porém, tiveram, graças à firmeza de seu espírito de solidariedade e à unidade rigorosa de suas ideias, uma in-

fluência muito grande, que alcançou o apogeu no século XVII e se prolongou, malgrado as perseguições, até o começo do século XIX. Eles foram igualmente excelentes pedagogos; suas "pequenas escolas" exerceram, a despeito da brevidade de sua existência (1643-60), influência considerável sobre os programas e os métodos de ensino na França. Os manuais que escreveram para essas escolas ficaram célebres, sobretudo a *Lógica*, composta por Arnauld e Nicole, e a *Gramática*, que mencionamos no primeiro parágrafo deste capítulo. Outros livros importantes, livros de teologia, de moral, de polêmica, saíram de seu grupo; e eles contam, entre seus aderentes mais fervorosos, um dos grandes gênios do século, Blaise Pascal (1623-62). Já era ele matemático e físico célebre quando se converteu definitivamente às ideias jansenistas; tornou-se um fanático religioso e um escritor de vigor extraordinário. Escreveu contra os jesuítas as *Lettres provinciales* [Cartas provinciais], a sátira mais terrível e ao mesmo tempo mais divertida da língua francesa, um dos livros que criaram a prosa moderna; e os *Pensamentos*, fragmentos de uma apologia do cristianismo que foram encontrados após sua morte, e que os diferentes editores organizavam de muitas e diversas maneiras (a edição crítica que permite acompanhar a história do texto é a de L. Brunschvicg); é um livro empolgante. Partindo da concepção de Montaigne acerca da condição do homem (ver p. 267), Pascal busca provar que a única solução do problema do homem, miserável e grande a um só tempo, colocado entre os dois polos do infinitamente grande e do infinitamente pequeno, entre o anjo e a fera, incapaz de resolver por via de sua razão os problemas que a razão mal basta para formular-lhe, é-lhe fornecida pelo mistério cristão da queda de Adão e da redenção por Jesus Cristo. Tragicamente paradoxais, os *Pensamentos* agem sobretudo sobre os espíritos inclinados a aprofundar a introspecção e conscientes de sua existência problemática; de outro lado, por seu extremismo paradoxal, deram aos espíritos positivos e antirreligiosos ocasião de se servir dos próprios dados dos *Pensamentos* para refutar suas conclusões cristãs (Voltaire). Uma outra crise no seio do catolicismo francês eclodiu nos fins do século em razão de uma doutrina de devoção mística denominada quietismo. Ela interessa à história literária porque provocou uma luta acirrada entre Fénelon, partidário do quietismo, e Bossuet, anteriormente seu amigo e protetor. Bossuet venceu e Fénelon se viu obrigado a deixar Paris, o que teve graves consequências políticas; ele continuou, contudo, como arcebispo de Cambrai, e sua influência foi sempre considerável. Voltaremos a isso ao falar de Fénelon.

4) Na literatura profana, foram dois os gêneros que floresceram no século XVII: o teatro e o moralismo, vale dizer, a crítica de costumes; a poesia lírica e a epopeia em verso não deram nada de verdadeiramente importante. Falemos primeiramente do teatro. Alexandre Hardy (ver p. 261) lograra adaptar o teatro erudito da *Pléiade* às necessidades cênicas, mas não passava de um diretor e versificador hábil; não era um poeta; ademais, viu-se forçado a fazer muitas concessões ao gosto de seu público, que, no início do século, se compunha não do povo, mas antes do populacho

parisiense. Desde o tempo de Richelieu, a sociedade começava a se interessar pelo teatro; o próprio cardeal o protegia. Havia esforços no sentido de elevar-lhe o nível moral, social e estético; foram compostas e representadas peças de gosto mais apurado; a moda das comédias pastorais e das tragicomédias romanescas, repletas de aventuras inverossímeis, dominava, mas alguns poetas já procuravam obedecer estritamente às regras das unidades sem sacrificar com isso o interesse dramático. Em 1636, Pierre Corneille (1606-84), originário de Rouen, que havia composto anteriormente algumas comédias de um realismo bastante mais elegante que o de seus contemporâneos, fez representar sua tragicomédia do Cid, a primeira obra-prima do classicismo francês, obra de uma grande força dramática e de um ritmo vigoroso; não sem alguma violência e sem, outrossim, observar estritamente a unidade de lugar, ele havia reduzido aos limites de uma duração de 24 horas um episódio das *Mocedades del Cid*, de Guillén de Castro (ver p. 281). Conformou-se exatamente a todas as regras na série de tragicomédias que se sucederam nos anos seguintes e que são suas obras-primas: *Horace*, *Cinna*, *Polyeucte*, *La morte de Pompée*, *Rodogune*; é o fundador do teatro do século XVII e o primogênito dos grandes clássicos; graças aos seus primeiros êxitos e a seu prestígio, o teatro se tornou definitivamente uma grande arte e um divertimento honesto da boa sociedade e das mulheres de prol. A arte de Corneille consiste em mostrar um conflito em que a força da alma triunfa dos instintos mais naturais e espontâneos (a honra, o patriotismo, a generosidade e a fé triunfam do amor, dos laços de família, do desejo de vingança); sua concepção da grandeza de alma se inspira na antropologia cartesiana, que exaltava a dignidade moral e racional do homem. Corneille é sempre grandioso, patético, sublime; por vezes se mostra um pouco duro e um pouco extravagante na invenção de seus conflitos sobre-humanos. Viveu longo tempo e continuou a escrever tragédias; não soube, porém, adaptar-se nem à terna galantaria das sabichonas nem ao gosto antirromanesco e à psicologia mais íntima e mais humana da geração de Luís XIV; sempre respeitado e admirado, deixou, não obstante, de estar em moda, ficou um tanto negligenciado e esquecido; nos últimos tempos de sua vida, apresentava ânimo sombrio e se mostrou malevolente para com seus sucessores, sobretudo Racine, de longe o mais importante deles. Racine (1639-99), 33 anos mais novo que Corneille, era o mais jovem dos poetas que ilustraram os primórdios do reinado de Luís XIV. Educado pelos jansenistas, cujo espírito o havia profundamente impressionado, ele se indispôs malevolamente com eles ao se tornar "poeta de teatro", o que o rigorismo jansenista condenava; todavia, sempre sentiu remorso disso. Racine era muito culto, erudito mesmo; toda a sua arte se baseia no íntimo conhecimento dos grandes clássicos gregos; de índole assaz apaixonada, deveras malévolo quando sofria oposição às suas paixões ou à sua vaidade, extremamente suscetível e fácil de magoar, permaneceu, com todas as suas paixões, vaidades, triunfos e mágoas, um cristão que esperava ansiosamente a graça divina. Foi o maior poeta de sua época, o único que, ao observar escrupulosamente as regras, a conveniência e a verossimilhança, não mostra jamais esse fundo de secura que parece inerente às obras do grande século; com tudo isso, foi um perfeito *honnête homme* e cortesão rematado de Luís XIV. A série ininterrupta de suas obras-primas que sobem à cena de 1667 a 1676 — *Andrômaca*, *Britânico*, *Bérénice*, *Bajazet*, *Mithridate*, *Ifigênia* e, a mais realizada de todas, *Fedra* — se compõe quase inteiramente de tragédias de amor passional, cuja conveniência e estilo elevado não escondem, em momento algum, que se trata sempre do amor sensual em sua forma extrema, aquela em que ele lida com a loucura, em que despreza toda outra consideração, até a dignidade moral e a vida, e em que dilacera inteiramente a personagem que por ele é possuída, não lhe deixando outra solução que não a morte. Os versos de Racine são, de longe, os mais belos da língua francesa; La Fontaine e alguns modernos (Paul Valéry) dele se aproximam algumas vezes, mas nada se pode comparar à força sustentada e infinitamente variada do ritmo raciniano que, perfeitamente correto, sem jamais transgredir as leis mais severas de uma estética rigorosa, inebria ou dilacera o coração daqueles que em sua vida não experimentariam nunca paixões de ímpeto semelhante. É verdade que hoje cumpre ter, quando não se é educado na tradição francesa, uma certa formação estética, que se perde cada vez mais, para apreciá-los inteiramente. Em sua época e muito tempo depois, as tragédias de Racine suscitaram admiração imensa; criaram um culto da paixão, já preparado por Corneille e pelos romances de amor, que parecia tanto mais perigoso aos homens mais clarividentes da Igreja católica quanto a tragédia raciniana apresentava a paixão não como um vício feio nem como uma desordem passageira, mas como uma exaltação suprema da natureza humana, admirável, invejável, malgrado suas consequências funestas, quase comparável ao amor místico por Deus. O próprio Racine, magoado pelas intrigas daqueles que lhe invejavam a glória e tomado de remorsos, se retirou do teatro após *Fedra*, e não foi a partir de então senão um *honnête homme* muito devoto. Teve um cargo junto do rei, reconciliou-se com os jansenistas, desposou uma mulher que nada entendia de poesia e só voltou a escrever peças muito mais tarde, por volta de 1690, quando madame de Maintenon, segunda esposa do rei, lhe pediu um entretenimento para Saint-Cyr, instituto que fundara para a educação das jovens da nobreza. Racine escreveu para ela *Ester* e *Atália*, peças em que não há amor, mas que demonstram não ter ele perdido, de forma alguma, o sentido dos instintos e das paixões humanas. Depois dele, a tragédia não deu mais nada de grande.

O teatro cômico do século XVII é bastante rico e variado. A par dos grandes teatros, nos quais se procura, desde Corneille, "fazer rir as pessoas de bem sem personagens ridículas", vale dizer, a criar uma comédia de salão sem facécias grosseiras, representa-se a velha farsa francesa nas feiras, e uma companhia italiana encena as comédias e as farsas de seu país. A imitação dos italianos, e também dos espanhóis, ocupa um lugar destacado nas peças francesas; na segunda parte do século, a música e o balé se combinam com a farsa ou com a comédia pastoral ou mitológica nos divertimentos da corte. O número de poetas cômicos é considerável. Corneille escreveu diversas comédias em seu primeiro período (*Le Menteur* [O mentiroso]), e Racine fez a encantadora comédia *Les Plaideurs* [Os litigantes]. O grande poeta cômico do século

foi Jean-Baptiste Poquelin, cognominado Molière (1622-73), que, após começos difíceis e um longo aprendizado na província, regressou com sua companhia a Paris em 1658; logo se tornou o favorito do jovem rei (Luís tinha então vinte anos); o rei o apoiou contra todos os ataques dos invejosos, daqueles cuja vaidade ele ferira com sua sátira, e sobretudo da "cabala dos devotos", grupo muito influente de grandes senhores, que suscitou contra ele uma intriga deveras perigosa a propósito do *Tartufo*. Molière foi um ator cômico célebre, diretor e chefe de uma companhia; cumpre ter sempre isso em mente para compreender-lhe a obra; ele é o poeta principal de sua própria companhia, ele próprio encena as peças e desempenha os papéis importantes. É um homem de perfeito bom senso, com um golpe de vista infalível para tudo quanto seja material ou moralmente ridículo, e sobretudo com um instinto incomparável para a técnica e os efeitos da cena. Não basta ler suas peças, é mister vê-las representadas, e bem representadas; pouca gente tem imaginação o bastante para ver o palco e os gestos ao lê-las. A arte de Molière tem um lado puramente de farsa, que explora com verve poderosa todos os motivos grotescos e jogos de cena mais ou menos grosseiros da tradição francesa e italiana; e um lado moralista, que pinta e critica os ridículos da sociedade de seu tempo com muito realismo, mas buscando sempre, nas diferentes personagens que põe em cena — o avaro, o hipócrita, o ciumento, o misantropo, o hipocondríaco, o esnobe etc. —, tipos humanos que possam ter vivido em todos os tempos e em todos os lugares. Essa tendência a buscar o geral e a estabelecer os tipos eternos da psicologia humana é comum a Molière e a toda a sua época, faz parte do espírito clássico e contribui para limitar o domínio do real cotidiano na arte literária, domínio já bastante restringido pela separação dos gêneros (ver p. 294), que proíbe tratar séria e tragicamente a realidade de todos os dias. Entretanto, Molière é, entre os grandes clássicos, aquele que mais longe foi no esforço de apresentar a realidade tal como a observa todos os dias, e seus tipos são às vezes bastante individuais. Seu Tartufo, por exemplo, não é unicamente o tipo do hipócrita, mas também um sensual devorado por apetites mal disfarçados, o que lhe dá um caráter assaz peculiar; e o mesmo acontece com a maior parte de suas personagens, que são sempre homens que vivem atualmente; e é de perguntar-se, por vezes, se sua intenção não ultrapassou, em alguns casos, o quadro da comédia clássica; quis-se ver no herói de *O misantropo*, Alceste, uma personagem mais séria e mesmo trágica que ridícula. Essa interpretação é certamente falsa, pelo menos quando se deseja ater-se à intenção de Molière; para ele, Alceste é ridículo. Mas o fato de que críticos autorizados tenham querido sugeri-la já é bastante significativo. A moral de Molière é a moral das *honnêtes gens* de seu tempo; ele condena os vícios e os ridículos porque são extravagâncias, desvios da linha reta, da via mediana, da medida humana imposta pela natureza e pela sociedade. Ele insiste um pouco mais que a maioria de seus contemporâneos nos direitos da natureza; isso, nele, outra coisa não é senão o direito dos jovens de amar e desposar quem lhes aprouver; entre os grandes clássicos, Molière é aquele em que se sente, ao ler suas obras, que foi um cristão quem as escreveu. Sua moral não tem a perfeição de uma ânsia de perfeição, e ele não tem tampouco esse ativismo revolucionário que se vai desenvolver no século seguinte. É menos a fealdade moral que o ridículo dos vícios que constitui o objeto de sua arte, e ele não espera de modo algum corrigi-los; bem entendido, está longe de procurar suas razões políticas ou sociais. Sua grandeza, como a de todos os grandes clássicos franceses, consiste precisamente em se manter dentro dos limites de uma tarefa bem circunscrita, que é, nele, a pintura cênica dos ridículos da sociedade; nada mais, nada menos; parece, entretanto, que lhe sentimos por vezes, na alegria cheia de verve, uma nuança de pessimismo seco.

5) Ao falar de Molière, abordamos o moralismo. Em sua forma francesa, no século XVII, é uma crítica da sociedade baseada na generalização da experiência, mas limitada às experiências ocorridas "na corte e na cidade", abstração

feita de toda pesquisa teológica, especulativa, econômica e política, e que busca, para exprimir-se, a forma mais concisa e mais elegante. Malgrado a base assaz estreita de suas experiências, o moralismo francês busca em toda parte o universal, o lado absoluto e eterno dos fenômenos. Montaigne pode ser considerado o antecessor desse moralismo; todavia, a base de sua experiência e de suas concepções é bem mais ampla. No século XVII, o moralismo se torna geral, toda a atividade literária se impregna dele: Pascal e os jansenistas fazem moralismo numa base teológica; Molière é um moralista em suas comédias; La Fontaine, em suas *Fábulas*.

Jean de La Fontaine (1621-95) é um grande poeta, comparável a Ariosto pela espontaneidade e naturalidade e pela facilidade aparente com que alcança a perfeição; no entanto, muito estudou seus modelos, sobretudo os antigos. Escreveu *Contes* encantadores, em que redige em verso assuntos extraídos de Boccaccio e de outros contistas antigos; rejuvenesceu, outrossim, o gênero do apólogo, dos pequenos contos de animais cujas personagens são como que homens disfarçados, gênero conhecido na Europa desde o poeta Esopo, imitado igualmente na Idade Média (ver p. 195), e que convinha à ingenuidade maliciosa de seu gênio. A coletânea de suas fábulas, que todas as crianças aprendem de cor na França e em outros países onde se ensina o francês, é o livro mais popular da literatura francesa. É todo um mundo de pequenas comédias morais, de uma versificação infinitamente variada, saborosamente realista e sensual, rica de belas paisagens e por vezes deliciosamente lírica; mistura de indolência encantadora, sensibilidade e límpida clareza, que vai até o coquetismo do bonitinho. Esse livro não ensina, evidentemente, as grandes virtudes, nem a generosidade, o entusiasmo ou o autossacrifício; ensina, contudo, a gente a ser sensata, circunspecta, econômica, a adaptar-se às circunstâncias e a ser mais esperta que os outros.

Os moralistas, no sentido estrito da palavra, escreveram em prosa e criaram ou desenvolveram duas formas peculiares de moralismo: a máxima e o retrato, que tiveram, ambos, uma voga imensa desde o tempo das sabichonas. A máxima é uma frase que contém uma observação moral em sua forma mais geral e mais frisante; o retrato literário é a descrição de uma personagem em que se tenta dar uma análise completa e cerrada de suas qualidades físicas e morais. O mais célebre dos autores de máximas é François, duque de la Rochefoucauld (1613-80), grande senhor que se envolveu nas agitações da Fronda (ver. p. 288) e que mais tarde, sob Luís XIV, desiludido, envelhecido e enfermo, derramou sua ânsia insaciada de glória, sua amargura, seu pessimismo e seu orgulho em frases de suprema elegância. O retrato, de que se encontram numerosos exemplos nas memórias, nos romances e nas comédias da mesma geração, se destacou mais tarde da personagem viva; não descreve mais este ou aquele contemporâneo, mas torna-se retrato moral de um caráter-tipo; isso correspondia ao espírito generalizador da segunda parte do século e foi favorecido pela autoridade de um modelo grego, *Os caracteres*, de Teofrasto, discípulo de Aristóteles. Pelo fim do século, em 1688, Jean de La Bruyère (1645-96) publicou uma tradução dos *Caracteres* de Teofrasto, seguido de sua própria obra, *Les Caractères ou Moeurs de ce siècle* [Os personagens ou Costumes deste século], composta de retratos morais e de máximas; foi um grande sucesso, e as edições se seguiram rapidamente; ele publicou sete, corrigidas e aumentadas, durante os últimos anos de sua vida. É o livro mais importante do moralismo francês; sua influência foi profunda e durável, se fez sentir em toda a literatura do século XVIII. La Bruyère burila tipos de personagens da "corte e da cidade"; agrega-lhes reflexões; seu livro, ainda que dividido em capítulos, não passa de uma sequência de pequenos esboços rápidos, traçados em estilo firme e por vezes empolgante; a observação, imediata e viva, é doutamente classificada e redigida, de maneira a constituir um conjunto moral que se pode exprimir por um adjetivo qualificativo ou por uma breve paráfrase: o distraído, o hipócrita, o noveleiro, o velho que age como se fosse viver eternamente etc. Mas, se La Bruyère é também moralista generalizador e se abstém de toda crítica política, histórica ou econômica da sociedade, está todavia consciente dessa limitação que a estrutura e o gosto de sua época lhe impõem; às vezes, ao falar do povo, tem um acento que em vão se procuraria, alhures, nos moralistas. É um observador perspicaz, que parece às vezes não dizer tudo quanto pensa, deveras honesto e cujo livro oculta e trai, a um só tempo, uma delicadeza e uma retidão de alma bastante simpáticas.

6) Outros gêneros, o romance, as cartas e as memórias, sem ter dado obras-primas tão célebres quanto as do teatro ou do moralismo, gozaram de grande favor no século XVII. O romance apresentou duas formas: a forma galante e

terna, umas vezes pastoral, outras heroica, inaugurada por *L'Astrée*, de Honoré d'Urfé (ver p. 250), e cultivada sobretudo pela sociedade preciosa; e uma forma grotescamente realista (Sorel, Scarron); as duas formas, porém, pareciam demasiado "extravagantes" para agradar ainda à geração de Luís XIV. Há todavia, no tempo de Luís XIV, um romance realista que tem grande interesse documentário, *Le Roman bourgeois* [O romance burguês], de Furetière (1666), e um pequeno romance de amor que é uma obra-prima de análise psicológica, *A princesa de Clèves*, por madame de Lafayette (1678). A sociedade do século XVII fez reviver o gênero da correspondência elegante e familiar; desde a Antiguidade, raramente se escreveram car-

tas com tanto desembaraço e naturalidade. A maioria dos correspondentes célebres é da alta aristocracia: o conde de Bussy-Rabutin (1618-93), desgraçado por razões antes pessoais e que vivia em suas terras; Saint-Evremond (1613-1703), exilado político que vivia na Inglaterra, muito interessante por seus julgamentos literários e por suas opiniões brandamente ateias e epicuristas; e sobretudo madame de Sévigné (1626-96), cujas cartas fornecem a imagem mais completa da vida aristocrática do século XVII; são admiráveis pela naturalidade e pela espontaneidade de sua elegância. As memórias abundam no século XVII; as mais importantes, entretanto, do ponto de vista literário, não são do estilo Luís XIV: as do cardeal de Retz (1613-79), que foi um dos chefes da Fronda (ver p. 288), foram compostas após 1670, mas seu estilo e seu espírito são os da sociedade aristocrática, aventurosa, intrigante, romanesca, preciosa e extravagante do período precedente; e as de Luís, duque de Saint-Simon (1675-1755), não são comparáveis a nada. Filho de pai quase septuagenário, que havia sido um favorito de Luís XIII, ele, quando ainda moço, vira os últimos 25 anos do reinado de Luís XIV e se ligara à cabala oposicionista; foi um homem muito influente durante a Regência e só escreveu suas *Mémoires* em pleno século XVIII. Duque e par do reino, é um aristocrata maníaco, cujas ideias são as da época de Luís XIII, cuja sintaxe parece quase pré-clássica em sua falta de equilíbrio e seus disparates bruscos; e é um grandíssimo escritor; conquanto não conheça outra coisa que não seja a corte, só Saint-Simon, nesses dois séculos, alcançou discernir a vida concreta e imediata; ele não vê as qualidades e as generalidades, vê os homens e os apresenta.

7) O fim desse reinado brilhante foi triste. O rei arrastara a nação à interminável guerra da sucessão da Espanha, que lhe esgotava as reservas; os grandes homens do sistema absolutista estavam mortos; à volta do rei e de sua esposa, madame de Maintenon, uma atmosfera de pesadez cerimoniosa e devota se difundia. A oposição, contida durante longo tempo pelo prestígio do rei, começava a organizar-se; ela punha todas as suas esperanças no neto e sucessor presuntivo do rei, o duque de Borgonha. A alma do movimento era o antigo preceptor desse príncipe, um grande senhor eclesiástico, François de Salignac de la Mothe-Fénelon, arcebispo-duque de Cambrai, o último dos grandes clássicos (1651-1715, ver também p. 304). Foi de Cambrai, onde esteve exilado em consequência de sua derrota na querela do quietismo, que Fénelon exerceu sua

influência, que tendia a um relaxamento do absolutismo centralizador, a um regime mais patriarcal, menos ambicioso e menos guerreiro, tal como o pintou em alguns capítulos de seu romance pedagógico *As aventuras de Telêmaco: filho de Ulisses*. Esse romance, o mais conhecido de seus escritos, não é senão fraca parte de uma obra muito volumosa, que compreende escritos teológicos, pedagógicos, estéticos, literários, e uma grande correspondência particularmente interessante. A firmeza branda e sugestiva, o estilo flexível e variado, a inteligência vasta, sutil e humana, e a devoção profunda, mas desprovida de dureza e de presunção, dão a Fénelon um grande encanto e algo de essencialmente novo, que não é mais o estilo Luís XIV, e que se observa também em suas ideias estéticas; é menos autoritário, mais compreensivo e não obstante muito firme. Fénelon era um homem capaz de se adaptar a muitas ideias e situações sem correr o risco de se perder, e a sorte da França teria sido provavelmente bem outra se ele tivesse chegado ao poder; todavia, o duque de Borgonha e, pouco depois, o próprio Fénelon morreram antes do rei.

II. O SÉCULO XVIII

Como época literária, o século XVIII se estende da morte de Luís XIV até a revolução de 1789. Sobretudo duas tendências o caracterizam: uma suprema elegância nas formas, tanto da vida como da arte, elegância baseada nas tradições do século precedente, mas a elas se opondo por uma flexibilidade, uma facilidade, uma jovialidade, uma frivolidade que eram estranhas ao século de Luís XIV; e um movimento filosófico de vulgarização, que minava os fundamentos políticos e religiosos da antiga sociedade, movimento que, alegre e frívolo a princípio, colocado dentro do quadro do espírito elegante foi ganhando peso e seriedade no curso do século para tornar-se, pouco a pouco, a grande questão da época e se opor cada vez mais à primeira tendência até destruí-la, enfim, com o desabamento da sociedade espiritual e elegante na grande Revolução. Desse modo, pode-se dividir a época em duas partes: uma primeira, em que a elegância, o espírito, a frivolidade contêm o movimento das ideias em seu quadro, em que esse movimento não está ainda organizado e em que não tem ainda um caráter radicalmente propagandístico e revolucionário; e uma segunda parte, em que o movimento das ideias se organiza e triunfa, em que destrói o espírito da sociedade elegante e produz, a par de alguns homens de gênio, uma atmosfera de vulgarização pesada, amiúde sentimental e enfática. A organização da Grande Enciclopédia, por volta de 1750, marca o limite entre os dois períodos. A história política da França durante essa época, muito interessante do ponto de vista administrativo, econômico e financeiro, não apresenta grandes acontecimentos exteriores. Após a morte de Luís XIV, durante a minoridade de seu bisneto, Luís XV, é o duque Filipe de Orléans que é o regente, até sua morte ocorrida em 1723; essa breve época, chamada Regência, é célebre pela frivolidade e pelo relaxamento dos costumes, por uma grande bancarrota do Estado e pelo encanto do estilo nas artes. Luís XV, cujo longo reinado só terminou em 1774, não tem nenhuma importância para a literatura e para o movimento das ideias; seu neto e sucessor, Luís XVI, também não a tem; foi decapitado em 1793 pelos revolucionários. Tentaremos, nas páginas que seguem, descrever as principais correntes da época.

1) Os grandes princípios da estética e do gosto não mudam em nada; a imitação dos modelos, a separação dos gêneros, o purismo da linguagem, a exclusão de tudo quanto seja profunda e autenticamente popular subsistem. Mas um relaxamento se faz sentir; perdem-se o estilo sublime, a atmosfera pomposa da corte de Luís XIV; a diversão espiritual e brilhante e um certo realismo vivo e colorido dominam o gosto; os gêneros pequenos, tais como o romance, a comédia, o conto galante, um lirismo amoroso e um pouco frívolo, dominam. É uma adaptação ao espírito da sociedade parasiense, tornada mais numerosa, mais independente, menos disciplinada e desgostosa da centralização absolutista que o velho rei impusera até no domínio do gosto; é uma modernização que se exprime também numa célebre controvérsia que irrompera muito tempo antes, no século XVII, e que não se decidira, senão nos primórdios do século XVIII: a querela dos antigos e dos modernos, isto é, a querela entre os que consideravam os grandes autores gregos e latinos os únicos modelos dignos de serem imitados, e os que pretendiam que os modernos, os grandes escritores do século XVII, igualmente perfeitos e mais próximos dos sentimentos e do gosto da época atual, eram um exemplo melhor a seguir. No século XVII, quase todos os homens de gênio haviam tomado o partido dos antigos; mas a partir dos

primórdios do século XVIII são os modernos que triunfam; é um gosto mais fácil, menos sublime e menos severo que prevalece, e é também a ideia de progresso, cara ao século XVIII, que se esboça no programa dos modernos. Pode-se mesmo comprovar um certo relaxamento do princípio fundamental da estética clássica, da nítida separação entre o realismo e o trágico; no teatro, um novo gênero se firma, o qual pinta cenas familiares tocantes, "interiores"; não são tragédias, pois o seu desfecho é quase sempre feliz, mas dramas burgueses, conflitos domésticos aos quais se deu o nome de "comédia lacrimosa" (*comédie larmoyante*); gênero postiço, certamente, mas no qual se encontra o primeiro germe da tragédia burguesa do século XIX. São sempre conflitos assaz medíocres, num quadro convencional onde jamais se colocam os verdadeiros problemas da vida social e da alma humana; eram muito apreciadas as cenas de melodrama, condimentadas por vezes de um certo erotismo picante, que beira a indecência, mistura essa que dá ao gênero algo de peculiarmente fútil. O erotismo desempenha um papel de relevo no século XVIII, sobretudo nos romances e contos em verso; não é mais a grande paixão, mas o prazer dos sentidos que se apresenta, às vezes com muita graça, amiúde com uma psicologia sutil e fina; outras vezes, há excesso de patético sentimental, o que, aliado à pintura da libertinagem erótica, dá uma impressão desagradável ao nosso gosto. Todavia, a psicologia do amor produziu algumas obras muito belas e importantes: na primeira metade do século, as encantadoras comédias de Marivaux (escritas entre 1720 e 1740), e um romance, *Manon Lescout*, do abade Prévost (1735), interessante tanto pela vitalidade de seus quadros de costumes quanto por sua psicologia, que alcança apresentar-nos, com muito encanto, sob um ângulo tocante e quase trágico, os desvarios de dois jovens, a cuja corrupção fácil faltam inteiramente peso e profundidade; e, por volta do final do século, uma obra-prima de psicologia sutil e fria, um romance em cartas, *As relações perigosas*, de Choderlos de Laclos (1782). O erotismo penetra inclusive no grande movimento das ideias: as ideias são apresentadas sob a forma de anedotas amiúde eróticas ou condimentadas com imagens um tanto frívolas. Tal apresentação é umas vezes encantadora, outras bastante fria, sempre superficial; o mesmo ocorre com o realismo da vida cotidiana que, muito mais vivo, mais variado e menos generalizador que no século precedente, não aspira todavia a aprofundar os problemas da vida social. O mais importante dos autores realistas, Alain René Lesage (1668-1747), escreveu romances (*Le Diable boiteux* [O diabo coxo], *Gil Blas*) e comédias (*Turcaret*); excelente estilista e observador, imitou assuntos espanhóis com o espírito de um moralista francês e pintando, no fundo, costumes franceses. O quadro espanhol de seus romances nos recorda outra moda do século XVIII, o exotismo, que é, nessa época, uma forma disfarçada de moralismo: os autores se comprazem em pintar os costumes em trajes estrangeiros, seja para tornar a descrição mais colorida, seja para recobrir as ideias de um véu fácil de penetrar, seja enfim para dar o espetáculo do reflexo que produzem os costumes franceses no espírito de um estrangeiro ingênuo que se espanta com quanto vê; dessarte, gregos, espanhóis, persas, chineses, siameses, índios da América desfilam ante nossos olhos; não passam, frequentemente, de franceses disfarçados sob aparência exótica ou filhos da natureza tal como eram então imaginados.

A língua literária da França alcança no século XVIII o apogeu de seu prestígio internacional; toda a sociedade europeia fala e escreve em francês, o gosto do classicismo francês se torna em toda parte o modelo do bom gosto, a correspondência internacional, mesmo no domínio das ciências, se faz cada vez mais em francês, de sorte que o francês ocupa cada vez mais o lugar anteriormente reservado ao latim; data daí a importância por longo tempo atribuída ao francês, em quase toda parte, no ensino de línguas estrangeiras. Houve mesmo estrangeiros que foram eminentes escritores franceses, por exemplo o rei Frederico II da Prússia, amigo de Voltaire. O purismo, o despotismo da boa sociedade em matéria linguística, o cuidado da conveniência e da clareza são tão fortes quanto no século XVII, e no que toca aos "grandes gêneros", a tragédia e a epopeia, a crítica da expressão se tornou inclusive mais pedante do que antes; entretanto, como esses grandes gêneros não têm mais nenhuma importância — as melhores tragédias do século são brilhantes e frias —, e como nos gêneros menores e também na prosa histórica, filosófica e propagandística, novos temas, novos matizes e novos métodos se introduzem rapidamente, o vocabulário se amplia, a sintaxe se torna mais flexível e o aspecto geral da língua literária é mais rico, mais variado e mais flexível; a língua não tem mais o grande tom do século XVII, mas é mais ligeira e elástica. Não recusa mais servir-se de termos científicos e mesmo profissionais; aceita palavras estrangeiras, sobretudo inglesas; o interesse pelas ciências exatas e a influência inglesa nela se refletem. Contudo, a base do gosto clássico permanece inalterada; a língua literária continua a ser a língua da boa sociedade e não tem absolutamente contato com a língua do povo.

2) No que toca à estrutura da sociedade, cumpre dizer primeiramente que a corte perdeu toda a sua influência sobre a vida intelectual e artística; o grande centro que havia sido a corte de Luís XIV desapareceu, a cidade se impõe e um grande número de salões parisienses mantidos por mulheres da aristocracia ou da grande burguesia domina o gosto e a atividade literária. Em suas ideias e em seus sentimentos, os salões são bem mais livres que o grande rei; não têm de representar ou sustentar nenhuma grande concepção política ou moral; acolhem de bom grado e mesmo com entusiasmo toda moda nova, todos os ditos espirituosos; contanto que se tenha espírito e civilidade, pode-se dizer tudo; tudo se torna tema de conversação espirituosa, e o espírito de conversação, a facilidade dos costumes, as formas elegantes da vida jamais foram, provavelmente, levadas a um grau de perfeição comparável ao dos salões do século XVIII. Nele se falava de tudo; os problemas da história, da política, da metafísica e das ciências são discutidos com tanta vivacidade e entusiasmo quanto as questões literárias e de atualidade; a física newtoniana, por exemplo, ou a Constituição inglesa interessavam a toda gente. A conversação e a cor-

respondência que as mulheres célebres dessa época mantinham com seus amigos ausentes ocupavam-lhes uma grande parte da vida, mas é interessante notar que algumas delas foram, não obstante, deveras infortunadas: o excesso de sua atividade intelectual, essa curiosidade infinita que se expande em conversações muitas vezes lhes deu um sentimento gravoso de vaidade e enfado; suas almas permaneciam vazias, suas relações mundanas e galantes não substituíam vínculos e atividades mais naturais e substanciais; basta ler as cartas da marquesa du Deffand ou de mademoiselle de Lespinasse para dar-se conta disso. Quanto aos homens de letras, sua independência aumentou com a morte do grande rei e com o fato de a sociedade ter-se feito mais numerosa; tornou-se possível viver da pena vendendo livros ao público, já bastante grande para dar a um escritor hábil uma base econômica; as empresas dos livreiros e editores se tornavam cada vez mais importantes; numerosos periódicos apareciam e um começo de jornalismo moderno se esboçava, ao passo que o governo perdia cada vez mais o controle das publicações. Em caso de necessidade, imprimia-se clandestinamente em qualquer parte, na França ou no estrangeiro, sobretudo na Holanda, e o governo era incapaz de impedir o livro de entrar na França; o anonimato protegia o autor, conquanto não passasse, em muitos casos, de um segredo sabido de toda a gente. Uma nova maneira de reunião e discussão, deveras importante para a atividade política e literária, nascia com a voga dos cafés recém-fundados, onde as pessoas iam jogar xadrez ou outros jogos, ver os amigos e, mais tarde, ler jornais. Os cafés são um meio bem mais popular, bem menos exclusivista que os salões; todavia, o conjunto da vida literária e do público dão ainda a impressão de uma elite, de uma minoria, em que os homens de letras gozam de prestígio e liberdade maiores do que anteriormente, mas de onde o público propriamente dito está sempre excluído. É verdade que pesquisas recentes demonstraram que, no decurso do século, o movimento das ideias se infiltrara mesmo no povo e nas províncias.

3) Esse movimento de ideias não é exatamente criador, mas antes propagandístico. Quase todas as ideias do século XVIII francês foram criadas e expressas nos séculos precedentes, mas foi o século XVIII que lhes deu uma forma clara, universalmente compreensível e ativa. E, ademais, fez convergir todas as ideias para um só objetivo: o de combater o cristianismo, e mais que isso: toda religião revelada e mesmo toda metafísica. Entre as personagens importantes do movimento e das ideias desse século, houve algumas que perseguiram tal objetivo mais ou menos conscientemente e com maior ou menor radicalismo; nenhuma delas se interessa seriamente pela religião cristã, porém; nenhuma possui uma compreensão espontânea e aprofundada de seus mistérios; e a maioria acredita que a religião em geral, e sobretudo o cristianismo, constitui o maior obstáculo que já se opôs e continuará sempre a opor-se a que os homens vivam de acordo com a razão, em paz e dentro da ordem; o combate contra a religião é, pois, entre esses filósofos, um combate prático e filantrópico, e sua incredulidade é profundamente otimista e ativista.

Iremos subdividir nosso resumo do movimento das ideias em quatro partes: primeiro, os primórdios, com a juventude de Voltaire; em seguida, Montesquieu; depois, a Enciclopédia e Voltaire em Ferney; e, finalmente, Rousseau.

4) As grandes descobertas geográficas, cosmográficas e em geral científicas do século XVI haviam propiciado à Europa um impulso intelectual e econômico imenso; esse movimento não cessara desde então, a expansão material e intelectual da Europa continuava em todos os domínios. Em contraposição, o outro grande movimento do século XVI, a Reforma, não parecia ter causado outra coisa que não desgraças: um renascimento das superstições mais estúpidas e mais atrozes, guerras longas e cruéis que arruinaram uma grande parte do continente e, o que foi menos funesto, mas igualmente nocivo à religião, intermináveis polêmicas e disputas entre o clero dos diferentes grupos. Desde o século XVI, alguns escritores esclarecidos pregavam a tolerância, embora sem grande sucesso; seus escritos ficavam confinados a um público de filósofos e de sábios. Em 1697, um erudito francês originariamente protestante, perseguido na França, refugiado na Holanda, perseguido ali também devido às suas ideias demasiadamente livres, Pierre Bayle (1647-1706), publicou o *Dictionnaire historique et critique* [Dicionário histórico e crítico], cuja intenção originária fora tão somente a de servir de complemento a um dicionário anteriormente composto por Moréri. É, à primeira vista, uma obra de compilador erudito, abrangendo a história, a literatura, a filologia, a mitologia e sobretudo a teologia e a história do cristianismo;

a princípio, é constituído de dois e, mais tarde, de quatro volumes; nada parece menos feito para agradar ao público e, no entanto, foi um dos livros mais difundidos no século seguinte. Isento de todo preconceito, possuidor de conhecimentos vastos e sólidos, animado de uma liberdade de espírito adquirida por via de seu trabalho pessoal, Bayle excelia em apresentar nas questões de fé as diversas opiniões, sem decidir, mas amiúde com alguma simpatia pelas opiniões heréticas e sempre com uma imparcialidade perfeita em relação a todos os pontos de vista, fossem católicos, luteranos, calvinistas, heréticos ou não religiosos; e disso tudo se depreende a ideia de que nenhum dogma religioso é certo o bastante para que nos possamos matar ou queiramos matar os outros por sua causa; e a convicção, não menos importante, de que a moral é independente da fé religiosa. O estilo loquaz de Bayle, entremeado de citações gregas e latinas e às vezes de ditos espirituosos, é não obstante agradável e perfeito ao gosto do século XVIII, que prezava os panoramas variados de conhecimentos, desde que fossem animados por anedotas. O dicionário de Bayle foi o repertório dos conhecimentos históricos e teológicos do século XVIII. Ao mesmo tempo, o cartesianismo suscitara desde o século precedente, na sociedade parisiense, bastante interesse pelas ciências; pode-se comprová-lo lendo *As sabichonas*, de Molière. Vulgarizações elegantemente escritas para as pessoas de sociedade, sobretudo para as mulheres, obtinham grande êxito; é o caso dos *Diálogos sobre a pluralidade dos mundos*, publicados em 1686 por Fontenelle, um sobrinho de Corneille, que escreveu também uma *Histoire des ora-*

cles, livro destinado a provar que os oráculos dos antigos não foram respondidos por demônios; ao zombar dos milagres das religiões antigas, Fontenelle convida o leitor a tirar por si mesmo as conclusões no que toca aos milagres da religião cristã. Pelo fim do reinado de Luís XIV e sob a Regência, havia muitos ateus na alta sociedade; era o ateísmo dos que desprezavam a religião para entregar-se sem remorsos à libertinagem e que zombavam tanto da moral quanto de Deus; esse ateísmo carecia de atividade e de ambição reformadora. Todavia, a sociedade francesa estava bem preparada para a ideia do progresso científico, da tolerância e mesmo da irreligião quando o movimento assumiu, por volta de 1730, um caráter mais prático nas mãos do homem que se tornou a personagem mais representativa do século XVIII. François Arouet, que adotara o nome de Voltaire (1694-1778), filho de um notário parisiense, se introduziu ainda jovem, graças a seus versos elegantes e da verve de seu espírito, na alta sociedade da Regência e dos primórdios do reinado de Luís XV; tornou-se o poeta da moda, acumulou uma grande fortuna ligando-se com os financistas célebres da época e provocou uma série de perseguições e de escândalos pelo atrevimento de suas sátiras pessoais e políticas; obrigado a deixar a França em 1726, passou-se para a Inglaterra, onde permaneceu por três anos. A Inglaterra, por essa época, começava a tornar-se o que continuou a ser desde então: uma monarquia constitucional cujos habitantes desfrutavam de grande liberdade, um país que florescia graças a suas empresas coloniais, seu comércio e sua indústria, e habitado por cidadãos de religiões e seitas diferentes trabalhando em comum na base de uma tolerância quase completa. Foi lá que Voltaire concebeu as ideias que lhe guiariam a atividade futura: o ideal da burguesia livre que se enriquece pelo trabalho; a ideia da tolerância, fundamento de toda liberdade e de toda cooperação; a ideia de uma moral fundada no interesse, no egoísmo inteligente; em suma, o ideal da burguesia democrática do século XVIII. Na Inglaterra, Voltaire conheceu também a física de Newton que, desde então, tomou para ele o lugar da filosofia; ele adotou o sistema empírico, isto é, baseado na experiência, da filosofia inglesa, e combateu desde então não apenas a metafísica religiosa, mas toda metafísica especulativa, sobretudo a de Descartes e de seus sucessores; notemos, aqui, que o racionalismo francês do século XVIII não é absolutamente idêntico ao racionalismo cartesiano; está temperado de forte dose de empirismo e se mostra mais prático que teórico em seus objetivos. Entretanto, Voltaire não foi nem ateu nem puro materialista; reserva um lugar para Deus em seu sistema; Deus permanece, nele, o primeiro motor da natureza; cumpre ver, porém, que Voltaire rejeita todos os dogmas. Por fim, ele conheceu na Inglaterra a literatura inglesa, e conheceu sobretudo o teatro de Shakespeare, tão radicalmente diverso de todas as tradições do classicismo francês. Esse teatro lhe fez profunda impressão, que, todavia, não foi duradoura: Voltaire permaneceu a vida toda um reacionário em seus gostos estéticos. De volta à França, cuidou de dar larga publicidade às suas ideias; foi o propagandista mais hábil dos tempos modernos e talvez de todos os tempos. Sua capacidade de trabalho é inesgotável; sua inteligência vasta, clara e concentrada está ao alcance de toda gente; seu estilo nítido, rápido e cheio de espírito sabe apresentar os problemas mais difíceis sob uma forma imediatamente acessível, por meio de uma antítese ou de uma anedota; lutando em prol da razão e da liberdade, sempre bem informado, sempre novo, fresco, brilhante, ele a um só tempo acompanhou e dominou o gosto de seu século que, malgrado seus rancores, seus escândalos, sua vaidade e diversos outros ridículos, o adorou como a um Deus. Nos 25 anos que se seguiram à sua viagem à Inglaterra, Voltaire continuou a ser poeta e a compor tragédias, mas o centro de sua atividade se deslocou, e os escritos polêmicos, filosóficos, satíricos e históricos se tornaram mais importantes que as poesias. Escreveu nesse período as *Cartas filosóficas*, que dão conta de suas impressões inglesas, tratados explicando sua filosofia e o sistema de Newton, poesias de propaganda filosófica (*Le Mondain*), uma epopeia que parodia a história da donzela de Orléans, o primeiro de seus pequenos romances de tese, *Zadig*, e muitas outras coisas do mesmo gênero; compôs ou preparou durante essa época suas grandes obras históricas (*Histoire de Charles XII*, *Le Siècle de Louis XIV*, *Essai sur les Moeurs et l'Esprit des nations*), que são, entre os livros de história moderna e de síntese histórica destinados ao grande público, os primeiros que partem de um ponto de vista puramente laico, sem intervenção da providência divina. Em todos os seus escritos, o espírito ativo do progresso, o gosto da civilização e do luxo que ela comporta, a moral da utilidade, a sátira aos dogmas e às superstições é que dominam; é um modernismo burguês, um bom senso deveras racional e algo superficial. Durante esses 25 anos, dos quais Voltaire passou boa parte no castelo de Cirey, na Lorena, e alguns anos em Potsdam, hóspede de seu amigo, o rei Frederico da Prússia, ele se tornou pouco a pouco célebre em toda a Europa. Por volta de 1755, estabeleceu-se perto de Genebra, em Délices, e em 1760, em Ferney, em território francês, mas perto da fronteira suíça; foi lá que passou os últimos vinte anos de sua vida, aos quais voltaremos.

5) Charles-Louis de Secondat, barão de La Brède e de Montesquieu (1689-1755), nascido numa família da alta magistratura, presidente do Parlamento de Bordeaux de 1716 a

1726, tornou-se conhecido, durante a Regência, por um romance moralista, erótico e exótico, segundo o gosto do tempo (ver p. 318): *Cartas persas* (1721). Mais tarde, fez viagens, visitou a maioria dos países europeus, sobretudo a Inglaterra, que o impressionou também profundamente. De volta à França, publicou primeiramente suas *Considerações sobre as causas da grandeza dos romanos e da sua decadência*; esse livro, ao colocar o problema da decadência do Império Romano, foi o primeiro de uma longa série de estudos consagrados ao mesmo assunto durante dois séculos. Em 1748, Montesquieu publicou sua obra principal, *Do espírito das leis*. Trata-se de um livro acerca das formas de governo e de um compromisso entre duas tendências opostas: a tendência generalizadora e racionalista, que quer encontrar uma única forma de governo, a melhor em toda parte e em todos os tempos, imposta pela própria natureza; e a tendência antes empírica, baseada na experiência e na realidade, que, tomando em consideração a diversidade das circunstâncias e reconhecendo como melhor a forma que se mais adapta a tais circunstâncias, em cada caso particular, deve por conseguinte renunciar a encontrar uma só forma ideal de governo. Montesquieu parece, à primeira vista, seguir mais a segunda tendência, pois exige dos legisladores que levem em conta o clima, a natureza do solo, o espírito geral, os costumes, a economia etc., de cada país, diferenças às quais as leis se devem adaptar para serem boas. É no clima que ele insiste em primeiro lugar, atribuindo-lhe uma grande influência sobre o temperamento dos homens. Além disso, começa por estabelecer não uma, mas três formas de governo possíveis — tirania, monarquia, república —, ou melhor, quatro, pois distingue a república aristocrática da república democrática; e seu trabalho principal consiste em estudar as relações das leis com essas diferentes formas de governo, ou seja, explicar em pormenor quais leis convêm melhor a cada uma delas. Mas aqui se detém a tendência empírica, e a outra, que generaliza, vem à luz. Pois Montesquieu estabelece suas quatro formas de governo sobre princípios fixos, como modelos imutáveis; para ele, não são fenômenos que apareçam por vezes no curso da história, sujeitos a mudanças e a desenvolvimentos infinitamente variados e imprevisíveis, mas modelos definidos de uma vez por todas, pairando por assim dizer acima da história; já se disse que ele pinta a república e a monarquia da mesma maneira que os moralistas do grande século se esforçavam por pintar o tipo do hipócrita e do avaro. Ademais, conquanto Montesquieu veja muito bem as diferenças físicas entre os diversos países, vê bem menos claramente as diferenças morais e não vê absolutamente as diferenças históricas, vale dizer, a grande influência que a própria história exerce na formação de cada povo. Seu gênio não o leva a enxergar em cada povo um indivíduo único, um fenômeno histórico essencialmente diferente dos outros, criando seu próprio destino por via de um desenvolvimento que lhe é peculiar; considera cada povo de que fala como exemplo desta ou daquela noção moral, por exemplo Veneza como modelo da república aristocrática. Montesquieu é, pois, quando comparado com outros teóricos anteriores e contemporâneos, antes empírico; todavia, o aspecto generalizador e racionalista é muito marcante nele; não foi feito para aprofundar o estudo das formas individuais dos diferentes povos. No fundo, acredita nas leis, acredita que os homens e sua vida dependem delas, que os homens mudam de acordo com as leis pelas quais são governados; acredita menos nos homens que nas leis, e trabalha por encontrar a justa dosagem de leis que convenha a cada uma de suas três formas de governo, a cada clima etc. Entretanto, o objetivo final que persegue, e para o qual tende toda a sua vontade, é o de assegurar o máximo de liberdade possível ao indivíduo humano. Está longe de ser um revolucionário; é um aristocrata e prefere visivelmente, entre suas formas-tipos, a da monarquia constitucional com classes privilegiadas; mas isso porque teme tanto a tirania das massas quanto a dos déspotas. Procura garantir ao indivíduo o máximo de liberdade, abomina o despotismo em todas as suas formas e teme o poder absoluto da máquina governamental; foi com tal objetivo que aperfeiçoou e formulou definitivamente uma doutrina, esboçada antes dele pelo inglês Locke, que se tornou a base da democracia moderna: a doutrina da separação dos poderes. A fim de distribuir o poder governamental pelos vários órgãos que se controlam e se limitam um ao outro, ele atribui o poder de fazer as leis (poder legislativo) aos representantes da nação, o poder de julgar de acordo com as leis (poder judiciário) a juízes independentes e o poder de executar os julgamentos e as decisões políticas (poder executivo) ao governo. O modelo dessa sábia combinação, na qual nenhum poder deve sobrepujar os outros, lhe é propiciado pela Constituição inglesa; tal combinação permaneceu desde então o princípio constitucional fundamental que assegura a liberdade do indivíduo num Estado policiado. O livro *Do espírito das leis*, muito claro em suas diferentes partes, o é menos quando considerado em conjunto; tem demasiada riqueza de detalhes e digressões para que se possa compreender facilmente sua estrutura. Mas é precisamente por isso que agradava ao público de sua época, o qual prezava, conforme eu já disse, os panoramas variados de ideias e fatos; outrossim, o livro está cheio de espírito e de alusões ao sistema governamental da França de seu tempo. Alcançou um grande sucesso, que se mostrou duradouro, pois, afora a influência que exerceram suas ideias, trata-se de um livro muito bem escrito. A clareza francesa serve, no caso, a uma gravidade viril e por vezes escultural; estão ausentes a vaidade, a hipérbole e as entonações falsas; Montesquieu não pensa em outra coisa que não seja o seu assunto e não padece, tanto quanto antes, do defeito principal de sua juventude e de toda a sua época: excesso de espírito. É o livro de um homem de gênio e de um caráter firme.

6) À época da morte de Montesquieu, quando Voltaire se estabeleceu em suas terras perto da fronteira suíça, o movimento das ideias se havia cristalizado em torno de uma grande obra comum, a Enciclopédia, cujo principal organizador foi Denis Diderot (1713-84). Mas o grande patrono do grupo dos enciclopedistas foi Voltaire, que, protegido por sua celebridade, riqueza e pela proximidade da fronteira, se entregou na velhice a uma polêmica audaciosa, desenfreada e extremamente hábil contra a religião cristã.

Não fez mais livros grandes: pequenos romances, pequenos dicionários de bolso, folhetos de toda sorte e uma enorme correspondência inundam a França e os países europeus, apresentando Voltaire e suas ideias sob mil disfarces diferentes, sempre surpreendentes e divertidos. Grande burguês assaz moderado em matéria de política, ao mesmo tempo grande jornalista (sem jornal, todavia), modelo do jornalismo das épocas posteriores, ele se vale da atualidade, combate a intolerância (casos Calas e Sirven), toma partido em prol das reformas econômicas e sociais, critica a autenticidade da Bíblia ou o otimismo de Leibnitz; sua grande preocupação é o combate contra o cristianismo; continua, entretanto, a crer num Deus organizador da natureza e mesmo remunerador e vingador. Nisso ele se distingue de seus amigos enciclopedistas, os quais, em sua maior parte, eram manifestamente ateus e materialistas. A Enciclopédia ou *Dictionnaire raisonné des sciences et des arts et métiers* apareceu entre 1751 e 1772, num grande número de volumes, e constituiu-se num grande êxito de livraria; os inimigos do empreendimento, o clero, os círculos reacionários do governo e da magistratura e também alguns escritores invejosos, estavam por demais desunidos para poder impedir sua publicação; não lograram mais que provocar alguns incidentes que a retardaram, mas que serviram ao mesmo tempo para estimular o interesse do público. Originalmente, a Enciclopédia não havia sido senão um empreendimento projetado por um livreiro, sem ideias filosóficas e revolucionárias; quando Diderot, porém, que se associou ao célebre matemático D'Alembert, foi encarregado da organização, a obra se tornou o instrumento mais poderoso da revolução dos espíritos. Sua importância consiste sobretudo nos seguintes pontos: primeiramente, Diderot distribuiu o trabalho a um grande número de especialistas renomados, que constituíram como que um grupo, "uma sociedade de homens de letras", o que estabeleceu definitivamente a existência e o poderio dessa nova profissão (ver p. 237); esse grupo estava animado de um espírito comum, o da utilidade pública, do progresso da civilização, do otimismo anticristão, do desprezo a todo dogma religioso e a toda metafísica em geral; o empreendimento visava instruir todas as pessoas em todas as coisas, vale dizer, difundir todos os conhecimentos úteis, mesmo os conhecimentos de ordem técnica, e inspirar o espírito do otimismo progressista e anticristão; não obstante, nem todos puderam, a bem dizer, tirar proveito dele diretamente; tiraram-no apenas aqueles que sabiam ler e eram ricos o bastante para tomar uma assinatura da obra enorme e, por conseguinte, de custo elevado; quer dizer, um público bastante numeroso, mas sempre minoritário, o público burguês; enfim, a Enciclopédia classificava os conhecimentos, sem distinção de dignidade religiosa, moral ou estética, por ordem alfabética, o que equivalia a uma democratização extrema do saber, ao passo que as antigas enciclopédias, as da Idade Média por exemplo, eram sistemáticas, falando primeiramente de Deus e a seguir do mundo, na ordem hierárquica da criação; é verdade que D'Alembert discutia, num discurso preliminar, uma classificação moderna das ciências numa base sensualista, quer seja, fundada na ideia de que todos os conhecimentos provêm dos sentidos, mas tal classificação não foi aplicada; e não se encontrou, depois, um sistema geralmente reconhecido para nele agrupar o conjunto do saber humano, de sorte que a vitória do alfabeto revolucionário, que domina a partir de então em numerosas enciclopédias posteriores, é também uma confissão tácita do desmembramento e da falta de unidade do espírito moderno. Cumpre acrescentar que a Enciclopédia, pelo grande número de seus colaboradores e por seu objetivo prático de vulgarização, acarretou necessariamente um rebaixamento do nível estilístico, filosófico e intelectual; ela não exibe mais, no conjunto, a elegância e a liberdade de espírito dos grandes escritores e filósofos da época; seu estilo é amiúde pesado, e alguns de seus ateus materialistas se mostraram amiúde tão peremptórios e intolerantes quanto seus adversários teólogos. Entre os colaboradores e amigos da Enciclopédia que ainda não mencionamos — falaremos em separado de Diderot e

Rousseau —, citaremos dois escritores materialistas, ateus, progressistas e filantropos, Helvétius e o Barão d'Holbach, este autor de um famoso livro de vulgarização das ideias do grupo, o *Sistema da natureza*; o filósofo Condillac, que desenvolveu o sensualismo de maneira deveras original e que, por isso, foi um dos precursores do positivismo moderno; os economistas Quesnay e Turgot, fundadores da escola dos fisiocratas, que viam na natureza, isto é, no solo, a única fonte das riquezas, não reconhecendo como produtivas as atividades humanas que não fizessem mais que modificar as formas das riquezas do solo e que pregassem o livre comércio. O mais interessante dos enciclopedistas, por sua formação de espírito e por seu estilo, foi o próprio Diderot. Filho de um cuteleiro de Langres, viveu longo tempo na pobreza, dos proventos de sua pena, dividindo-se em mil atividades, interessando-se por todas as ciências; extremamente dotado, amigo do prazer, fácil de comover e de entusiasmar e um tanto vulgar, foi o homem mais rico de ideias de seu século; não fora feito, porém, para dar a essas ideias uma forma aprofundada, concentrada e definitiva. Seu materialismo é poético e panteísta; ele tem uma visão da natureza viva; esboçou teorias fisiológicas que, preparadas por alguns sábios de sua época, só seriam plenamente desenvolvidas no século seguinte. É em sua visão da natureza que se baseia sua moral, uma moral do instinto, que acredita que é boa a natureza humana e que somente as convenções é que pervertem o homem; tal teoria, devido ao entusiasmo desbordante de seu autor por uma concepção assaz medíocre da virtude, tem, em Diderot, algo de burguesmente sentimental e de demasiado fácil. É, enfim, em sua visão da natureza que repousa sua estética — ele escreveu romances e dramas e foi crítico de arte e de literatura —; imitar a natureza, para Diderot, é imitar toda a verdade da vida, o feio e o belo; ele abandona assim a teoria clássica da separação dos gêneros, que distinguia o trágico nobre e o cômico realista, e teria preparado a grande revolução estética que se produziu no século XIX se não houvesse tido uma concepção demasiadamente fácil e superficial da realidade humana; é o caráter tocante das cenas de família que lhe suscita o entusiasmo (ver o que dissemos acerca da comédia lacrimosa). Na pintura, Diderot admirava as obras de Greuze, cujos quadros correspondem exatamente a esse gênero de gosto. De entusiasmo fácil em demasia e excessivamente otimista para ver a grandeza e a miséria de nossa verdadeira vida, Diderot não fez mais que substituir uma convenção artística por outra menos nobre. É um homem de uma época de transição, extremamente inteligente, que fareja as formas do futuro sem apreendê-las; anuncia outrossim o futuro pelo fato de, embora sendo um grande artista, autor de páginas admiráveis, ser o primeiro dos grandes escritores franceses a não ter mais o gosto muito seguro nem o estilo sempre claro. O que ele escreveu de mais belo foram alguns romances, que são menos romances que diálogos cheios de brilho e de esboços espirituosos: *Jacques, o fatalista, e seu amo*, e sobretudo *O sobrinho de Rameau*.

7) Encontramos a mesma ideia da bondade da natureza, mas de maneira diversa, mais profunda e radical, na base das doutrinas do homem que deu, pelo vigor de seu gênio,

uma direção inteiramente nova ao movimento das ideias: Jean-Jacques Rousseau (1712-78). Nasceu protestante, em Genebra; filho de um relojoeiro, órfão de mãe, cedo abandonado pela família, sem educação continuada, levando na juventude uma vida aventurosa e inclusive algo equívoca, não se sentiu nunca à vontade no mundo parisiense em que se tornou célebre, por volta de 1750, por seus trabalhos de música e seus primeiros escritos. Na boa sociedade e entre os homens de letras, sentia-se a um só tempo deslocado por seu passado e seus pendores, e superior pela força de sua alma; foi incapaz de suportar os atritos e as intrigas que sua personalidade e suas ideias provocavam; desconfiado de toda gente, num grau que se abeirava da mania de perseguição, teve uma vida deveras infortunada; mudava muito amiúde de residência e só tinha alguns momentos de paz quando se encontrava sozinho no campo, entregue ao devaneio solitário em meio à natureza. Desenvolveu sua doutrina em alguns escritos retumbantes: *Discurso sobre as ciências e as artes* (1750), *Discurso sobre a origem da desigualdade entre os homens* (1755), *Carta a D'Alembert* (1758), *Julia ou A nova Heloísa* (1761), *Emílio ou Da educação* (1762), *O contrato social* (1762), *As confissões* (publicadas após sua morte, de 1782 a 1788). Essa doutrina se baseia em alguns princípios que foram resumidos da maneira seguinte: a natureza fez o homem bom, a sociedade o fez mau; a natureza fez o homem livre, a sociedade o fez escravo; a natureza fez o homem feliz, a sociedade o fez miserável. Tais ideias não teriam tido nada de particularmente revolucionário numa época que desprezava, já antes de Rousseau e independentemente dele, as tradições da história e os dados da estrutura social, e que estava pronta a se desembaraçar deles para reformar a sociedade de acordo com a razão e a natureza, se Rousseau não tivesse compreendido o termo "natureza" num sentido inteiramente novo. Para os outros, a natureza e a razão eram idênticas; conquanto condenassem o amontoado de tradições e formas com as quais a história obstruíra o progresso da humanidade, não condenavam absolutamente a civilização, as conquistas do espírito humano nas ciências, nas artes e nas letras, nem mesmo as comodidades da vida, os prazeres do luxo e os encantos da sociedade educada; para eles, o progresso era inteiramente intelectual; era o triunfo da razão clara, espirituosa e elegante. Mas esse intelectualismo elegante tinha algo de frio e de seco, deixava insaciadas as almas e os instintos; era alimento muito pouco substancioso para numerosos corações; comprovamos isso ao falar das mulheres célebres da época, e poderíamos demonstrá-lo por muitos outros sintomas; é que no século XVIII, antes de Rousseau, as profundezas da alma, seus grandes problemas, pareciam mudos, e não se encontram acentos trágicos em toda a literatura, a não ser nas obras do moralista Vauvenargues (1715-47), que permaneceram quase desconhecidas. Ora, para Rousseau, a natureza é o coração do homem; não é idêntica à razão; não é uma força distinta do homem, neutra e por vezes cruel; é sua mãe benévola e boa, que o criou puro e feliz e com a qual basta conformar-se para continuar a sê-lo. Para Rousseau, a natureza tem uma alma sensível, harmoniosa e humana; tem a alma de Jean-Jacques Rousseau; ele se identifica com ela, e quando diz que é mister seguir a natureza, isso significa que cumpre seguir os movimentos da alma, que são sempre bons se a influência da sociedade ainda não os corrompeu. A ideia que todos mais ou menos temos de que nossa vontade é boa, de que nossos instintos não poderiam enganar-nos, ele a segue sem reservas, sem desconfiança, jamais desenganado por suas experiências dolorosas, cuja culpa atribui inteiramente à sociedade que corrompeu a virtude originária dos homens com suas instituições e a razão fria e insensível. É, pois, a alma humana, pura e intacta (para ele, a sociedade assume a função do pecado original dos cristãos), que é o juiz supremo e o árbitro da virtude; ao identificar a natureza à alma humana, e a alma humana à sua própria alma, Rousseau fez desta o juiz universal. Ora, sua alma era grande, bela e melodiosa; os ferimentos que sofrera aumentavam-lhe ainda mais a força e a riqueza de expressão; pela primeira vez desde Racine, ouvia-se a voz de um grande poeta; ouvia-se uma alma que falava, e essa alma falava das necessidades imediatas e atuais da vida, de uma nova vida que cumpria levar, de uma renascença integral do homem. Rousseau era inteligente em demasia para querer reduzir, segundo lhe censuraram alguns contemporâneos, a sociedade moderna a um estado primitivo; ele bem via que isso era impossível; o que queria era a restauração dos sentimentos naturais e simples, tal como os entendia, em meio aos dados da vida moderna; era o estabelecimento da alma sensível, da alma de Jean-Jacques Rousseau e de seus semelhantes, como árbitro supremo da vida presente. E foi escutando a voz da natureza, que era em realidade a voz de seu coração, que ele quis reformar a moral, a educação, a religião e a política. Suas concepções pedagógicas tendem a um desenvolvimento espontâneo das forças do corpo e da alma, sem livros nem raciocínios, pelas necessidades e pelas experiências da criança, tal como se apresentam na vida que ela deve levar longe da sociedade, até o fim de sua adolescência. Apresentadas de maneira bastante utópica no *Emílio*, as ideias pedagógicas de Rousseau tornaram-se não obstante fundamentais para todas as reformas futuras por causa de seu princípio de que a criança não deve aprender de forma puramente receptiva, e sim criar em si mesma o conhecimento. A religião de Rousseau compreende Deus como ser supremo, incom-

preensível à razão e acima de todos os dogmas, mas revelado a todo coração sensível, vivo na natureza e na alma humana; ele acredita na alma imaterial e imortal, no livre-arbítrio e na virtude baseada no conhecimento e na consciência. Essa doutrina se dirigia tanto contra os filósofos enciclopedistas, todos mais ou menos materialistas, sensualistas e partidários de uma moral utilitária, como contra os sistemas dogmáticos das Igrejas cristãs. A moral, no fundo, é a própria natureza que a dita; a natureza, para Rousseau, é virtuosa e capaz de vencer a corrupção e as crises que a sociedade provoca; ao restabelecer a família, forma originária, natural, idílica de toda sociedade humana, ela propiciará ao gênero humano sua inocência e sua felicidade primitivas. No que toca à política, Rousseau parte, como sempre, dos dados eternos e inalteráveis da natureza e do coração humano. O homem nasceu livre; todos os homens nasceram iguais; liberdade e igualdade são bens inalienáveis; e quando os homens deixam o estado de isolamento primitivo para viver em sociedade, isso não se pode fazer de outra maneira que não seja por um contrato livremente consentido, mercê do qual cada membro, a fim de proteger a si e à sua propriedade pela força comum, se une a todos os demais membros, embora obedecendo somente a si próprio e permanecendo tão livre quanto antes; e isso se produz pela alienação total de cada associado, com todos os seus direitos, à toda a comunidade, de sorte que a vontade e a liberdade individuais se fundam inteiramente na vontade geral e na liberdade e igualdade de todos. Cada indivíduo, portanto, renuncia inteiramente e sem reservas a todos os seus direitos para reencontrá-los enquanto membro de uma comunidade cuja vontade é absolutamente soberana. Essa doutrina estabelece a soberania única, inalienável e indivisível da vontade geral, isto é, do povo ou da nação. Disso resulta que os governos e em geral todos os magistrados não são mais que mandatários do povo soberano; o povo não pode ser despojado de sua soberania; pode apenas delegar o poder executivo aos seus mandatários e tem a liberdade de retirar esse mandato a qualquer momento, vale dizer de dar a si mesmo outro governo. Daí resulta, por outro lado, que a vontade particular do indivíduo — chamado cidadão enquanto membro da nação — é absolutamente nula quando não coincide com a vontade geral; ela deve submeter-se e, se não o fizer voluntariamente, será obrigada a isso pela vontade geral, o que não "significa outra coisa, segundo Rousseau, senão que será forçada a ser livre. Vê-se que Rousseau, conquanto vá bem mais longe que

Montesquieu em suas ideias acerca da liberdade e da igualdade naturais, garante-as todavia de maneira assaz insuficiente contra os abusos e mesmo contra a destruição total; tudo depende da maneira pela qual se interpreta a concepção da vontade geral e dos métodos utilizados para permitir que ela se pronuncie. A influência das ideias políticas de Rousseau foi imensa, como se sabe, da mesma maneira que a influência geral de seu gênio. De uma só vez, as forças espirituais do indivíduo sensível foram restabelecidas, contrabalançando e mesmo excluindo o racionalismo e o materialismo dos enciclopedistas. Sua *A nova Heloísa*, romance de amor-paixão, de um vigor efusivo desconhecido até então, e suas *Confissões*, autobiografia em que faz gala, com uma sensibilidade patética e um tanto exagerada, de suas glórias e vergonhas, livro terrivelmente injusto e indiscreto, mas no entanto magnífico, criaram um lirismo inteiramente novo, profundo, pessoal, íntimo, de longo fôlego, e cujo lado idílico não é mais um jogo elegante, mas uma necessidade e um refúgio da alma humana.

8) Todos os grandes homens da literatura do século XVIII morreram antes da Revolução para cuja preparação haviam contribuído, e que se realizou de maneira muito mais radical do que qualquer deles tivesse jamais podido imaginar. Ela alterou completamente a atmosfera moral e social da França e da Europa inteira, visto que suas ideias se difundiram com rapidez e que ela foi seguida das longas guerras da época napoleônica, durante a qual os exércitos franceses conquistaram quase todo o continente. Ao

aniquilar a antiga sociedade, a Revolução interrompeu a vida literária, que só se reorganizou após a queda de Napoleão, em 1815. A literatura da Revolução propriamente dita não deu obras de importância; Beaumarchais, aventureiro e poeta de comédias, homem muito dotado e brilhante, de quem uma comédia, *As bodas de Fígaro* (1784), teve sucesso como escândalo político, não compreendeu o fundo dos problemas de sua época; a eloquência política, que renasceu após dois séculos de silêncio, mostrou-se por vezes vigorosa e apaixonada (Mirabeau), mas excessivamente empolada e repleta de chavões oratórios. O estilo oficial da Revolução e do Império se desenvolvia cada vez mais como uma imitação assaz fria da Antiguidade romana; era o estilo da virtude e do heroísmo. O período de retorno às formas antigas, que se situa entre o estilo do século XVIII e o dos pré-românticos, produziu contudo um grande poeta lírico, que morreu moço, vítima da revolução: André Chénier (1762-94). Sua obra se inspira nos elegíacos gregos, seu gosto é clássico, o fundo de suas ideias, sensualista e racionalista; não é absolutamente romântico. Sua versificação é, todavia, muito diferente da dos clássicos franceses; nele, com frequência, o corte rítmico não coincide mais com o corte gramatical; ele preza o *enjambement*, a transposição de certas palavras que completem o sentido no verso seguinte ou mesmo na estrofe seguinte; tem pausas bruscas no interior do verso, que não coincidem com a cesura clássica após a sexta sílaba. Nesse particular, anuncia os românticos do grupo de Victor Hugo, que muito o admiraram e o consideraram um precursor.

III. O ROMANTISMO

O Romantismo é um fenômeno internacional e assaz complexo. Desenvolve-se em todos os países europeus e sobretudo, com maior vigor e profundeza, na Alemanha, em que toda a literatura, desde a segunda metade do século XVIII (e não somente aquela que se denomina de escola romântica alemã), inspirou-se num movimento dos espíritos que exibe os sintomas do que em outras partes recebe o nome de "romântico". Esses sintomas são múltiplos e provêm de fontes muito diversas; o fato de que se combinam para constituir, no conjunto, uma forma de arte e mesmo uma forma de vida não se pode explicar senão por uma análise que busque ressaltar suas relações mútuas e sua interdependência histórica.

1) Primeiro que tudo, o Romantismo é uma revolta contra a predominância do gosto clássico francês na Europa. Essa revolta irrompeu inicialmente na Alemanha, onde teve profunda repercussão e provocou o movimento do qual saiu toda a literatura da época de Goethe (1749-1832). A revolta estava dirigida contra o racionalismo da literatura francesa; essa literatura parecia, aos jovens alemães, artificial, estreita, falsa, longe da natureza e distante do povo; parecia-lhes sufocar o gênio com as regras e a nobreza petrificada e seca da linguagem. Quanto a eles, adoravam a poesia popular e o teatro de Shakespeare; escreviam tragédias desprezando as unidades de tempo e de lugar, misturando o trágico ao realismo saboroso, servindo-se de uma linguagem vigorosamente popular, não evitando sequer as expressões grosseiras, embora se mantivessem profunda

e pateticamente idealistas. Descobriam a Antiguidade à sua maneira, sobretudo a arte e a poesia gregas, e nelas não encontravam, em seu entusiasmo, nem regras nem conveniências, e sim a natureza forte, espontânea e jovem; redescobriam também a Idade Média, que a estética do classicismo francês desprezara como bárbara. Esse movimento, chamado em sua primeira fase *Sturm und Drang* [tempestade e ímpeto] desenvolveu-se na Alemanha a partir de 1770; modificou-se mais tarde de maneira assaz complicada, mas a maior parte dos escritores jamais abandonou sua atitude hostil, às vezes até mesmo agressiva, no tocante à civilização clássica da França. Sua influência se difundiu pouco a pouco pela Europa, penetrou inclusive na França através das obras de Madame de Staël, e ali triunfou, sob uma forma algo factícia, na arte dos românticos do círculo de Victor Hugo, por volta de 1830.

2) Um outro aspecto particular do Romantismo concerne à atitude geral do poeta na vida. O poeta romântico é um estranho entre os homens; é melancólico, extremamente sensível, ama a solidão e as efusões do sentimento, sobretudo as de um vago desespero no seio da natureza. Trata-se de uma atitude e de um estado de alma que foram, se não criados, pelo menos poderosamente desenvolvidos pela influência de Rousseau. Preparados havia muito por certa sensibilidade idílica no decurso do século XVIII, só em Rousseau encontrariam sua plena realização. A melancolia solitária se torna a base de uma grande poesia lírica, e a fuga para a vida idílica do campo, uma necessidade imperiosa provocada pelo mal-estar que os român-

ticos experimentam quando se encontram nas cidades e na sociedade dos homens. As almas superiores são almas incompreendidas, feridas pela bulha vã da vida pública e civilizada, pela falta de virtude, de franqueza, de liberdade e de poesia da vida moderna. A história da Revolução e da época subsequente contribuiu em muito para fazer os homens idealistas abandonarem o lado prático e reformador do movimento inaugurado por Rousseau e os levou a se aferrar a seu lirismo solitário; emprestou a tal atitude razões mais objetivas que pessoais. Esperara-se, antes da Revolução, e mesmo no decurso de seu desenvolvimento, poder criar um mundo inteiramente novo, conforme à natureza, desembaraçado de todos os entraves que, segundo se acreditava, o fardo das tradições históricas era o único a opor à felicidade dos homens; e uma profunda decepção, vizinha do desespero, se apoderou das almas delicadas e idealistas quando se viu que, após tantos horrores e sangue derramado, embora fosse verdade que tudo tivesse mudado, o que saíra de todas as catástrofes da Revolução e da época napoleônica não era em absoluto um retorno à natureza virtuosa e pura, mas novamente uma situação inteiramente histórica, bem mais grosseira, mais brutal e mais feia que a que desaparecera; e, sobretudo, quando essas almas se deram conta de que a grande maioria dos homens a aceitava, exercendo ou padecendo a injustiça, a violência e a corrupção, como se não tivesse jamais esperado outra coisa. Quando, após a queda de Napoleão em 1815, uma nova ordem relativamente estável se firmou nos principais países da Europa, foi de fato a burguesia, a classe revolucionária de outrora, que começou a dominar cada vez mais a vida pública; tal classe tornara-se entretanto medíocre, rasteiramente utilitária, presunçosa e timorata a um só tempo. Os espíritos delicados, superiores, generosos e poéticos se sentiam estranhos nessa vida moderna; refugiavam-se na melancolia, no lirismo, no orgulho solitário; às vezes, numa ironia trágica e paradoxal; amiúde, na reação política e religiosa. Semelhante estado de alma conheceu diversas variantes, segundo os temperamentos, as situações, as gerações; podem-se estudar suas diferentes formas na vida e na obra dos poetas (na França, por exemplo, em Chateaubriand, no *Obermann* de Senancour, no *Adolfo*, de Benjamin Constant, em Vigny, numa forma mais branda em Lamartine, em Musset também, e em muitos outros); foi uma atitude quase geral, uma moda. Ela não se limita à França, sequer ao Romantismo propriamente dito; pode ser encontrada em toda a Europa, na Alemanha, na Itália, na Inglaterra; mantém-se, um tanto modificada após a época do Romantismo, até a Primeira Guerra Mundial; por vezes, transforma-se em ódio, ódio ao burguês, ódio à sociedade; outras vezes, torna-se indiferença orgulhosa, esnobismo ou esoterismo deliberado; um culto extremado do indivíduo daí resulta; as formas dessa atitude, originariamente romântica, são variadas em demasia para que possam ser enumeradas aqui. Mas o que é comum a todas é o abismo que se abre entre o poeta e a sociedade; voltaremos a isso em nosso capítulo final.

3) O Romantismo criou uma nova concepção da história; introduziu novos métodos em todos os domínios dos estudos

históricos; deles falamos várias vezes em nosso primeiro capítulo, a propósito dos estudos linguísticos e literários (ver pp. 22-ss e 41-ss). A revolta contra o classicismo francês arruinou definitivamente a concepção estética do modelo único a ser obedecido; fez-se, nesse momento, uma descoberta da mais alta importância: a de que a beleza e a perfeição artística não haviam sido realizadas uma única vez apenas, na Antiguidade greco-latina, e sim que cada civilização, cada época e cada povo tinha sua própria individualidade e sua própria forma de expressão, capaz de produzir obras de suprema beleza em seu gênero; cumpria, por conseguinte, considerar as obras das diferentes épocas e civilizações com uma compreensão íntima dos dados históricos e da individualidade que são próprios a cada uma delas, sem julgá-las de acordo com princípios absolutos e exteriores. Descobriu-se, dessarte, que a Idade Média não era absolutamente uma época de barbárie estética, mas que tinha produzido uma civilização e uma poesia, uma filosofia e artes ricas e dignas de admiração; como o Romantismo se inclinava a preferir as épocas primitivas, em que os sentimentos e as paixões conservavam ainda sua força espontânea e original, às épocas mais civilizadas e polidas, nas quais as regras de estética e de conveniência estorvavam a natureza, viu-se nascer um verdadeiro culto das origens, das fontes, das épocas jovens e primitivas ou presumidamente tais. As epopeias e a poesia lírica da Idade Média e da Renascença, por longo tempo esquecidas e desprezadas, foram objeto de grande entusiasmo e de uma importante atividade filológica. Acreditava-se que durante as épocas primitivas da civilização o gênio poético tivesse sido mais espontâneo e mais vigoroso; que, durante essas épocas, em que a razão e as convenções das sociedades estavam ainda pouco desenvolvidas, a imaginação criadora produziu nos povos obras maiores e mais puras, cujo autor não era este ou aquele indivíduo, mas "o gênio do povo", e era esse gênio do povo, concepção bela mas vaga, que se considerava a fonte de toda verdadeira poesia. Bem entendido, tal maneira de ver não se confinava à literatura; a arquitetura, a escultura, a pintura, mesmo as instituições e o direito das diferentes épocas antigas, sobretudo a civilização da Idade Média inteira, foram considerados do mesmo ponto de vista. Tais ideias comportam necessariamente certo dinamismo nas concepções históricas. Se cada povo e cada época podem produzir suas próprias formas de arte e de vida, perfeitas cada qual em si mesma, desenvolvendo-se segundo suas próprias leis e seu próprio gênio, a história se torna uma evolução extremamente rica de formas humanas, e facilmente se é levado a ver nelas realizações sucessivas das ideias de um gênio universal, de Deus; concepção tão profunda quanto dinâmica, e que propicia uma compreensão do desenvolvimento histórico muito mais ampla, rica e múltipla que a concepção de progresso contínuo numa única linha, corrente no século XVIII, em que toda nova etapa da civilização parecia superior à precedente e lhe retirava, em princípio, todo valor próprio. As ideias que acabo de resumir se esboçavam na Alemanha desde Herder e o *Sturm und Drang*, portanto desde cerca de 1770; tomaram novo impulso, desenvolvendo-se plenamente, após a Revolução Francesa, cujos efeitos lhes davam uma direção particular, que foi, a princípio, reacionária. A Revolução, inspirada pelas ideias de Voltaire, de Montesquieu, dos enciclopedistas e de Rousseau, fora manifestamente anti-histórica; quisera se desembaraçar de todos os dados da história, de todos os costumes e instituições do passado; desejara fazer *tabula rasa* e reconstruir a sociedade de acordo com os princípios da razão ou da natureza; e essa "natureza", ela a considerara como algo absoluto, de inalterável, cujos preceitos estavam fixados de uma vez por todas. Ora, parecia que a Revolução não tinha produzido senão desordens, injustiça, paixões abomináveis e sangue. A reação em toda a Europa foi violenta, e o "historicismo" do Romantismo se ressentiu disso; muitos românticos se tornaram antirrevolucionários e reacionários. Ao racionalismo e ao anti-historicismo da Revolução, eles opunham o culto das tradições e o respeito às forças imanentes da história; à Revolução, opunham a evolução, às massas seduzidas pelos agitadores opunham o povo conservador, vivendo de acordo com seus hábitos seculares, numa evolução lenta, próxima da verdadeira natureza, que outra coisa não era senão o espírito de Deus, e que se modificava não segundo as ideias arbitrárias da razão humana, mas de acordo com um ritmo que cumpria sentir e seguir. Esses românticos eram, pois, a um só tempo populares e antirrevolucionários; acreditavam que violentava-se o gênio do povo e que destruía-se sua essência ao arrastá-lo à revolução. A reação dos conservadores românticos era, na verdade, bem diferente dos princípios do absolutismo antigo; opunha-se à centralização, queria conservar os costumes locais, as organizações profissionais, as castas; era antirracionalista; preferia a Idade Média (de que se ignorava o lado racionalista) às épocas de absolutismo; e se baseava na ideia da evolução histórica. Ora, tal ideia não tinha, em si mesma, nada de reacionário; era dinâmica e deveras suscetível de ser posta a serviço da Revolução; bastava mostrar que a transformação radical das bases da sociedade era provocada e postulada pela marcha da evolução histórica num dado momento; foi a direção que Karl Marx imprimiu mais tarde à filosofia de Hegel. O historicismo dos românticos, seu entusiasmo pela Idade Média, sua aversão ao racionalismo e seu culto dos sentimentos provocaram neles um despertar das crenças religiosas; trata-se de outra das tendências pelas quais os românticos se opõem ao século XVIII. Foi, em primeiro lugar, um renascimento do catolicismo, antes poético, místico e lírico que dogmático, que por vezes estava em relação com suas ideias políticas; não foi, todavia, universal; muitos românticos não tomam parte nela. Mas a atmosfera se tornou mais favorável ao sentimento religioso, e mesmo aqueles que permanecem estranhos ou hostis às instituições das Igrejas estão imbuídos de uma religiosidade vaga, mística ou panteísta, bastante distanciada do materialismo e do sensualismo que tinham dominado no século XVIII. Mesmo os ateus românticos dão a seu ateísmo um ar de desespero lírico que conserva algo de religioso.

4) No conjunto, o Romantismo apresenta mais uma unidade de atmosfera poética que uma unidade sistemática da qual se possam delimitar claramente os contornos. Ele está cheio de contrastes: simplicidade popular e refina-

mento individualista, tendências conservadoras e germes revolucionários, lirismo brando e ironia amarga, devoção e orgulho, entusiasmo e desespero nele se entremesclam, por vezes numa mesma personalidade. Sua influência foi profunda, malgrado a rapidez de sua decomposição e de sua corrupção. Ele foi, antes de tudo, uma grande revolta do sentimento, das profundezas da alma humana, contra a razão seca e o bom senso superficial; perdendo pouco a pouco sua força inicial, desmentido pelo desenvolvimento prático da vida moderna, que foi econômico, técnico e científico, resignou-se ao papel de embelezar uma vida essencialmente estranha a todas as suas tendências: a fornecer ao burguês, para as suas horas de recreio, efusões líricas e cenários de teatro; e a propiciar-lhe a sensação de um idealismo vago que não obrigava a nada. Nesse papel, que foi funesto, as formas da arte romântica se mantiveram durante todo o século XIX. Mas, em seus primórdios, tratou-se realmente de um renascimento da poesia e das forças profundas da alma. Os campos e as florestas, os lagos e os rios, as montanhas e o mar, o dia e a noite, a alvorada e o pôr do sol revivem como jamais existiram na poesia anterior, sempre em contato íntimo com a alma humana, refletindo suas alegrias e dores através de uma simpatia mágica. Outrossim, o Romantismo fez renascer a poesia popular e aprofundou a concepção do povo e de sua força criadora. Deu à língua literária, em todos os países europeus, uma riqueza e uma liberdade que ela tinha perdido sob a dominação do classicismo francês; criou ou rejuvenesceu gêneros literários desconhecidos, negligenciados ou decadentes: o lirismo, a poesia semilírica, semiépica das baladas, um teatro liberto das regras clássicas, seguindo a tradição de Shakespeare e procurando dar aos seus assuntos o quadro e a atmosfera autêntica da época, o romance histórico e o romance pessoal, psicológico, individualista, que fixa a vida íntima e a evolução das personagens. Encorajou e cultivou a poesia dialetal, dando forte impulso ao regionalismo ameaçado pela centralização moderna. Inspirou finalmente, conforme o mencionamos já repetidas vezes, os estudos históricos e filológicos, por sua concepção mais veraz, mais viva e mais ampla do desenvolvimento; isso constitui toda uma nova filosofia, cultivada sobretudo na Alemanha, mas que teve repercussões profundas por toda parte; o sistema de Hegel, conquanto não fosse inteiramente romântico, se baseia na concepção romântica do desenvolvimento.

5) Terminaremos este capítulo com um rápido bosquejo do Romantismo na França e na Itália. Na França, a primeira geração de românticos, ou, se se quiser, os precursores imediatos do Romantismo, apareceu no começo da época napoleônica, por volta de 1800, sob o domínio de um gosto imitativo da Antiguidade romana, frio e declamatório (ver p. 345). A personalidade mais importante dessa primeira geração foi François-René de Chateaubriand (1768-1848), um grande poeta, inimigo da Revolução e de Napoleão, católico fervoroso, orgulhoso, solitário, de uma melancolia sublime e devorada pelo tédio mesmo na sua glória; ele poetizou a natureza solitária e a história, sobretudo a história cristã, e sua prosa lírica, sonora, de

largo fôlego, de paisagens magníficas, repleta de sentimentos e sensações vívidas produz na alma do leitor um longo eco; foi ele, no fundo, quem criou o ritmo interior de todo o Romantismo francês. Da mesma geração foram Madame de Staël (1766-1817), que introduziu na França ideias acerca da literatura e do gosto inspirados por seus amigos e conhecidos da Alemanha; Benjamin Constant (1767-1830) e Senancour (1770-1846), que escreveram romances de grande valor para a análise psicológica do Romantismo, *Adolfo* (1816) e *Obermann* (1804). A segunda geração, a escola romântica propriamente dita, se constituiu sob a Restauração, por volta de 1820; era um grupo de poetas e escritores, entre os quais os grandes líricos Lamartine (1790-1869) e Vigny (1797-1863), o mais importante dos críticos franceses do século XIX, Sainte-Beuve (1804-69), e sobretudo Victor Hugo (1802-85), a mais vigorosa personalidade da literatura francesa de sua época. Foi poeta lírico, épico, dramático e satírico, duma força criadora maravilhosa, dominador da lírica e das formas poéticas; ninguém no século XIX lhe igualou a glória; entretanto, numerosos críticos modernos o consideram um espírito deveras vazio e não apreciam sua retórica sonora. Entre os membros mais jovens do grupo, mencionemos Alfred de Musset (1810-57), autor de pequenas comédias encantadoras, mas cujo doce lirismo não mais suscita a mesma admiração geral de outrora; e Théophile Gautier (1811-72), poeta lírico, autor de vários romances e de uma história do Romantismo, cuja arte procura dar impressões exatas de sensações, o que não é mais romântico. Outras personalidades, entre elas artistas (o pintor Delacroix, por exemplo), estiveram em relações mais ou menos continuadas com o grupo romântico ou sofreram maior ou menor influência do Romantismo: o panfletário Paul-Louis Courier, o cancionista Béranger, o contista Prosper Mérimée, os criadores do realismo moderno, Stendhal e Balzac, e alguns historiadores, dos quais o maior foi Jules Michelet (1798-1874), maravilhoso evocador do passado da França, sobretudo da Idade Média, cujo temperamento e cuja obra são inteiramente românticos, conquanto ele fosse fanaticamente democrata.

Na Itália, as obras de um grande escritor-filósofo, Giambattista Vico (1668-1744), precursor das concepções românticas da história, aparecem já na primeira metade do século XVIII (*A ciência nova*, primeira edição 1725). Mas o caráter do movimento de reerguimento nacional, o *Risorgimento*, que se manifestou na segunda metade do século, é antes clássico que romântico; foi a época que produziu as poesias de Parini, as comédias do veneziano Goldoni e as tragédias de Alfieri; motivos de estado de alma pré-romântico são todavia inegáveis na obra de Ugo Foscolo. O grande poeta romântico da Itália foi Alessandro Manzoni (1785-1873), poeta católico, autor de tragédias e de belíssimos hinos; sua glória internacional repousa entretanto em seu grande romance histórico, *Os noivos*, a história de dois namorados numa pintura magnífica do milanês do século XVII. Seu contemporâneo Giacomo Leopardi (1798-1837), enfermo desde a infância e cuja vida breve foi desditosa, é um dos grandes poetas líricos da Europa. É habitualmente considerado um clássico, devido às suas ideias antirreligiosas e à influência das formas antigas que se faz sentir em seus versos; costuma-se assim opô-lo a Manzoni e à sua escola. Mas o desespero solitário e individualista de Leopardi apresenta muitos sintomas do estado de alma romântico.

IV. PANORAMA DO SÉCULO XIX

A restauração da dinastia dos Bourbon na França (1815) e a política reacionária que acompanhou, em toda a Europa, a queda de Napoleão, foram incapazes de deter o desenvolvimento da vida moderna e sua evolução política e econômica. As ideias da Revolução Francesa se tinham difundido; duas instituições, cuja origem remonta à época revolucionária e napoleônica, o ensino elementar e o serviço militar obrigatório, se introduzem pouco a pouco em muitos países europeus; elas contribuíram para mobilizar as massas e fazê-las participar conscientemente da vida pública. O progresso científico e técnico modificava rapidamente o ritmo e as condições da vida material; trazia uma prosperidade crescente e grande aumento populacional; conferia à Europa e aos países europeus a hegemonia mundial; trazia também a dominação mais ou menos manifesta da burguesia capitalista, vale dizer, da parte da população que alcançara, por sua inteligência, espírito empreendedor, aplicação ao trabalho, e amiúde também pelos acasos das flutuações econômicas, a dominar a indústria, o comércio e as organizações de crédito. As guerras e as revoluções não entravaram tal evolução; aceleraram-na algumas vezes. De 1871 a 1914, não houve na Europa nem guerras nem revoluções de importância; a prosperidade e a segurança haviam chegado, em alguns países, a um grau que aqueles que não viveram nessa época dificilmente poderão imaginar. Mas a rapidez vertiginosa do desenvolvimento material, científico e técnico, cujo ritmo se acelerava cada vez mais, tanto na maioria dos países europeus como nos Estados Unidos, criava problemas de adaptação mais e mais urgentes; crises provocadas por formas políticas retrógradas, pela ambição e pela concorrência das grandes potências, pelas aspirações nacionais de pequenos povos europeus suprimidos ou ameaçados por uma dominação estrangeira, pela superpopulação em alguns países e, sobretudo, pelas diferenças do nível material de vida entre as diferentes classes, se sucediam umas às outras e se combinavam de maneira frequentemente inextricável; a imprensa, que dava às massas a consciência dos problemas, aumentava o alcance destes. Todavia, a imensa maioria dos europeus esperava que a adaptação se realizasse por via de uma evolução pacífica: mesmo quando a guerra eclodiu em 1914, a maior parte dos homens, por temerosos que estivessem de que semelhante acontecimento tivesse podido produzir-se, não supunha a chusma de crises latentes que vieram à superfície, nem a longa série de catástrofes que se desencadearam na Europa e no mundo inteiro; não imaginava a medida em que a vida mudaria. Hoje, o período anterior à guerra, isto é, a época que precedeu 1914, está de tal maneira distante daqueles que a viveram conscientemente, que se pode falar dela como de uma época do passado. Entretanto, como foi a época que preparou a em que estamos vivendo, podemos interpretar as atividades literárias de maneiras assaz diversas, conforme as opiniões que tenhamos acerca da situação presente. Limitar-me-ei a revelar as tendências e os fatos que me parecem os mais importantes, sem me ater às denominações usuais de escolas literárias (Realismo, Naturalismo, Simbolismo etc.), que não convêm absolutamente ao meu objetivo. Serei deveras breve, pois desde que se entre, por pouco que seja, em pormenores, não se pode parar mais; a produção literária dessa época é enorme.

1) É por esse fenômeno, a massa enorme da produção literária, que começarei. A partir do século XIX, na maioria dos países europeus, toda a gente sabe ler, todos querem ler, e os progressos técnicos da arte gráfica permitem a satisfa-

ção dessa necessidade de leitura. A imprensa, cujas edições saem uma, duas, três vezes por dia, é onde, a par das informações políticas, encontram-se artigos literários, romances, contos, resenhas; os periódicos literários ou semiliterários, os jornais ilustrados, as revistas etc.; enfim os livros: livros de poesia, de teatro, romances, coletâneas de ensaios, estudos críticos — quem já trabalhou na administração de uma das grandes bibliotecas europeias e pôde ver, com seus próprios olhos, a massa imensa de papel impresso que entra nelas todo dia não pôde evitar um sentimento de assombro. Já há cerca de trinta anos, porém, o cinema e o rádio começam a suplantar gradualmente a leitura; as pessoas se habituam a substituí-la pouco a pouco por impressões visuais e auditivas, e a só ler para instruir-se e informar-se. Mas o século XIX lia pelo prazer da leitura; e era inevitável que o nível estético das produções literárias destinadas a uma massa tão grande de consumidores baixasse, tanto mais que tal massa não tinha ainda consciência clara do que era; o que exigia e o que lhe forneciam não era uma literatura verdadeiramente popular, mas uma imitação insípida da literatura de elite; a falsa elegância, o melodrama, a inverossimilhança e o chavão sentimental nela dominavam.

2) Isso contribuiu para cavar um abismo entre os escritores superiores e o grande público, abismo de que já falamos a propósito do Romantismo. Muitos autores que figuram entre os mais notáveis do século XIX foram profundamente desprezados pelo comum dos leitores, vale dizer, pela massa da burguesia; eles não podiam tampouco fazer-se entender pelo povo, pois o povo, como público literário, não tinha ainda nenhuma autonomia; só muito lentamente ascendia à plena consciência de sua existência política, e ainda mais lentamente à realização de sua existência e de sua vontade estéticas; permanecia, esteticamente, pequeno-burguês. Por outro lado, o alargamento dos horizontes, a transformação rápida do ritmo da vida, os mil germes da evolução incessante e as crises que daí resultaram foram mais rapidamente percebidos ou adivinhados pelos grandes artistas e produziram neles imagens e formas de expressão surpreendentes à primeira abordagem; havia artistas também, sobretudo no final da época, que, tendo uma visão mais ou menos clara da instabilidade dessa civilização brilhante e das catástrofes que a ameaçavam, exprimiam tal visão em obras estranhas e vagamente aterradoras, ou chocavam o público com opiniões paradoxais e extremistas. Muitos deles não se davam ao menor trabalho de facilitar a compreensão do que escreviam, fosse

por desprezo ao público, fosse pelo culto de sua inspiração, fosse por uma certa fraqueza trágica que os impedia de ser ao mesmo tempo verazes e simples. Disso resultou que numerosos escritores de primeira grandeza (e igualmente pintores, músicos etc.) viveram sem contato com o grande público, ou só o conquistaram ao fim de muitas lutas e mal-entendidos; e quase todos, sobretudo na França, viram no público burguês ordinário seu inimigo, o objeto de seu desprezo e de seu ódio. Basta pensar nos grandes poetas simbolistas (Baudelaire, Rimbaud, Mallarmé), na atitude de escritores como Stendhal, Flaubert, Barrès ou Gide, no movimento dos surrealistas, para nos darmos conta de uma situação quase trágica, para a qual a estrutura do público e o orgulho dos escritores contribuíram igualmente; poderíamos citar muitos exemplos semelhantes, encontráveis também num grande número de outros domínios da arte e em outros países europeus, particularmente na Alemanha. Acreditou-se, mesmo, que se tratava de uma situação necessária e inevitável, que tinha existido em todos os tempos: que um grande poeta ou um grande artista não pode, necessariamente, ser compreendido pela maioria de seus contemporâneos e que seu gênio só se pode revelar às gerações futuras; trata-se, porém, de um erro. Houve de fato, em todos os tempos, casos em que a inveja, as intrigas, ou circunstâncias particulares não permitiram ao escritor de gênio alcançar a glória merecida; houve sempre modas passageiras e erros de perspectiva, que lhe opuseram rivais bem inferiores; mas, como regra quase geral, que só apresenta raras exceções, trata-se de um fenômeno particular do último século, antes das guerras mundiais.

3) Essa foi, não obstante, uma das épocas mais ricas e mais brilhantes para a atividade intelectual e literária na Europa, e ela deve isso, em primeiro lugar, à liberdade de pensamento e de palavra, que nunca nos séculos anteriores pudera se desenvolver a tal grau nem em base assim tão ampla. A opinião pública, cada vez mais forte e cada vez mais liberal, tornava praticamente impossível a supressão de ideias por medidas governamentais, e todas as tentativas das forças reacionárias de aplicar tais medidas foram vãs. A civilização burguesa se baseia no liberalismo; o princípio da tolerância, da livre troca de ideias, do livre jogo das forças é de tal modo inseparável da origem e da essência dessa civilização que esta se via forçada a permitir a expressão de ideias que minavam sua própria vida e a tomar parte em sua discussão; foi em seu próprio seio que se desenvolveram tais concepções subversivas, e, se o grande capital logrou durante longo tempo, graças ao seu poderio econômico, reprimir ou represar o movimento socialista, não alcançou suprimir suas ideias e programas, que engendravam necessariamente tentativas de realização mais e mais audaciosas e eficazes. Não foi senão nesse momento de perigo mortal que a civilização burguesa abandonou, em alguns países europeus, o princípio do pensamento e da palavra livres, e esse foi então o seu fim; por medo de ser assassinada, ela se suicidou. Todavia, tal suicídio não foi cometido em toda parte; os países anglo-saxões e alguns outros resistiram; veremos em breve se será possível conservar, num mundo transformado e sob nova forma, essa liberdade sem a qual quem quer que a tenha conhecido não

desejaria viver.[5] Na segunda metade do século XIX e nos primórdios do século XX, ela foi quase ilimitada; como o capitalismo burguês não estava organizado do ponto de vista intelectual e artístico, as ideias e as formas de arte mais variadas, mais audazes e, por vezes, mais extravagantes encontravam protetores e recursos; as resistências só lhes dava publicidade, e o único perigo que as ameaçava era a indiferença. Na produção literária, a liberdade individual de formas e de expressões, favorecida pela variedade quase anárquica de crenças e de influências, é tanta que é difícil classificar as obras de acordo com seu estilo e suas tendências. Entretanto, podem-se destacar alguns desenvolvimentos particularmente importantes, que se esboçam, entre os países de língua românica, mais nitidamente na França.

4) As formas da poesia lírica abundam; imitam-se as de todos os tempos e povos, e inventam-se formas novas, mais livres. É quase sempre na França que se proclamam mais alto reformas ou mesmo revoluções em matéria de versificação; entretanto, cumpre não levá-las muito ao pé da letra; no fundo, os franceses, mesmo os mais revolucionários, são muito conservadores no que respeita à língua e ao verso; muitas poesias radicalmente novas quanto ao seu conteúdo e ao seu espírito foram compostas na forma do verso clássico e tradicional; o grande verso clássico de doze sílabas, o alexandrino, conservou sua posição dominante. Foi uma revolução quando Victor Hugo introduziu algumas nuanças novas, a licença de deslocar a cesura e a de fazer coincidir o fim do verso com um corte sintático

5 Escrito em 1943. [N.A.]

(*enjambement*). Mas o que se transformou inteiramente foi a linguagem da poesia lírica, o arsenal de comparações, imagens e metáforas, herança do petrarquismo; todo esse tesouro afundou com a antiga sociedade europeia, por volta de 1800. Encontram-se restos dele em alguns românticos, mas no conjunto é com estes que se forma uma nova linguagem poética: mais pessoal, mais imediata, mais pitoresca, com paisagens muito mais variadas, comparações mais familiares e mais atuais. Os românticos eram quase todos poetas dos sentimentos da alma individual, sentimentos que cantavam em longas melodias, umas vezes serenas, outras entusiastas, o mais das vezes lamentosas e melancólicas, entremeadas de suspiros, de gritos, de apóstrofes, sempre sonoros; eles buscavam provocar um longo eco na alma do leitor, fazê-la mergulhar na vaga dos sentimentos, dos sonhos, dos entusiasmos e dos desesperos sem limites; mesmo seus poemas de tema épico ou filosófico são efusões sonoras da alma. Por volta dos meados do século, uma reação se declara; alguns poetas, desgostosos das efusões e das vagas de sentimentos, experimentam a necessidade de uma beleza mais severa, mais objetiva e mais precisa; cultivam a pintura exata das sensações, preferindo as sensações majestosamente calmas ou selvagens, que não oferecem nenhuma oportunidade de manifestação às efusões pessoais. O culto da sensação pitoresca ou exótica já havia sido preparado por Victor Hugo e alguns outros românticos, mas ele assume agora uma atitude de impassibilidade fria que se opõe ao Romantismo; é a escola que se chama de Parnasianismo e cujo mestre foi Leconte de Lisle, poeta admirável no quadro assaz limitado de sua arte. Ao mesmo tempo, e em íntima relação com o movimento dos parnasianos, o culto da sensação evolui de outra maneira bem mais interessante; alguns poetas, experimentando sensações até então desconhecidas ou pelo menos não expressas, sugeridas amiúde pelo tédio da civilização moderna e por seu sentimento de expatriação no seio dela, e não encontrando mais, nas formas usuais de linguagem poética, instrumentos capazes de satisfazer sua vontade de expressão, começavam a modificar profundamente a função da palavra em poesia. Essa função é dupla, e o foi em todos os tempos: em poesia, a palavra não é somente o instrumento da compreensão racional, tem outrossim o

poder de evocar sensações. A função evocativa da palavra (que, de resto, é inerente à linguagem e se mantém inclusive, em certo grau, no falar de todos os dias) tinha sido muito negligenciada ou utilizada apenas de maneira ornamental e exterior no século XVIII: o racionalismo elegante dessa época só apreciava, em poesia, aquilo que a razão pudesse facilmente apreender e analisar. Mesmo os românticos, embora dando muito mais valor evocativo à palavra poética, mantiveram o caráter essencialmente racional do enunciado, de sorte que a expressão, mesmo a de sentimentos vagos e de efusões do coração, permanecia acessível à compreensão intelectual. Mas em alguns poetas da segunda metade do século XIX, os simbolistas, a função evocativa da palavra passa ao primeiro plano, e seu papel como instrumento de compreensão intelectual se torna problemático e por vezes nulo. Essa modificação radical da função da palavra em favor de sua capacidade evocativa e mágica apresenta alguns exemplos, mesmo nos tempos modernos (basta lembrar Góngora, ver p. 277); entretanto, contemporânea das atividades econômicas, científicas e técnicas da civilização burguesa, a poesia dos simbolistas é um fenômeno notável e mesmo paradoxal. O criador do Simbolismo foi um contemporâneo de Leconte de Lisle, Charles Baudelaire (1821-67); os poetas mais célebres entre seus sucessores são Stéphane Mallarmé (1842-98), Paul Verlaine (1844-96) e Arthur Rimbaud (1854-91). Fundando-se na exploração imediata das sensações e das visões que a imaginação delas pode tirar, os simbolistas alargaram em muito o quadro das sensações que a poesia pode traduzir; descobriram sensações que eram desconhecidas, subconscientes, ou que pareciam feias, vulgares, inadmissíveis em poesia; descobriram correspondências entre as impressões provocadas pelos diferentes sentidos; alcançaram exprimir, dessa maneira, visões eminentemente sugestivas, que revelam estados de alma de uma realidade surpreendente; e a angústia moral que aparece ou que se oculta em seus versos mais belos, conquanto se apresente de maneira assaz peculiar em cada um deles, fornece muitos sintomas da patologia de uma época cuja brilhante civilização contém os germes de uma crise gigantesca. A incompreensibilidade aparente de muitos de seus versos, suas imagens surpreendentes, sua atitude esotérica, desdenhosa perante o grande público, por vezes brutalmente revolucionária, o culto do vício que alguns deles alardeavam, chocaram a burguesia contemporânea, que se manteve indiferente ou hostil em relação a eles; todavia, a elite da geração seguinte, daquela que nasceu entre 1870 e 1900, se entregou inteiramente ao seu encanto, não apenas na França, mas também no estrangeiro, particularmente na Alemanha; a poesia moderna se baseia em suas formas de expressão e em suas concepções estéticas.

5) A conquista literária que me parece mais importante e mais fértil no século XIX é a da realidade cotidiana, cuja forma mais difundida foi a do romance (ou do conto) realista; os efeitos dessa conquista se fazem igualmente sentir, porém, no teatro, no cinema e mesmo na poesia lírica. Enquanto o romance histórico é uma criação original e essencialmente romântica, o romance realista foi criado

na França por alguns escritores que, conquanto fossem contemporâneos dos românticos, se distinguiam claramente deles: Stendhal (cujo verdadeiro nome era Henri Beyle, 1783-1842) e Honoré de Balzac (1799-1850). O princípio estético que está na base do Realismo moderno já tinha sido proclamado por Victor Hugo e seu grupo, por volta de 1830, um pouco antes da publicação dos primeiros romances realistas: é o princípio da mistura dos gêneros, que permite tratar de maneira séria e mesmo trágica a realidade cotidiana, em toda a extensão de seus problemas humanos, sociais, políticos, econômicos, psicológicos; princípio que a estética clássica condenava, separando claramente o estilo elevado e o conceito do trágico de todo contato com a realidade ordinária da vida presente, não admitindo sequer nos gêneros médios (comédia de pessoas de bem, máximas, caracteres etc.) a pintura da vida cotidiana, a não ser numa forma limitada pela conveniência, pela generalização e pelo moralismo. Victor Hugo declarou guerra aberta a toda a estética clássica; concebeu, porém, a ideia da mistura dos gêneros numa forma muito superficialmente teatral, muito pouco conforme à realidade do século XIX: disse que cumpria misturar o sublime e o grotesco; vê-se, por seus próprios termos, que ele visava mais a uma poetização romanesca que à realidade da vida. O verdadeiro criador do romance realista moderno foi Stendhal, com seu romance *O vermelho e o negro* (1831); quase ao mesmo tempo apareceram os primeiros volumes da *Comédia humana* de Balzac, que se propôs a traçar nela um quadro de conjunto de toda a vida contemporânea. Basta comparar algumas páginas de Stendhal ou de Balzac com qualquer obra realista anterior (Molière, Furetière, Lesage, o abade Prévost, Diderot) para comprovar que a vida política, econômica e social entrou na literatura, em toda a sua extensão e com todos os seus problemas, somente a partir de Stendhal e Balzac; e trata-se da vida contemporânea e atual, considerada não na forma generalizadora e estática dos moralistas, mas como um conjunto de fenômenos apresentados com suas causas profundas, sua interdependência, seu dinamismo; comprova-se, outrossim, que quaisquer pessoas, sem distinção de posição social, podem desempenhar um papel trágico, e que não é preciso um meio nobre, real ou heroico para a cena de uma ação trágica. Foram portanto eles que realizaram pela primeira vez na França (pode-se mesmo dizer, com algumas restrições, na Europa) a mistura de gêneros em sua forma moderna. Essa mistura, chamada comumente de Realismo, me parece a forma mais importante e a mais eficaz da literatura moderna; acompanhando de perto as rápidas transformações de nossa vida, abrangendo cada vez mais a totalidade da vida dos homens sobre a Terra, permite-lhes ter uma visão de conjunto da realidade concreta na qual vivem e lhes dá a consciência do que eles são aqui. Os escritores franceses ocuparam por longo tempo o primeiro lugar no movimento realista; Gustave Flaubert (1821-80) deu, em várias de suas obras, sobretudo em seu romance *Madame Bovary*, uma análise magistral da pequena burguesia, e Émile Zola (1840-1902) introduziu os métodos do materialismo biológico na série de romances que descrevem "a história natural" de uma família contemporânea, os Rougon-Macquart. A partir

da segunda parte do século XIX, escritores escandinavos, e sobretudo os grandes escritores russos, exerceram uma profunda influência sobre o Realismo moderno, que se desenvolveu vigorosamente em todos os países, notadamente na Alemanha e nos países anglo-saxões. Ele teve muito maior repercussão entre o grande público que a arte dos simbolistas, o que provocou uma produção em massa no que toca ao romance, ao teatro e ao cinema realistas; isso constituiu e constitui sempre um perigo tanto mais que o público, ou antes o povo, não recusará espontaneamente as falsificações adocicadas, trivialmente romanescas ou tolamente simplificadas da realidade.

6) Pelo fim da época de que falamos, os dois polos da civilização moral do século XIX, o subjetivismo extremo das elites e o coletivismo nascente das massas, traem uma tendência a se aproximar um do outro. Podem-se citar

vários sintomas dessa aproximação, por exemplo o fato de alguns escritores, cujos começos e cuja estrutura mental foram clara e mesmo extremamente individualistas, se voltarem para a ideia da coletividade, abraçando ou a mística nacionalista ou o comunismo (citemos, na França, Barrès e Gide). A aproximação dos dois polos se observa também num desenvolvimento assaz interessante do Realismo. O subjetivismo se introduziu, como é muito natural (e já na tradição stendhaliana) na arte realista; produziu obras que davam imagens muito pessoais da vida humana, por vezes estranhas; elas consideravam e agrupavam os homens e os fatos de maneira insólita e imprevista, davam deles uma análise sociológica ou psicológica de acordo com um ponto de vista particular, iluminavam fenômenos anteriormente desapercebidos ou negligenciados. Esse desenvolvimento, favorecido por algumas tendências da filosofia moderna, acarretava uma desintegração da concepção da realidade; deixava-se de considerá-la objetiva e una e passava-se a compreendê-la cada vez mais como uma função da consciência, de sorte que a noção de uma realidade objetiva, comum a todos, era substituída pela de realidades diferentes segundo a consciência dos indivíduos ou dos grupos que a contemplavam, os quais mudavam, por sua vez, em função de seu humor ou de sua situação, modificando-se, assim, em sua maneira de ver os fenômenos da realidade. A realidade una e indivisível era substituída, pois, por diferentes camadas da realidade, vale dizer, um perspectivismo consciente; autores modernos nos mostraram, em lugar de um quadro objetivo do fenômeno A, o fenômeno A tal como se apresenta na consciência da personagem B num certo momento, desobrigados de nos apresentar uma visão diferente de A, fosse na consciência da personagem C, fosse na consciência da própria personagem B em outro instante de sua vida. O primeiro escritor a aplicar de maneira metódica e sustentada a concepção do mundo como função da consciência foi o romancista francês Marcel Proust (1871-1922), na série de romances que intitulou de *Em busca do tempo perdido*. Outros escritores, na Europa e nos Estados Unidos, seguiram o mesmo caminho, embora encontrando, por vezes, formas de perspectivismo bastante diferentes das de Proust. Ora, o alargamento de nosso horizonte, que teve início no século XVI e que progride em ritmo cada vez mais rápido, desvendando aos nossos olhos uma massa sempre crescente de fenômenos, de formas de vida e de atividades coexistences, impõe-nos o perspectivismo, por subjetivista que ele seja em suas origens, como o método mais eficaz para alcançar uma síntese concreta do universo em que vivemos — esse universo que é, como disse Proust, verdadeiro para todos e dessemelhante para cada um. O cinema, cuja técnica permite dar-nos, em alguns instantes, toda uma série de imagens que constituem um conjunto simultâneo de fenômenos ligados ao mesmo tema, forneceu ao perspectivismo um dos novos meios de expressão, conformes à realidade múltipla de nossa vida. A arte da palavra não pode obter resultados iguais; mas, se ela é incapaz de levar o perspectivismo dos fenômenos exteriores tão longe quanto o cinema, é, no entanto, a única capaz de exprimir um perspectivismo histórico da consciência humana e de reconstruir, dessarte, sua unidade.

POSFÁCIO

FILOLOGIA ROMÂNICA EM ISTAMBUL

MARCUS MAZZARI

As raízes da romanística de língua alemã remontam ao movimento romântico, com seu entusiasmo pelas manifestações do que se chamava então "espírito dos povos". Dante e Petrarca, Cervantes e Calderón são cultuados por Herder, August e Friedrich Schlegel, E. T. A. Hoffmann e tantos outros, como Ludwig Tieck, que escreve ainda uma novela sobre Camões (*A morte do poeta*). E começam também a surgir, a partir de 1821, os trabalhos notáveis de Friedrich Christian Diez (1794-1876), entre os quais dois livros sobre trovadores occitânicos dos séculos XII e XIII (seu interesse por essa literatura nasce de um encontro com Goethe), um estudo sobre as origens da poesia cortesã em Portugal, assim como uma gramática e um dicionário etimológico das línguas neolatinas. Com essas publicações inaugura-se uma disciplina filológica que no século XX receberá extraordinárias contribuições de nomes como Karl Vossler, Victor Klemperer, Ernst Robert Curtius, Leo Spitzer,

Hugo Friedrich ou ainda Erich Auerbach (1892-1957), autor do extraordinário *Mimesis*, em que textos latinos, franceses, italianos e espanhóis estão presentes em dezessete dos vinte capítulos que acompanham a "realidade representada na literatura ocidental" (como diz o subtítulo) ao longo de três milênios.

Além de *Mimesis*, Auerbach deixou-nos vários outros trabalhos, como os célebres ensaios "*Sermo humilis*" e "Figura", estudos luminares de filologia românica, conforme se denomina na França a disciplina fundada no país vizinho por Diez, mas também o compêndio de caráter mais didático que se apresenta aqui ao leitor brasileiro em nova edição. Redigido originalmente em francês e publicado na Turquia em 1943, o presente livro (*Introduction aux études de philologie romane*) destinava-se em primeiro lugar a estudantes de Letras na Universidade de Istambul (a tradução turca, *Roman Filojisine Giriş*, aparece no ano seguinte) e veio substituir uma apostila que cumpria a mesma finalidade e fora elaborada por Leo Spitzer, seu antecessor no exílio e na docência em Istambul.[1]

Ainda que a língua e a literatura francesa fiquem com a "parte do leão" neste compêndio sinótico, é a um italiano que talvez se possa atribuir a posição central no vastíssimo material trabalhado por Auerbach. Trata-se de Dante Alighieri, autor não apenas da maior criação poética de toda a Idade Média, mas também de uma obra teórica que o destaca como grande precursor dos estudos de filologia românica. Dante escreveu *De vulgari eloquen-*

1 Pela segunda vez Auerbach assumia uma cadeira ocupada antes por Leo Spitzer, supervisor de sua livre-docência (1929) sobre Dante Alighieri. A primeira se deu em 1930 na Universidade de Marburg, após a transferência de Spitzer para a Universidade de Colônia, onde funda em 1932 o Instituto Português-brasileiro, importante centro da lusitanística alemã.

tia em latim, já que queria levar a eruditos de outras partes da Europa suas reflexões sobre a situação literária e linguística contemporânea. Discorrendo sobre a origem e constituição de três línguas vulgares (*lingua d'oc*, ou provençal, *lingua d'oïl*, da qual resulta o francês moderno, e, sobretudo, o próprio idioma natal, a *lingua del sì*, com seus catorze dialetos); discorrendo ainda sobre gêneros e temas literários, sobre os trovadores e a incipiente poesia italiana, o tratado dantesco enfoca um momento linguístico-literário que, pode-se dizer, constitui a articulação fundamental do livro de Auerbach. Pois se esse momento se caracteriza, sobretudo, pelo esforço das línguas vulgares em conquistar dignidade poética e alçar-se ao mesmo patamar do idioma de Virgílio, assinale-se que o teórico alemão abre a parte literária desta introdução tão somente após ter percorrido a origem e o desenvolvimento dos vernáculos na România ("a península Ibérica, a França, uma parte da Bélgica, o oeste e o sul dos países alpinos, a Itália com suas ilhas e, por fim, a Romênia") até alcançar esse ponto em que poetas — em primeiro lugar Dante, mas também os autores da *Canção de Rolando* e do *Cantar del mio Cid* — passam a valer-se de suas línguas maternas como meio de expressão artística. Desse modo, a constelação linguístico-literária enfocada por Dante em *De vulgari eloquentia* pode ser vista como uma espécie de divisor de águas do presente estudo de Auerbach.

O assunto destas páginas é, como se percebe, não só dos mais vastos como também sobremaneira complexo e nuançado. A exposição, todavia, se destaca pela clareza e pela objetividade, proporcionando-nos uma visão bastante concreta de fenômenos lexicais, fonéticos, morfológicos e sintáticos no âmbito das línguas românicas, especialmente da francesa. Também a história do latim vulgar nos é apresentada de maneira extraordinariamente vívida, desde suas origens a partir do latim clássico até o esboroamento definitivo de sua unidade entre os séculos VI e VII, quando passa a ser absorvido com mais intensidade pelos falares regionais — ou as chamadas "línguas de substrato", como o catalão, o castelhano (para não dizer já "espanhol"), o francês, o italiano, o português, o provençal etc.

O estudo comparado das línguas românicas, assinala Auerbach, constitui a fonte mais rica para o conhecimento do latim vulgar, demonstrando-nos concretamente a procedência desse postulado em diversos momentos do estudo. Não menos elucidativa configura-se sua abordagem das relações entre o latim vulgar e o clássico, ou seja, a língua de Cícero e Virgílio. O autor nos mostra aqui como o latim clássico, com seu complexo sistema flexional baseado em seis casos (nominativo, acusativo, genitivo, dativo, vocativo, ablativo), prestava-se de maneira excelente, abstraindo-se de seu uso literário, a uma elite que tinha também a incumbência de organizar e sistematizar a administração do vasto Império Romano. Com o declínio deste e a ascensão paulatina do latim vulgar, o intrincado sistema flexional clássico (de resto extremamente difícil para o povo) começa a perder-se e, cada vez mais, vai cedendo terreno a uma tendência linguística para a apresentação concreta e plástica dos fenômenos. Daí advém o emprego generalizado de preposições (também uma característica das línguas românicas), que substituem o quadro flexional mais abstrato do latim clássico, cuja

> ordem e suas relações interessavam menos às pessoas que viviam uma vida limitada e cotidiana, e cujo horizonte não abrangia mais, após a decadência e a queda do império, nem a Terra inteira, no sentido geográfico, nem o universo dos conhecimentos humanos. [p. 132]

Debruçando-se ainda sobre a predileção do latim vulgar e das línguas românicas, em seus estágios iniciais, por construções coordenadas mais simples, Auerbach demonstra-nos com admirável clareza os estreitos vínculos entre a estrutura de uma língua e as efetivas condições de vida de seus falantes.

Vale ressaltar igualmente a relevância que o autor atribui a desdobramentos históricos na formação das línguas românicas. Sobressai-se aqui o capítulo sobre as invasões bárbaras (que a língua alemã chama de "migração dos povos", *Völkerwanderung*), desencadeadas por volta de 375 dC com a incursão dos hunos rumo à Europa ocidental. Abre-se grande espaço aos deslocamentos dos vândalos (que, segundo certas tradições, teriam se estabelecido na Andaluzia, designada então com um "v" inicial), visigodos, burgundos, saxões, lombardos e outros povos, especialmente os francos, "grande povo germânico" cuja língua, o frâncico, foi a que mais palavras forneceu ao francês (mas também aos demais falares da România), atrás apenas do latim.

Este estudo de Auerbach se destaca ainda por outras explanações de imenso interesse, como a referente aos dois surtos de “latinização” experimentados pelas línguas românicas, o segundo deles no período em que elas conquistam autonomia literária e se veem diante da necessidade de enriquecer seu vocabulário, o que as faz recorrer amplamente ao latim; ou quando se enfoca a influência que a presença árabe na península Ibérica, entre o início do século VIII até o final da Reconquista em 1492, exerceu sobre a formação do castelhano, do catalão e, ainda, do português, a “última flor do Lácio” na conhecida metáfora parnasiana.

*

Contudo, se os influxos da história sobre a constituição das línguas românicas são apontados com admirável percuciência por Auerbach, será que as vicissitudes políticas de seu próprio tempo, que o levaram a exilar-se em Istambul, transparecem em algum momento deste estudo filológico? Quando o autor observa, no capítulo sobre a colonização romana, que “o termo ‘povo romano’ não é um conceito racial” ou que a expansão de Roma se deveu muito mais a injunções políticas do que ao objetivo explícito de dominar o mundo, o leitor é levado forçosamente a pensar nos fundamentos raciais e imperialistas do nacional-socialismo, cujos crimes só começariam a ser avaliados em toda sua extensão dois anos mais tarde. Nessa mesma perspectiva deve-se entender a observação sobre a flexibilidade com que os romanos souberam adaptar-se às tradições dos povos submetidos, por exemplo, na medida em que buscaram aproximar os deuses locais a

Júpiter, Mercúrio, Vênus etc.; ou ainda as considerações sobre as guerras romanas, que teriam sido em primeiro lugar, sobretudo aquelas empreendidas contra as tribos germânicas, defensivas — e mesmo a guerra "ofensiva não era, por sua vez, senão uma defesa preventiva".

Também como contraste à situação política que reinava em seu país natal, onde muito provavelmente teria sido enviado a um campo de extermínio se não tivesse fugido para a Turquia,[2] assoma a imagem da Inglaterra esboçada no trecho que aborda o século XVIII na França, em particular a produção intelectual assim como a atuação de Voltaire, impelido em certo momento de sua vida a buscar refúgio no país anglo-saxão que

> por essa época, começava a tornar-se o que continuou a ser desde então: uma monarquia constitucional cujos habitantes desfrutavam de grande liberdade [...] trabalhando em comum na base de uma tolerância quase completa.

A mesma visão se reitera algumas páginas adiante, quando Auerbach associa o extraordinário florescimento que a literatura experimentou no século XIX (é preciso ter em mente que a produção romanesca que leva de Stendhal e Balzac a Émile Zola aparece em *Mimesis* como o momento culminante do realismo ocidental) a uma liberdade de

2 Desse destino escapou por pouco o romanista Victor Klemperer (1881-1960), conforme o relato que faz em seus diários, publicados sob o título *Ich will Zeugnis ablegen bis zum letzten* [Quero prestar testemunho até o fim]. Na noite de 13 para 14 de fevereiro de 1945, três dias antes da deportação prevista, o devastador ataque aéreo que ingleses e americanos lançam sobre Dresden destrói a "casa de judeus" em que Klemperer se encontrava detido, possibilitando-lhe a fuga.

No Brasil, essa obra foi publicada sob o título *Os diários de Victor Klemperer: Testemunho clandestino de um judeu na Alemanha nazista 1933-1945*, trad. Irene Aron. São Paulo: Companhia das Letras, 1999.

pensamento e palavra que jamais se desenvolvera com tamanha pujança e sob tão ampla base. E se as garantias de tolerância e livre expressão foram violentamente suprimidas em "alguns" países europeus (*dans quelques pays européens*), em outros, sobretudo os anglo-saxões, foi possível resistir às tendências totalitaristas e defender a liberdade sem a qual "quem quer que a tenha conhecido não desejaria viver", arremata Auerbach puxando a única nota de rodapé da edição original: "*Ecrit en 1943*".

E quanto ao país que o acolheu enquanto refugiado, será que Auerbach também pôde relacionar as explanações filológicas desenvolvidas nesta *Introduction* a aspectos da realidade turca? No capítulo sobre o latim vulgar, discorrendo sobre o significado da dimensão temporal nas transformações sofridas por toda língua, o autor oferece aos seus estudantes um exemplo que lhes devia ser bastante palpável, ou seja, a situação linguística dos judeus espanhóis que se refugiaram na Turquia após sua expulsão pelos reis católicos Fernando II e Isabel I no final do século XV. Esses judeus continuaram, ao longo dos séculos subsequentes, a falar o espanhol; interrompido, porém, o contato efetivo com o país de origem, sua língua evoluiu de maneira muito particular, conservando arcaísmos que já haviam desaparecido na península Ibérica e, desse modo, abrindo aos estudiosos a possibilidade de reconstruir o "estado linguístico do espanhol no século XV". Além disso, podemos especular se os próprios estudantes turcos não eram levados a contrastar o processo secular em que se dão as transformações linguísticas, tal como demonstrado amplamente por Auerbach à luz do latim e dos falares românicos, com a reforma, tão fulminante quanto radical, a que Mustafa Kemal Atatürk (1881-1938) submetera o idioma turco, que a partir de um decreto promulgado em 1928 passa a valer-se do alfabeto latino em substituição ao árabe.

Sabemos, no entanto, que Auerbach nutria simpatias pelo criador da moderna e laica República turca, e numa carta enviada a Walter Benjamin em janeiro de 1937 — num momento, portanto, em que Atatürk ainda era vivo — encontra-se a seguinte observação:

> O *grand chef* é um autocrata simpático, inteligente, generoso e espirituoso, totalmente diferente de seus colegas europeus, isto é, na medida em que converteu esse país num Estado propriamente dito e também na medida em que ele é absolutamente despojado de retórica.

E alguns parágrafos adiante:

> A reforma linguística, ao mesmo tempo fantasticamente arcaico-turca (libertação do influxo árabe e persa) e técnico-moderna, faz que nenhuma pessoa com menos de 25 anos de idade possa ler qualquer texto religioso, literário ou filosófico que tenha sido escrito há mais de dez anos e também que, sob injunções da escrita latina introduzida há poucos anos, a peculiaridade da língua se deteriore rapidamente.[3]

3 Em "5 Briefe Erich Auerbachs an Walter Benjamin in Paris", publicado por Karlheinz Barck em *Zeitschrift für Germanistik* 6, 1988, citação à página 691.

Como sabido, numa carta anterior (23 de setembro de 1935) Auerbach escrevia a Benjamin que pensara indicar seu nome para uma cátedra de literatura alemã na então recém-fundada Universidade de São Paulo.

As cartas de Auerbach a Walter Benjamin foram traduzidas por Luiz Costa Lima e estão publicadas na revista *34 Letras* (n. 5-6, set. 1989, pp. 60-80).

*

Contudo, se a partir das considerações de Auerbach sobre a história do latim e das línguas românicas pode-se estabelecer uma relação com o contexto cultural e social do país que o acolheu em sua fuga perante o nacional-socialismo, do ponto de vista literário seria possível esboçar algumas aproximações entre este compêndio e *Mimesis*, o principal fruto intelectual de seus anos em Istambul e uma das maiores obras da teoria literária e da literatura comparada de todos os tempos.

Como sabido, o fio que alinhava os vinte capítulos voltados à "realidade representada na literatura ocidental", citando novamente o subtítulo, consiste na doutrina da separação e da mescla de estilos (*Stiltrennung* e *Stilmischung*). A percepção desse princípio estilístico possibilitou a Auerbach conferir ao seu estudo, desenvolvido sob um arco temporal que se estende das epopeias homéricas e das histórias do Antigo Testamento até romances de Virginia Woolf e Marcel Proust, um ponto de fuga que falta a muitas obras historiográficas de caráter mais enciclopédico, como a monumental *História da literatura ocidental*, de Otto Maria Carpeaux.

No quadro teórico desenvolvido em *Mimesis*, mas que já se esboça *in nuce* na *Introduction*, o advento do cristianismo teria criado os pressupostos para superar a regra da separação estilística que vigorava nos grandes trágicos gregos, cujos heróis e heroínas provêm das mais elevadas esferas, como Édipo, Antígona ou Fedra. O cristianismo, porém, ao fundir o mais sublime com o mais humilde (o nascimento do filho de Deus numa manjedoura), abre caminho a uma literatura que, ao longo de toda a Idade Média, voltou as costas àquela regra fundamental da Antiguidade grega. No entanto, por falta de interesse na vida terrena e histórica, a literatura cristã não pôde gerar um realismo propriamente dito, isto é, norteado pela intenção de dispensar tratamento sério ao cotidiano. Essa possibilidade se delineia, paradoxalmente, com a grande epopeia da cristandade (a *Comédia*, impregnada da paixão de Dante pela vida política e secular) e, dois séculos mais tarde, ganha novo impulso após o enfraquecimento das concepções cristãs enquanto explicação universal dos desdobramentos históricos — em termos de história literária, após o realismo criatural de Rabelais e, sobretudo, depois das reflexões de Montaigne sobre a *humaine condition*, para citar esses dois nomes franceses tão caros a Auerbach. Todavia, é nesse momento favorável à constituição de procedimentos miméticos voltados à realidade mundana que a recepção humanista da tradição cultural clássico-antiga recupera a mencionada regra da separação estilística, que experimenta então o seu apogeu durante o classicismo francês, mais exatamente com Pierre Corneille e Jean Racine. Como já ocorrera dois milênios antes nas obras de Ésquilo, Sófocles ou Eurípedes, os grandes destinos trágicos e sublimes voltam a ser atribuídos apenas a personagens aristocráticas ou que se situam no topo da escala social, como se poderia ilustrar com os seguintes versos de Corneille, que Raul Pompeia incorporou ao seu romance *O ateneu* com nítida intenção crítica: *Et comme il voit en nous des âmes peu communes / Hors de l'ordre commun il nous fait des fortunes.*[4]

4 "E como ele vê em nós almas pouco comuns / Fora da ordem comum ele nos faz os destinos." Os versos pertencem à tragédia *Horace* (3ª cena do 2º ato). Na tradução de Jenny Klabin Segall, que procura preservar o esquema rímico e rítmico dos alexandrinos de Corneille: "E como vê em nós ânimos invulgares,/ Fora da ordem nos cria auspícios singulares".

Por razões simples de entender, Auerbach renunciou a desenvolver semelhantes reflexões neste compêndio introdutório; no entanto, podemos reconhecer nele alguns momentos fundamentais do arcabouço teórico construído em *Mimesis*. Assim é que, ao discorrer, no longo capítulo dedicado ao cristianismo, sobre as várias seitas que se propagavam na Palestina durante os últimos anos do imperador Tibério (14-37 dC), Auerbach refere-se à doutrina anunciada por Jesus de Nazaré como "ao mesmo tempo mística e simples, ou, como se exprimiam os pais da Igreja, ao mesmo tempo sublime e humilde". O autor empenha-se então em elucidar aos seus estudantes turcos o papel essencial que personagens como Paulo de Tarso e Simão Cefas, nome aramaico do apóstolo Pedro, desempenharam na difusão da fé cristã. Auerbach concentra assim, nesse segmento da *Introduction*, pensamentos que podemos encontrar nos capítulos iniciais de *Mimesis*, por exemplo, a referência ao impressionante "trabalho interpretativo" levado a cabo, nos primórdios do cristianismo, por Paulo, secundado depois pelos pais da Igreja (capítulo "A cicatriz de Ulisses"); ou, no capítulo subsequente ("Fortunata"), o extraordinário destaque conferido à história da negação de Pedro que, enquanto exemplo de uma "colossal oscilação pendular", é contrastada com um trecho do historiador romano Tácito e um fragmento do romance *Satíricon*, de Petrônio. Mas tal "oscilação pendular" (*Pendelausschlag*) se mostra, no pensamento de Auerbach, tributária justamente da mescla estilística, a qual é caracterizada no compêndio em contraposição à antiga regra da separação de estilos que presidia à tragédia grega:

> Ora, para os cristãos, o modelo do sublime e do trágico era a história de Jesus Cristo. Mas Jesus Cristo se tinha encarnado na pessoa do filho de um carpinteiro; sua vida sobre a terra se passara em meio à gente da mais baixa condição social, homens e mulheres do povo; sua Paixão tinha sido o que havia de mais humilhante; e precisamente nessa baixeza e humilhação consistia o sublime de sua personalidade e o Evangelho que ele e seus apóstolos haviam pregado. O sublime da religião cristã estava intimamente ligado à sua humildade, e essa mescla de sublime e humilde, ou melhor, essa nova concepção do sublime baseada na humildade, anima todas as partes da história santa e todas as legendas dos mártires e confessores. Por conseguinte, a arte cristã em geral, e a arte literária em particular, não tinham o que fazer da concepção antiga do sublime.[5]

Ainda no contexto da tradição cristã dos primeiros séculos se poderiam levantar outros pontos de contato entre os dois livros de Auerbach redigidos em Istambul. Mencionemos apenas a figura de Santo Agostinho, referido na *Introduction* como o maior gênio da Antiguidade tardia, ao qual remonta "toda a tradição europeia da introspecção espontânea, da investigação do eu", e que comparece no terceiro capítulo de *Mimesis* com um trecho de suas *Confissões*, analisado com admiráveis recursos estilísticos e

5 Reflexão semelhante encontra-se no sétimo capítulo de *Mimesis*, que se abre com a análise de um diálogo entre Adão e Eva extraído da peça natalina francesa do século XII *Mystère d'Adam*: "Na antiga teoria, o estilo de linguagem elevado e sublime chamava-se *sermo gravis* ou *sublimis*; o baixo, *sermo remissus* ou *humilis*; ambos deviam ficar rigorosamente separados. No cristianismo, ao contrário, ambos se encontram fundidos desde o início, especialmente na Encarnação e na Paixão de Cristo, em que tanto a *sublimitas* como a *humilitas* se concretizam e se unem no grau mais elevado".

hermenêuticos. A poderosa obra agostiniana desempenhou assim um papel fundamental para a constituição de uma nova imagem do ser humano, com consequências literárias que, ultrapassando em muito os limites da arte cristã *strictu sensu*, teriam se estendido, na visão de Auerbach, até Shakespeare assim como Cervantes e outros autores espanhóis do *Siglo de oro*.

Excetuando-se o capítulo inicial sobre Homero e o Antigo Testamento, depois sobre Shakespeare ("O príncipe cansado") e, por fim, sobre Schiller e Goethe ("O músico Miller"), *Mimesis* não apresenta nenhum outro capítulo que não permitiria estabelecer relações, à luz dos autores enfocados, com considerações tecidas no

presente compêndio. De maneira sumária e esquemática podemos mencionar, limitando-nos apenas a três obras da literatura medieval francesa que em *Mimesis* receberão ampla análise: *História dos francos*, escrita no final século VI pelo bispo Grégoire de Tours e que, segundo nos ensina Auerbach, revela as formas da língua falada; a anônima *Canção de Rolando*, caracterizada como "o monumento literário mais popular da Idade Média francesa"; *Yvain*, de Chrétien de Troyes, exemplo modelar do "romance cortês", gênero que floresceu no século XII e elucidado aqui, assim como a canção de gesta criada em torno de figuras como Rolando e Carlos Magno, em seus traços essenciais.

Porém, com todas as relações que se possam estabelecer entre *Mimesis* e o compêndio, o objetivo deste é evidentemente bem mais modesto: passar aos estudantes de Letras de um modo geral (e, em primeiro lugar, aos que frequentavam os cursos da Universidade de Istambul) uma visão panorâmica das línguas, das literaturas e, em extensão menor, da história dos povos românicos. Por outro lado, esse panorama abre espaço a autores — sobretudo líricos, como François Villon, Francesco Petrarca ou Jorge Manrique — que mal puderam ser mencionados no estudo sobre a "realidade representada".

As literaturas de que provêm os três grandes poetas citados são as que mais espaço recebem neste compêndio, conferindo-lhe também a estrutura sinótica. A portuguesa, infelizmente, não é contemplada senão com algumas referências a Camões, autor da "mais bela epopeia da península Ibérica [...] a grande epopeia do oceano, que conta a viagem de Vasco da Gama ao redor da África e a colonização portuguesa das Índias". (No tocante ao tratamento literário do cristianismo, em particular do plano divino da salvação, quão fecundo teria sido a Auerbach — podemos especular como leitores brasileiros — conhecer os autos de Anchieta ou os sermões de Vieira, para lembrar esses dois nomes de uma literatura que afinal pertence igualmente à tradição românica.)

Mas também outras lacunas ou pontos questionáveis poderiam ser apontados no panorama histórico-literário que Auerbach constrói tomando por balizas a Idade Média, a Renascença e o período designado como "tempos modernos", com destaque ao Classicismo e ao Romantismo. Quem já leu alguma das grandes peças de Calderón de la Barca, fonte das mais ricas para o estudo da técnica alegórica, acolherá talvez com certa reserva o patamar inferior ("menos vigoroso e menos completo") que lhe é atribuído na comparação com Lope de Vega. E, para outros leitores, seriam certamente muito bem-vindas explanações mais extensas sobre Giacomo Leopardi e Alessandro Manzoni, dada a proeminência com que suas obras, para Auerbach, se destacam na literatura italiana.

O segmento conclusivo do capítulo sobre as épocas literárias intitula-se "Panorama do século XIX", mas o leitor terá percebido que o enfoque recai exclusivamente sobre poetas e narradores franceses, fechando-se o panorama com o grande ciclo romanesco de Marcel Proust. Nesse contexto Auerbach postula, de maneira resumida, o que em *Mimesis* decorre das acuradas análises textuais empreendidas no penúltimo e no antepenúltimo capítulo: a possibilidade de tratamento sério da realidade cotidiana e histórica, a qual começa a delinear-se após a obra de Dante — "poeta do mundo terreno", para citar o título de outro estudo de Auerbach — e é suprimida pelo advento do Classicismo francês, irá concretizar-se apenas com Stendhal e Balzac, os verdadeiros criadores do realismo moderno. Subjaz a seus romances um processo de secularização e temporalização no qual a realidade passa a ser representada não mais enquanto expressão da criação divina, mas sim em sua imanência histórica, decorrente das ações e omissões do ser humano, cuja natureza também deixa de ser concebida como algo eterno e supratemporal.

Esse desenvolvimento teria alcançado então o seu apogeu, na visão que Auerbach nos apresenta em *Mimesis*, com Émile Zola, que "levou a sério a mistura de estilos", sendo "um dos pouquíssimos escritores do século que criaram sua obra a partir dos grandes problemas da época". Surpreendentemente, porém, o compêndio dedica ao autor de *Germinal* apenas algumas parcas palavras, um espaço ínfimo se comparado aos extensos e belos comentários dispensados a Rabelais, criador dos gigantes Pantagruel e Gargantua e, sobretudo, a Montaigne, por cujos *Ensaios* Auerbach já revela a imensa admiração que se desdobra com amplitude ainda maior no 12º capítulo de *Mimesis*. Seria inteiramente plausível afirmar que essa admiração se enraíza nas afinidades que o crítico literário terá sentido com os procedimentos mobilizados pelo filósofo de Périgord. Pois se este buscava aprofundar-se na particularidade de uma vida "baixa e sem lustro", como está dito no ensaio "Sobre o arrependimento", a fim de atingir a universalidade da *condition humaine*, a orientação estilístico-hermenêutica de Auerbach o faz concentrar-se num fragmento textual para ir construindo aos poucos uma compreensão cada vez mais ampla, até chegar às características gerais da época literária em que o fragmento se insere.[6]

A despeito, contudo, de toda a empatia e admiração que Auerbach efetivamente nutriu pelo ensaísta francês, seria legítimo afirmar que sua relação com Dante Alighieri se deu de maneira ainda mais forte e intensa.

6 Embora seja inteiramente procedente falar, em relação aos trabalhos de Auerbach, em hermenêutica e estilística, no "Epílogo" de *Mimesis* ele caracteriza os procedimentos mobilizados em seus vinte capítulos, de maneira bastante simples, como "método da interpretação de textos".

Já nesta *Introduction aux études de philologie romane* abre-se todo um subcapítulo para discorrer sobre o método da "explicação de textos". A leitura das considerações aqui desdobradas (citando nomes como o de Leo Spitzer ou Benedetto Croce) deixa claro que no fundo se trata da mesma "interpretação de textos" referida naquele "Epílogo" (e menos da *explication de texte*, de cunho mais didático e que se desenvolve na França nas primeiras décadas do século XX).

Em primeiro lugar, ele enxergava no autor do tratado *De vulgari eloquentia* o grande patrono dos estudos de filologia românica, conforme se exprime nesta *Introduction*, em que Dante figura como o nome mais citado.[7] Além disso, o "poeta do mundo terreno" ocupa com sua *Comédia* posição fulcral na concepção de mescla estilística e de realismo desenvolvida por Auerbach ao longo de sua obra — uma posição que só encontra paralelo no significado que o autor atribui ao moderno romance francês, conforme se explicita num texto de 1953, "Epilegomena a *Mimesis*", que em sua parte final aproxima esses dois campos temáticos.

E por fim há que se ressaltar, no plano pessoal, a profunda identificação de Auerbach com a experiência de exílio que coube ao florentino. Essa identificação vai tão longe que, numa carta que envia ao tradutor da *Comédia* Karl Vossler, Auerbach ilustra a própria situação de refugiado em Istambul com os célebres versos que, no 17º canto do *Paraíso*, Cacciaguida dirige a seu descendente Dante como profecia da dolorosa "flecha" que o "arco do exílio" estava prestes a desferir-lhe: *Tu proverai sí come sa*

7 Entre as várias referências a Dante, Auerbach destaca também – retomando o que foi assinalado no início deste posfácio – o seu papel pioneiro na história das línguas românicas. Pois se estas, seguindo o exemplo do latim vulgar, demonstraram durante muito tempo acentuada predileção por construções paratáticas ou de subordinação bastante simples, o advento da literatura dantesca durante o *Dolce Stil Nuovo* representa uma mudança de paradigma: "os primeiros períodos que dominam um conjunto de fatos são encontrados por volta de 1300, sobretudo nas obras de Dante". Uma admirável demonstração deste postulado se encontra no oitavo capítulo de *Mimesis*, "Farinata e Cavalcante", em que Auerbach, logo após parafrasear as tercinas do diálogo entre Dante e os dois condenados que dão título ao capítulo, observa: "Há aqui mais coisas concentradas do que em qualquer outra das passagens que abordamos até agora neste livro, e não apenas mais coisas, não apenas coisas mais graves e dramáticas num espaço tão estreito, mas também tudo é, em si, mais multifacetado".

di sale / lo pane altrui, e come è duro calle / lo scendere e 'l salir per l'altrui scale.[8]

Mas se Dante, como de certo modo se esboça na sequência do diálogo com Cacciaguida, saberia converter as adversidades no maior presente jamais ofertado ao povo italiano, aos leitores de Auerbach fica a convicção de que seu convívio com os grandes textos da literatura mundial, e em especial da tradição românica, possibilitou-lhe amenizar em muito a amargura do exílio.

8 Na tradução de Graça Moura: "Tu provarás assim sabor a sal / do alheio pão e como é duro mal / se desça escada alheia ou já se escale".
Datada de 10 de outubro de 1938, esta carta encontra-se reproduzida no volume que traz como título as palavras de Cacciaguida na tradução do próprio Vossler: *Und wirst erfahren wie das Brot der Fremde so salzig schmeckt. Erich Auerbachs Briefe an Karl Vossler, 1926-1948*, organizado por Martin Vialon (Warmbronn, 2007).

GUIA BIBLIOGRÁFICO

A lista de livros que vamos dar nas páginas subsequentes destina-se aos estudantes e aos principiantes em geral; contém sobretudo introduções e repertórios; será possível encontrar, nesses livros, bibliografias mais especializadas, que permitirão ao consulente aprofundar-se nos problemas que deseje; também se podem encontrar, nas indicações bibliográficas das obras de história literária, edições críticas dos diferentes autores. Para um estudo científico, é mister servir-se da melhor edição crítica que exista do autor em questão; esta será, em regra geral, a mais recente. Toda citação de um autor, de um livro de erudição ou de um artigo de revista deve vir acompanhada de uma nota ao pé de página, indicando exatamente o lugar em que ela foi encontrada (autor, título, edição, nome da revista, local e data da publicação, volume, página, número do canto e do verso etc.). Se se empregarem abreviações para citar títulos (por exemplo, ThLL para *Thesaurus linguae latinae*, ou R para a revista

România), cumpre dar delas uma lista alfabética; será melhor evitar a abreviação l. c. (lugar citado) para poupar ao leitor o trabalho por vezes longo e penoso de procurar a citação anterior; é preferível repetir brevemente o título.

O estudante terá necessidade amiúde de uma informação que não seja do domínio da filologia românica, por exemplo acerca de uma questão de história, de direito, de economia, de arte etc.; se não sabe onde encontrá-la, o melhor será consultar uma das grandes enciclopédias modernas (alemãs, inglesas, francesas, italianas); seus artigos são frequentemente excelentes e dão sempre indicações bibliográficas abundantes.

Nossa bibliografia se comporá de duas partes: uma para a linguística e outra para a literatura. No século XIX, tentou-se

repetidas vezes reunir essas duas partes da filologia românica numa só "enciclopédia". Citamos a última e mais importante dessas enciclopédias, da qual vários volumes são sempre muito valiosos: Gröber, Gustav (e colaboradores), *Grundriss der romanischen Philologie*. Estrasburgo, 1888 e ss.; vários volumes em segunda edição.

I. LINGUÍSTICA GERAL E METODOLOGIA LINGUÍSTICA

SAUSSURE, F. de. *Cours de linguistique générale*. Genebra, 1916; 3ª ed. Paris, 1931 (ed. espanhola, Buenos Aires, 1955) [ed. bras.: *Curso de linguística geral*, 29ª ed., trad. Antônio Chelini, José Paulo Paes e Izidoro Bilkstein. São Paulo: Cultrix, 2008].

MEILLET, A. *Introduction à l'étude comparative des langues européennes*. 7ª ed. Paris, 1935.

DEVOTO, G. *Origini indoeuropee*. Florença, 1962.

MEILLET, A. *Linguistique historique et linguistique générale*, 2 v. Paris, 1921, 1936.

BRUNOT, F. *La Pensée et la langue*. 3ª ed. Paris, 1936.

BALLY, Ch. *Linguistique générale et linguistique française*. 2ª ed. Berna, 1944.

GRAMMONT, M. *Traité de phonétique*. Paris, 1933.

WARTBURG, W. v. *Einführung in Problematik und Methodik der Sprachwissenschaft*. Halle, 1943 (ed. francesa: Paris, 1946; 2ª ed. Tübingen, 1962).

HOCKET, Ch. F. *A Course in Modern Linguistics*. Nova York, 1958.

Entre os livros que contribuíram para a formação da escola idealista (ver p. 30), citarei:

CROCE, Benedetto. *Estetica come scienza dell'espressione e linguistica generale*. Bari, 1ª ed. c. 1900; 3ª ed., 1909; atualmente 6ª ou 7ª ed. Traduzido para o alemão, o inglês, o francês.

VOSSLER, K. *Gesammelte Aufsätze zur Sprachphilosophie*. Munique, 1923.

________. *Geist und Kultur in der Sprache*. Heidelberg, 1925.

PORZIG, W. *Das Wunder der Sprache*. Berna, 1950; 2ª ed., 1957.
BORST, Arno. *Der Turmbau zu Babel*. vol. 1, Stuttgart, 1957-63.

II. DICIONÁRIOS

a) Latim

Thesaurus linguae latinae. Leipzig, desde 1900; em curso de publicação.
FORCELLINI-DE-VIT. *Totius latinitatis lexicon*. Prati, 1858-1875.

No tocante ao latim de documentos históricos da Idade Média:

DUCANGE, Ch. *Glossarium mediae et infimae latinitatis*, ed. L. Favre. 10 v. (o nono contém um glossário do francês arcaico). Graz, 1954 (cópia fototípica da edição Niort de 1883-1887. A primeira edição apareceu em fins do século XVII).
BLAISE, A. *Dictionnaire latin-français des auteurs chrétiens*. Estrasburgo, 1954.
SOUTER, A. *A Glossary of Later Latin*. Londres, 1949; 2ª ed., Oxford, 1957.
Mittellateinisches Wörterbuch bis zum ausgehenden 13. Jahrhundert, ed. *Bayerische Akademie der Wissenschaften e Deutsche Akademie der Wissenschaften zu Berlin*. Munique, em curso de publicação desde 1959.

b) Línguas românicas em geral

MEYER-LÜBKE, W. *Romanisches etymologisches Wörterb*. 3ª ed. Heidelberg, 1935.

c) Francês

1. Dicionários etimológicos

WARTBURG, W. v. *Französisches etymologisches Wörterbuch*. Bonn, mais tarde Leipzig e Berlim (a partir de 1944, Basileia), em curso de publicação desde 1928. Compreende todo o vocabulário galo-romano, inclusive os dialetos e o provençal.

GAMILLSCHEG, E. *Etymologisches Wörterbuch der französischen Sprache*. Heidelberg, 1928.

BLOCH, O. & W. von WARTBURG. *Dictionnaire étymologique de la langue française*, 3ª ed. refeita por W. v. W. Paris, 1960.

DAUZAT, Albert. *Dictionnaire étymologique de la langue française*. Paris, 1938; 7ª ed., revisada e ampliada, 1947.

2. DICIONÁRIOS GERAIS

Dictionnaire de l'Académie Française [1694], 8ª ed., 2 v. Paris, 1932-35.

LITTRÉ, E. *Dictionnaire de la langue française*. 7 v. Paris, 1956-58.

DARMESTETER, A. & A. HATZFELD, colaboração de A. Thomas. *Dictionnaire général de la langue française*. 2 v. Paris, 1895, 1900.

ROBERT, P. *Dictionnaire alphabétique et analogique de la langue française*. Paris, em curso de publicação desde 1951.

3. DICIONÁRIOS ESPECIAIS PARA CERTAS ÉPOCAS

GODEFROY, F. *Dictionnaire de l'ancienne langue française*. 10 v. Paris, 1881-1902.

TOBLER, A. & E. LOMMATZSCH. *Altfranzösisches Wörterbuch*. Berlim-Wiesbaden, em curso de publicação desde 1925.

GRANDSAIGNES D'HAUTERIVE. *Dictionnaire d'ancien français. Moyen âge et Renaissance*. Paris, 1947.

(Para o francês arcaico, podem-se usar também o pequeno glossário de L. Clédat, o *Wörterbuch* de Foerster-Breuer para as obras de Chrétien de Troyes, e glossários que se encontram na maioria das antologias citadas mais adiante, sob B.)

HUGHET, E. *Dictionnaire de la langue française du 16ᵉ siècle*. Paris, em curso de publicação desde 1925.

d) Provençal antigo

RAYNOUARD, M. *Lexique roman ou dictionnaire de la langue des Troubadours*. 6 v. Paris, 1838-44.

LEVY, E. *Provenzalisches Supplementwörterbuch*. Continuado por de Carl Appel. 8 v. Leipzig, 1894-1924.

_________. *Petit Dictionnaire provençal-français*. Heidelberg, 1909 (reimpr., 1961).

e) Italiano

1. DICIONÁRIO ETIMOLÓGICO

BATTISTI, C. & G. ALESSIO. *Dizionario etimologico italiano*, v. 1, Florença, 1950-57.

PRATI, A. *Vocabolario etimologico italiano*. Milão, 1951.

2. DICIONÁRIOS GERAIS

Vocabolario degli Accademici della Crusca. 5ª impressão. Florença, a partir de 1863.

TOMMASEO, Niccolò & B. BELLINI. *Dizionario della lingua italiana*. Nova edição. 6 v. Turim, 1929.

PETROCCHI, P. *Novo dizionario universale della lingua italiana*. Milão, I/II, 1894-1900.

BATTAGLIA, S. *Grande dizionario della lingua italiana*. Turim, a partir de 1961.

f) Espanhol

1. DICIONÁRIOS ETIMOLÓGICOS

COROMINAS, J. *Diccionario crítico etimológico de la lengua castellana*. 4 v. Berna, 1954.

GARCÍA DE DIEGO, V. *Diccionario etimológico español* e *hispánico*. Madri, 1954.

2. DICIONÁRIOS GERAIS

COVARRUBIAS. *Tesoro della lengua castellana*. Madri, 1611; reimp., Barcelona, 1943.

Diccionario de la lengua castellana compuesto por la Real Academia Española. Madri, 1ª ed., 1726-39; 14ª ed., 1914; 15ª ed., 1956.

g) Português

1. DICIONÁRIOS ETIMOLÓGICOS

NASCENTES, Antenor. *Dicionário etimológico da língua portuguesa*. 2 v. Rio de Janeiro, 1932-52.

AULETE, F. J. Caldas. *Dicionário contemporâneo de língua portuguesa*, 2ª ed., 2 v. Lisboa, 1925.

________. *Dicionário contemporâneo da língua portuguesa*, 5 v. Rio de Janeiro, 1958.

FIGUEIREDO, C. de. *Novo dicionário de língua portuguesa*, 5ª ed. Lisboa, 1939.

h) Catalão

Diccionari Català-Valencià-Balear, redactat de Antoni M. Alcover y Francesc de B. Moll. 10 v. Palma de Mallorca, 1930-62.

i) Romeno

1. DICIONÁRIOS ETIMOLÓGICOS

PUSCARIU, S. *Etymologisches Wörterbuch der rumänischen Sprache*. Heidelberg, 1905.

CIONARESCU, A. *Diccionario etimológico rumano*. La Laguna, em curso de publicação desde 1958.

2. DICIONÁRIOS GERAIS

Dictionarul limbii Romîne. 4 v. Bucareste, 1955-57.

Dictionarul limbii romîne moderne. Bucareste, 1958.

Dictionarul enciclopedic romîn. Bucareste, 1962-ss.

Dictionarul limbii romîne literare contemporane. Academia Republicii Populare Romîne, 1955.

k) Sardo

WAGNER, M. L. *Dizionario etimologico sardo*. Heidelberg, em curso de publicação desde 1957.

l) Reto-romano

Dicziunari rumantsch grischun, publicado pela Società Retorumantscha. Cuoira, em curso de publicação desde 1939.

m) Terminologia linguística

MAROUZEAU, J. *Lexique de la terminologie linguistique*. Paris, 1933.

HOFMANN, J. B. & H. RUBENBAUER. *Wörterbuch der grammatischen und metrischen Terminologie*. Heidelberg, 1950.

LÁZARO CARRETER, F. *Diccionario de términos filológicos*. Madri, 1953.

Sprachwissenschaftliches Wörterbuch, ed. Johann Knobloch. Heidelberg, em curso de publicação desde 1961.

III. GEOGRAFIA LINGUÍSTICA

GAMILLSCHEG, E. *Die Sprachgeographie und ihre Ergebnisse für die allgemeine Sprachwissenschaft*. Bielefeld e Leipzig, 1928.

JABERG, K. *Aspects géographiques du langage*. Paris, 1936.

DAUZAT, A. *La Géographie linguistique*. Nova edição. Paris, 1943.

COSERIU E. *La geografía lingüistica*. Montevidéu, 1956.

ALVAR, M. *Los nuevos atlas lingüísticos de la Romania*. Granada, 1961.

Os atlas linguísticos mais importantes, no tocante às línguas românicas, são os seguintes:

Atlas linguistique de la France, publicado por J. Gillíeron e E. Edmont. Paris, 1902-12.

Sprach-und Sachatlas Italiens und der Südschweiz, de K. Jaberg e J. Jud. Zofingen, 1928-ss.

Atlasul lingvistic Român, dir. Sextil Puscariu. Cluj, 1938-ss. (Ser. noua, 1956-ss)

GRIERA, A. *Atlas lingüistic de Catalunya*. Barcelona, 1923-26.

Atlas lingüístico de la península Ibérica. Madri, 1962-ss.

Existem, além disso, numerosos dicionários de dialetos.

IV. GRAMÁTICAS E HISTÓRIAS DAS LÍNGUAS ROMÂNICAS

a) Línguas românicas em geral

O livro fundamental, que resume todo o trabalho do século XIX, é

MEYER-LÜBKE, W. *Grammaire des langues romanes*. 4 v. Paris, 1890-1902.

LAUSBERG, H. *Romanische Sprachwissenchaft.* 5 v. Berlim, 1956 -ss. (v. 1, 2ª ed., 1936).

KUHN, A. *Romanische Philologie,* vol. 1. *Die romanischen Sprachen.* Berna, 1951.

TAGLIAVINI, C. *Le origini delle lingue neolatine.* Bolonha, 1959.

ELCOCK, W.-D. *The Romance Languages.* Londres, 1960.

MEYER-LÜBKE, W. *Einführung in das Studium der romanischen Sprachwissenschaft,* 3ª ed. Heidelberg, 1920 (existe uma edição mais recente, revista e ampliada, em espanhol); é por demais difícil para servir de introdução, conforme seu título promete.

Mais acessíveis aos principiantes são os seguintes livros:

BOURCIEZ, E. *Eléments de linguistique romane,* 3ª ed. Paris, 1930. É uma gramática histórica.

WARTBURG, W. von. *Die Entstehung der romanischen Völker.* Halle, 1939 (ed. francesa: *Les Origines des peuples romans.* Paris, 1941). Esse livro fornece uma história da formação das línguas e das civilizações até o ano 1000.

MEIER, H. *Die Entstehung der romanischen Sprachen und Nationen.* Frankfurt, 1941.

IORDON, I. *Einführung in die Geschichte und Methoden der Romanischen Sprachwissenschaft.* Berlim, 1962.

GRANDGENT, Ch. H. *An Introduction to Vulgar Latin.* Boston, 1907. Trad. italiana, 1914. (Muito recomendável a tradução em espanhol de Fr. de B. Moli, *Introducción al latín vulgar.* Madri, 1952).

BATTISTI, C. *Avviamento allo studio del latino volgare.* Bari, 1949.

VOSSLER, K. *Einführung ins Vulgärlatein,* ed. H. Schmeck. Munique, 1955.

SLOTTY, F. *Vulgärlateinisches Übungsbuch*. Bonn, 1918.

HOFMANN, J. B. *Lateinische Umgangssprache*. Heidelberg, 1926.

MAURER JR., Th. H. *Gramática do latim vulgar*. Rio de Janeiro, 1959.

SOFER, J. *Zur Problematik des Vulgärlateins*. Viena, 1963.

VÄÄNÄNEN, V. *Introduction au latin vulgaire*. Paris, 1964.

MAURER JR., Th. H. *O problema do latim vulgar*. Rio de Janeiro, 1963.

HAADSMA, R. A. & J. NUCHELMANS. *Précis de latin vulgaire*. Groningen, 1963.

REICHENKRON, G. *Historische Grammatik des Vulgärlateins*. Wiesbaden, 1964-ss.

b) Língua francesa

1. HISTÓRIA DA LÍNGUA

BRUNOT, Ferdinand. *Histoire de la langue française*. 13 v. Paris, a partir de 1905.

KUKENHEIM, Louis. *Esquisse historique de la linguistique française et de ses rapports avec la linguistique générale*. Leiden, 1962.

VOSSLER, K. *Frankreichs Kultur und Sprache*, 2ª ed. Heidelberg, 1929.

DAUZAT, A. *Histoire de la langue française*. Paris, 1930.

WARTBURG, W. von. *Evolution et structure de la langue française*. Paris, 1934; 5ª ed. Berna, 1958.

BRUNEAU, Ch. *Petite Histoire de la langue française*. 2 v. Paris, 1955-58.

FRANÇOIS, A. *Histoire de la langue française cultivée des origines à nos jours*. 2 v. Genebra, 1959.

2. GRAMÁTICA HISTÓRICA

BRUNOT, F. & Ch. BRUNEAU. *Précis de grammaire historique de la langue française*. Paris, 1933.

NYROP, K. *Grammaire historique de la langue française*. 6 v. (vol. 1 em 3ª ed., vol. 2 em 2ª ed.). Copenhague, 1908-30.

MEYER-LÜBKE, W. *Historische Grammatik der französischen Sprache*. 2 v. Heidelberg, 1913-21.

REGULA, M. *Historische Grammatik des Französischen*. 2 v. Heidelberg, 1955-1956.

3. FRANCÊS ARCAICO

ANGLADE, J. *Grammaire élémentaire de l'ancien français*, 3ª ed. Paris, 1926.

SCHWAN, E. & D. BEHRENS. *Grammaire de l'ancien français*, Trad. francesa. Leipzig, 1932 (a edição original, em alemão, foi reeditada várias vezes).

FOULET, L. *Petite Syntaxe de l'ancien français*, 3ª ed. Paris, 1930; 4ª ed., 1963.

ALESSIO, G. *Grammatica storica francese*. 2 v. Bari, 1951-55.

FOUCHÉ, P. *Phonétique historique du français*. 3 v. Paris, 1952-60.

RHEINFELDER, H. *Altfranzösische Grammatik*. Lautlehre, 2ª ed. Munique, 1953; 3ª ed., 1962.

VORETZSCH, K. *Einführung in das Studium der altfranzösischen Sprache*, 8ª ed. refeita por Gerhard Rohlfs Tübingen, 1955.

ROHLFS, G. *Vom Vulgärlatein zum Altfranzösischen. Einführung in das Studium der altfranzösischen Sprache*. Tübingen, 1960; 2ª ed., 1963.

A maior parte das antologias de francês arcaico citadas sob B contém um quadro gramatical mais ou menos sumário.

4. DIFERENTES PARTES DA LINGUÍSTICA FRANCESA

GRAMMONT, M. *Traité pratique de prononciation française*, 2ª ed. Paris, 1921.

TOBLER, A. *Vermischte Beiträge zur französischen Grammatik*, 2ª ed. Leipzig, 1902-08. (Trata sobretudo dos problemas de sintaxe histórica).

LERCH, E. *Historische französische Syntax*. 3 v. Leipzig, 1925-34.

WARTBURG, W. von & P. ZUMTHOR. *Précis de syntaxe du français contemporain*. Berna, 1947.

SNEYDERS DE VOGEL, K. *Syntaxe historique du français*, 2ª ed. Groninga, 1927.

GAMILLSCHEG, E. *Historische französische Syntax*. Tübingen, 1957.

DARMESTETER, A. *La Vie des mots étudiée dans leur signification*, 15ª ed. Paris, 1925.

BRÉAL, M. *Essai de sémantique*, 4ª ed. Paris, 1908 [ed. bras.: *Ensaio de semântica: Ciência das significações*, trad. Aida Ferras. São Paulo: Educ / Pontes, 1992].

GAMILLSCHEG, E. *Französische Bedeutungslehre*, Tübingen, 1951.

ULLMANN, S. *Précis de sémantique française*. Berna, 1952; 2ª ed., 1959.

DAUZAT, A. *Les Noms de lieux, origine et évolution*, 2ª ed. Paris, 1928.

VINCENT, A. *Toponymie de la France*. Bruxelas, 1937.

DAUZAT, A. *Les Noms de personnes, origine et évolution*, 3ª ed. Paris, 1928.

BALLY, Ch. *Traité de stylistique française*. 2 v. 2ª ed. Heidelberg, 1921.

BAUCHE, H. *Le Langage populaire*. Paris, 1928.

c) Língua provençal

GRANDGENT, C. H. *An Outline of the Phonology and Morphology of Old Provençal*. Boston, 1905.

SCHULTZ-GORA, O. *Altprovenzalisches Elementarbuch*, 3ª ed, Heidelberg, 1915.

Além disso, pode-se recorrer às gramáticas comparadas das línguas românicas, citadas sob IV, sobretudo aos livros de Meyer-Lübke e de Bourciez, e às antologias de provençal arcaico citadas mais adiante, sob B, as quais contêm quase todas um resumo de gramática.

d) Língua italiana

WIESE, B. *Altitalienisches Elementarbuch*. Heidelberg, 1905.

D'OVIDIO, Fr. & W. MEYER-LÜBKE. *Grammatica storica della lingua e dei dialetti italiani*. Milão, 1906 (o original, em alemão, apareceu na segunda edição do primeiro volume do *Grundriss der romanischen Philologie*, de Gröber).

MEYER-LÜBKE, W. *Grammatica storica comparata della lingua italiana e dei dialetti toscani*. Nova edição. Turim, 1927 (trad. do alemão).

BERTONI, G. *Italia dialettale*. Milão, 1916.

DEVOTO, G. *Profilo di storia linguistica italiana*. Florença, 1953.

ROHLFS, G. *Historische Grammatik der italienischen Sprache*. 3 v. Berna, 1949-54.

MIGLIORINI, B. *Storia della lingua italiana*. Florença, 1960.

e) Língua espanhola

MENÉNDEZ-PIDAL, R. *Orígenes del español*, 2ª ed, t. I. Madri, 1929; 3ª ed., 1950.

________. *Manual de gramática histórica española*, 4ª ed. Madri, 1918; 8ª ed., 1949.
HANSSEN. *Gramática histórica de la lengua castellana*. Halle, 1913.
ZAUNER, A. *Altspanisches Elementarbuch*, 2ª ed. Heidelberg, 1921.
ENTWISTLE, W. J. *The Spanish Language Together with Portuguese, Catalan and Basque*. Londres, 1951.
LAPESA, R. *Historia de la lengua española*, 4ª ed. Madri, 1959.
Enciclopedia lingüística hispánica. Madri, em curso de publicação desde 1960.
BALDINGER, Kurt. *Die Herausbildung der Sprachräume auf der Pyrenäenhalbinsel*. Berlim, 1958 (trad. esp. ampliada, Madri, 1964).

f) Língua catalã

MEYER-LÜBKE, W. *Das Katalanische*. Heidelberg, 1925.
HUBER, J. *Katalanische Grammatik*. Heidelberg, 1929.
FABRA, P. *Gramática catalana*, 6ª ed. Barcelona, 1931.
________. *Abrégé de grammaire catalane*. Paris, 1928.
GRIERA, A. *Gramática histórica del català antic*. Barcelona, 1931.
BADÍA MARGUERIT, A. *Gramática histórica catalana*. Barcelona, 1951.
MOLL, F. de B. *Gramática histórica catalana*. Madri, 1952.

g) Língua portuguesa

LEITE DE VASCONCELLOS, J. *Esquisse d'une dialectologie portugaise*. Paris, 1901.
HUBER, J. *Altportugiesisches Elementarbuch*. Heidelberg, 1933.
WILLIAMS, E. B. *From Latim to Portuguese*. Filadélfia, 1938 [ed. bras.: *Do latim ao português: Fonologia e morfologia histórica da língua portuguesa*, trad. Antônio Houaiss. Rio de Janeiro:

Ministério da Educação e Cultura, Instituto Nacional do Livro, 1961].
SILVA NETO, S. da. *História da língua portuguesa*. Rio de Janeiro, 1952-ss.

h) Língua romena

DENSUSIANU, O. *Histoire de la langue roumaine*. 2 v. Paris, 1901, 1914.
TIKTIN, H. *Rumänisches Elementarbuch*. Heidelberg, 1905.
PUSCARIU. *Geschichte der rumänischen Sprache*, trad. H. Kuen. Leipzig, 1944.
WEIGAND, G. *Praktische Grommatik der rumänischen Sprache*, 2ª ed. Leipzig, 1918.

TAGLIAVINI, C. *Grammatica della lingua rumena*. Heidelberg, 1923.
_________. *Rumänische Konversationsgrammatik*. Heidelberg, 1938.
CARTIANU, A.; LEVITCHI, L. & STEFANESCU-DRAGANESTI. *A Course in Modern Rumanian*. Bucareste, 1958 ss (II)
POP, S. *Grammaire Roumaine*. Berna, 1948.
POPINCEANU, I. *Rumänische Elementargrammatik*, 2ª ed. Tübingen, 1982.

i) Língua sarda

WAGNER, M. L. *La lingua sarda: Forma, storia, spirito*. Berna, 1951.

I. GENERALIDADES (INTRODUÇÃO, MÉTODOS, ESTILÍSTICA LITERÁRIA, LITERATURA LATINA DA IDADE MÉDIA)

SAINTSBURY, G. *A History of Criticism and Literary Taste in Europe from the Earliest Texts to the Present Day*. 3 v. 4ª ed. Londres, 1922-23.

WELLEK, R. *A History of Modern Criticism*, v. 1 e v. 2. New Haven, 1955 [ed. or.: *Geschichte der Literaturkritik*. Darmstadt, 1957 [ed. bras.: *História da crítica moderna*, trad. Lívio Xavier. 2 v. São Paulo: Herder, 1967].

LANSON, G. *Méthodes d'histoire littéraire*. Paris, 1925.

COLLOMP, P. *La Critique des textes*. Paris, 1931.

ROTHACKER, E. *Einleitung in die Geisteswissenschaften*, 2ª ed. Tübingen, 1930.

KAYSER, Wolfgang. *Das sprachliche Kunstwerk*, 5ª ed. Berna, 1959 [ed. port.: *Análise e interpretação da obra literária: Introdução à ciência da lliteratura*, trad. Paulo Quintela. 2 v. 7ª ed. rev. Coimbra: Armênio Amado, 1985].

WELLEK, R. & A. WARREN. *Theory of Literature*. Nova York, 1956; tradução alemã, Bad Homburg vor der Höhe, 1959 (livro de bolso alemão, 1962) [ed. bras.: *Teoria da literatura e metodologia dos estudos literários*, trad. Luis Carlos Borges. São Paulo: Martins Fontes, 2003].

GADAMER, H. G. *Wahrheit und Methode*. Tübingen, 1960, 2ª ed., 1964 [ed. bras.: *Verdade e método*, trad. Flávio Paulo Meurer (v. 1), Enio Paulo Giachini (v. 2). 2 v. Petrópolis: Vozes, 1998, 2002].

INGARDEN, R. *Das literarische Kunstwerk*, 2ª ed. Tübingen, 1960.

No tocante à literatura comparada, pode-se recorrer aos fascículos da *Revue de Littérature Comparée*, que citaremos em nossa lista de periódicos, e ao guia bibliográfico que segue:

BELTZ, L. P. & F. BALDENSPERGER. *La Littérature comparée*, 2ª ed. Estrasburgo, 1904.

No que respeita à análise dos estilos literários, que se desenvolveu sob a influência dos métodos correspondentes de alguns historiadores da arte (H. Wölfflin e M. Dvorák), encontram-se exemplos que interessam aos romanistas em numerosos trabalhos de crítica literária de B. Croce, K. Vossler e L. Spitzer. Um grande número de artigos deste último, que são particularmente instrutivos em razão de sua base linguística, está reunido nas seguintes coletâneas:

SPITZER, L. *Stilstudien*. 2 v. Munique, 1928; 2ª ed., 1961.

_________. *Romanische Stil-und Literaturstudien*. 2 v. Marburgo, 1931.

GUIRAUD, P. *La Stylistique*. Paris, 1954 [ed. bras.: *A estilística*, trad. Miguel Maillet. São Paulo: Mestre Jou, 1970].

SPITZER, L. *Linguistics and Literary History*. Princeton, Nova Jersey, 1948.

_________. *Romanische Literarstudien 1936-56*. Tübingen, 1959.

HATZFELD, H. *Bibliografía crítica de la nueva estilística aplicada a las literaturas románicas*. Madri, 1955.

Numa tentativa de acompanhar a evolução de certos fenômenos literários através de toda a história europeia, baseando-se na análise de textos, foi recentemente publicado:

AUERBACH, E. *Mimesis. Dargestellte Wirklichkeit in der abendländischen Literatur*. Berna, 1946; 2ª ed., 1959 [ed. bras.: *Mimesis:*

A representação da realidade na literatura ocidental. São Paulo: Perspectiva, 1971].

A análise dos estilos literários pode servir para dar uma base filológica à doutrina das épocas, estudada a fundo em toda parte, sobretudo na Alemanha, a partir dos trabalhos de W. Dilthey. O livro do sr. Huizinga sobre o declínio da Idade Média, que citaremos mais adiante, é o exemplo mais brilhante desse gênero de estudos nos últimos tempos.

No que respeita à literatura latina da Idade Média, cujo estudo é indispensável para a compreensão das obras medievais em língua vulgar, citarei alguns manuais e antologias:

MANITIUS, M. *Geschichte der lateinischen Literatur des Mittelalters*. 3 v. Munique, 1911-31 (Handbuch der Altertumswissenschaften).

STRECKER, Karl. *Introduction to Medieval Latin*. Berlim, 1957.

LANGOSCH, Karl. *Lateinisches Mittelalter*. Darmstadt, 1963.

WRIGHT, F. A. & T. A. SINCLAIR. *A History of Later Latin Literature*. Londres, 1931.

GHELLINCK, J. de *La Littérature latine au moyen âge*. Paris, 1939.

_________. *L'Essor de la littérature latine au 12e siècle*. 2 v. Bruxelas / Paris, 1946.

HARRINGTON, K. P. *Medieval Latin*. Boston, 1925

BEESON, Charles H. *A Primer of Medieval Latin*. Chicago, 1925.

Uma antologia publicada na Alemanha, com o título de *Roma aeterna*, traz em seu segundo volume textos latinos da Idade Média e da Renascença.

No tocante à influência da literatura latina medieval sobre as literaturas de língua vulgar, cumpre consultar as publicações de E. Faral e os volumes de:

CURTIUS, E. R. *Europäische Literatur und lateinisches Mittelalter*. Berna, 1948; 4ª ed., 1963 [ed. bras.: *Literatura europeia e Idade Média latina*, trad. Teodoro Cabral e Paulo Rónai. São Paulo: Hucitec / Edusp, 1996].

________. *Gesammelte Aufsätze zur romanischen Philologie*. Berna / Munique, 1960.

II. LITERATURA FRANCESA

a) Bibliografia

LANSON, G. *Manuel bibliographique de la littérature française moderne*, 3ª ed. Paris. 1925.

FEDERN, R. *Répertoire bibliographique de la littérature française des origines à 1911*. Leipzig e Berlim. 1913.

GIRAUD, J. *Manuel de bibliographie littéraire pour les 16ᵉ, 17ᵉ et 18ᵉ siècles*. 1921-1935: Paris, 1939.

THIEME. *Bibliographie de la littérature française de 1800 à 1930*. Paris, 1933. 3 v. *1930-1939* (em curso de publicação), Genebra, 1948.

CABEEN, D. C. *A Critical Bibliography of French Literature*. 4 v. Syracuse, 1947.

BOSSUAT, R. *Manuel bibliographique de la littérature française du Moyen Âge*. Melun, 1951 (dois suplementos posteriores).

CIORANESCO, A. *Bibliographie de la littérature française du seizième siècle*. Paris, 1959.

KLAPP, O. *Bibliographie der französischen Literaturwissenschaft.* Três volumes já publicados: v. 1, Frankfurt, 1960; v. 2, 1961; v. 3, 1963; v. 4 (no prelo).

Podem-se consultar, no respeitante a questões bibliográficas, publicações que ultrapassam o domínio do francês ou da literatura, por exemplo:

BRUNET, J. C. *Manuel du libraire e de l'amateur de livres.* 6 v. 5ª ed. Paris, 1860-65 (reimpressão: Berlim, 1922).

Catalogue général des livres imprimés de la Bibliothèque Nationale (Auteurs). Já foram publicados os volumes 1-171 (A-Sheip), em curso de publicação.

EPPELSHEIMER, H. W. *Handbuch der Weltliteratur. Von den Anfängen bis zur Gegenwart,* 3ª ed. Frankfurt, 1960.

Assim como os catálogos correspondentes ingleses e americanos (*Catalogue of the Printed Books in the Library of the British Museum*; *A Catalogue of Books Represented by Library of Congress Printed Cards*). Para a bibliografia das publicações recentes, é mister consultar os periódicos.

b) Histórias gerais da literatura francesa

São numerosas. Entre as mais modernas, cumpre citar as seguintes:

PETIT DE JULLEVILLE (dir.). *Histoire de la langue et de la littérature françaises des origines à 1900* . 8 v. Paris, 1896-99.

LANSON, Gustave. *Histoire de la littérature française.* Paris (reeditada com frequência: a 21ª ed. é de 1930). Ed. ilustrada, 2 v. 1923.

CALVET, J. (dir.). *Histoire de la littérature française*. 8 v. Paris, 1931-38.

BÉDIER, J. & P. HAZARD (dir.). *Histoire de la littérature française ilustrée*. 2 v. Paris, 1923 (1949).

BÉDIER, J.; JEANROY, A.; PICAVET, F. & F. STROWSKI. *Histoire des lettres*. Volumes 12 e 13 de G. HANOTAUX. *Histoire de la nation française*. Paris, 1921-23.

MORNET, Daniel. *Histoire de la littérature et de la pensée françaises*. Paris, 1924 (tradução em inglês, Nova York, 1935).

BRUNSCHVIG, M. *Notre Littérature étudiée dans les textes*. 3 v. 14ª ed. revisada e ampliada. Paris, 1947.

JAN, E. von. *Französische Literaturgeschichte in Grundzügen*, 3ª ed. Heidelberg, 1949.

The Oxford Companion to French Literature. Oxford, 1959.

Entre as obras anteriores, citemos a mais antiga de todas:

Histoire littéraire de la France par des religieux Bénédictins de la congrégation de S. Maur. 12 v. Paris, 1733-63. Continuação pelos membros da Académie des Inscriptions et Belles-lettres, mais de vinte volumes, a partir de 1814; compreende a literatura latina da Gália, a literatura francesa e provençal até o fim da Idade Média.

Histórias da literatura e coletâneas de ensaios compreendendo várias épocas:

SAINT-BEUVE, Ch.-A. *Causeries du lundi*. 15 v. 3ª (em parte 5ª ed.). Paris, 1857-76; *Nouveaux lundis*. 13 v. Paris, 1863-70; *Portraits littéraires*. 3 v. Paris, 1862-64 (ed. La Plèiade, Paris, 1952).

BRUNETIÈRE, F. *Histoire de la littérature française classique*. 3 v. Paris, 1905-13.

________. *L'Évolution des genres dans l'histoire de la littérature française*. Paris, 1890.

VAN TIEGHEM, P. *Petite Histoire des grandes doctrines littéraires en France*. Paris, 1946 (1962).

FAGUET, E. *Seizième siècle, Études littéraires*. Paris, 1893; *Dix-septième siècle*. Paris, 1885; *Dix-huitième siècle*. Paris, 1890; *Dix-neuvième siècle*. Paris, 1887.

c) Verso e prosa na literatura francesa

TOBLER, A. *Vom französischen Versbau alter und neuer Zeit*, 6ª ed. Leipzig, 1921.

GRAMMONT, M. *Petite Traité de versification française*, 4ª ed. Paris, 1921.

________. *Le Vers français*, 3ª ed. Paris, 1923.

VERRIER, Paul. *Le Vers français*, 3 v. Paris, 1931-32.

SUCHIER, W. *Französische Verslehre auf historischer Grundlage*. Tübingen, 1952.

ELWERT, W. Th. *Französische Metrik*. Munique, 1961.

LANSON, G. *L'Art de la prose*, 2ª ed. Paris, 1909.

d) A Idade Média

Dictionnaire des Lettres Françaises, sob a direção do cardeal G. Grentes. *Le Moyen Âge*. Paris, 1964.

PARIS, Gaston. *La Littérature française au Moyen Âge*, 2ª ed. Paris, 1888.

________. *La Poésie du Moyen Âge*. 2 v. 2ª ed. Paris, 1885-95.

________. *Poèmes et légendes du Moyen Âge*. Paris, 1900; *Légendes du Moyen Âge*. Paris, 1903.

________. *Mélanges de littérature française du Moyen Âge*. Paris, 1912.

COHEN, Gustave e outros. *La Civilisation occidentale au Moyen Âge. Histoire du Moyen Âge*, vol. 8. Paris, 1934. (Abrange o desenvolvimento geral das literaturas europeias na Idade Média.)

PAUPHILET, A. *Le Moyen Âge*. STROWSKI, F. & G. MOULINIER (org.), *Histoire de la littérature française*, vol. 1. Paris, 1937.

HOMES, Urban T. *A History of Old French Literature*. Chapel Hill, Carolina do Norte, 1937 (reimpressa várias vezes).

ZUMTHOR, P. *Histoire litéraire de la France médiévale* (*VIe-XIVe siècles*). Paris, 1954.

BOSSUAT, A. *Le Moyen Âge*. Paris, 1958.

BOSSUAT, R. *Le Moyen Âge*. Paris, 1955.

VISCARDI, A. *Storia delle letterature d'oc e d'oil*. Milão, 1955.

KUKENHEIM, L. & H. ROUSSEL. *Guide de la littérature française du Moyen Âge*. Leiden, 1957.

COHEN, G. *La Grande Clarté du Moyen Âge*. Nova York, 1943.

LANGLOIS, Ch.-V. *La Vie en France au Moyen Âge*. Nova edição. 4 v. Paris, 1926-28.

EVANS, J. *La Civilisation en France au Moyen Âge*. Paris, 1930.

BÉDIER, J. *Les Légendes épiques*. 4 v. 3ª ed. Paris, 1926-29.

________. *Les Fabliaux*. 5ª ed. Paris, 1925.

JEANROY, A. *Les Origines de la poésie lyrique en France au Moyen Âge*. 3ª ed. Paris, 1925.

COHEN, G. *Le Théâtre en France au Moyen Âge*. 2 v. Paris, 1928-31.

HOFER, St. *Geschichte der mittelfranzösischen Literatur*. vol. 2. Berlim e Leipzig, 1933-ss.

HUIZINGA, J. *Le Déclin du Moyen Âge* (trad. do holandês). Paris, 1932. A edição alemã, editada em Munique, foi reimpressa várias vezes [ed. bras.: *O outono da Idade Média*, trad. Francis Petra Janssen. São Paulo: Cosac Naify, 2010].

Algumas antologias da Idade Média:

PARIS, G. & E. LANGLOIS. *Chrestomathie du Moyen Âge*. Paris (várias vezes reimpressa).

BARTSCH, K. & L. WIESE. *Chrestomathie de l'ancien français* (8e-15e *siècles*), acompanhada de uma gramática e de um glossário. 13ª ed. Leipzig, 1927.

HENRY, A. *Chrestomathie de la littérature en ancien français*. Berna, 1953.

Entre numerosas outras antologias (Bertoni, Clédat, Constans, Glaser, Lerch, Studer-Waters, Voretzsch), mencionarei apenas:

FOERSTER, W. & E. KOSCHWITZ. *Altfranzösisches Übungsbuch*. 7ª ed. Leipzig, 1932, porque esse livro fornece os mais antigos documentos em reprodução diplomática, vale dizer, reproduzindo exatamente o conteúdo dos manuscritos, o que permite ao estudante fazer uma ideia da tarefa dos editores.

e) A Renascença

TILLEY, A. *The Literature of the French Renaissance*. 2 v. Cambridge, 1904.

LEFRANC, A. *Grands Écrivains français de la Renaissance*. Paris, 1914.

SIMONE, F. *Il Rinascimento francese*. Turim, 1961.

Dictionnaire des lettres françaises: Le Seizième Siècle, publicado sob a direção do cardeal Georges Grentes. Paris, 1951.

DARMESTETER, A. & A. HATZFELD. *Le Seizième Siècle. Tableau de la littérature e de la langue, suivi de morceaux choisis des principaux écrivains*. Paris, reimpresso várias vezes.

Cumpre acrescentar a tais obras o volume de Faguet acerca do século XVI, mencionado em b), e uma pequena antologia:

PLATTARD, J. *Anthologie du XVIe siècle français*. Londres, 1930.

A primeira obra moderna a tratar da literatura dessa época foi:

SAINTE-BEUVE. *Tableau historique et critique de la poésie française et du théâtre français au 16e siècle*. 1ª ed. Paris, 1828.

f) O século XVII

Os estudos do conjunto da literatura francesa clássica são muito numerosos. Entre os que estão contidos nas histórias gerais mencionadas sob b), os de Brunetière e de Lanson são particularmente úteis e interessantes. Aqui, citarei primeiramente uma obra-prima que abrange muito maior número de assuntos literários do que o promete seu título:

SAINTE-BEUVE, Ch.-A. *Port-Royal*. 5 v. Paris, 1840-59; 3ªed. 1867-71. 7 v., reimpresso várias vezes (La Plèiade, Paris, 1952).

Acrescento alguns livros acerca da sociedade, das doutrinas literárias e do teatro. No tocante à sociedade do Antigo Regime (séculos XVII e XVIII), cumpre citar primeiro as obras de Taine (*L'Ancien Régime et la Révolution*; *Essais de critique et d'histoire*; *La Fontaine et ses fables*). Entre os livros mais recentes, citarei:

MAGENDIE, M. *La Politesse mondaine et les théories de l'honnêteté de 1600 a 1660*. 2 v. Paris, 1925.

BRAY, René. *La Formation de la doctrine classique*. Paris, 1927 (1961).

AUERBACH, E. *Das französische Publikum des 17. Jahrhunderts* [1933] in *Vier Untersuchungen zur Geschichte der französischen Bildung*. Berna, 1951.

PEYRE, Henri. *Le Classicisme français*. Nova York, 1942.

BÉNICHOU, P. *Morales du Grand Siècle*. 6ª ed. Paris, 1948.

TORTEL, J. *Le Préclassicisme français*. Paris, 1952.

ADAM, A. *Histoire de la littérature française au XVIIe siècle*. 5 v. Paris, 1956.

Dictionnaire des lettres françaises: Le Dix-septième Siècle, direção do cardeal Georges Grentes. Paris, 1954.

Sobre o teatro:

DESPOIS, E. *Le Théâtre français sous Louis XIV*. 2ª ed. Paris, 1882.

RIGAL, E. *Le Théâtre français avant la période classique*. Paris, 1901.

LANSON, G. *Esquisse d'une histoire de la tragédie française*. Nova edição, revisada. Paris, 1927.

LANCASTER, H. Carrington. *A History of French Dramatic Literature in the Seventeenth Century*. 6 v. Baltimore/Oxford, 1929-36.

Finalmente, dois livros sobre o final do grande século:

TILLEY, A. *The Decline of the Age of Louis XIV or French Literature 1687-1715*. Cambridge. 1929.

HAZARD, Paul. *La Crise de la conscience européenne, 1680-1715*. 2 v. Paris, 1935.

g) O século XVIII

Os capítulos de Lanson e o volume de Faguet sobre o século

XVIII, mencionados sob b), podem servir de introdução. Um livro alemão,

HETTNER, A. *Geschichte der französischen Literatur im achtzehnten Jahrhundert*. 7ª ed. Braunschweig, 1913,

Pode também ser citado como estudo de conjunto. Além desse, citarei aqui apenas alguns estudos recentes e particularmente interessantes sobre os problemas de influências e de correntes.

GROETHUYSEN, B. *Origines de l'esprit bourgeois en France*. 2 v. Paris, 1927. (A edição alemã apareceu em Halle.)

CASSIRER, E. *Die Philosophie der Aufklärung*. Tübingen, 1932 [ed. bras.: *A filosofia do Iluminismo*, trad. Alvaro Cabral. Campinas: Unicamp, 1994].

SCHALK, F. *Einleitung in die Enzyklopädie der französischen Aufklärung*. Munique, 1936.

__________. *Studien zur französischen Aufklärung*. Munique, 1964.

HAZARD, Paul. *La Pensée européenne au 18e siècle*. 3 v. Paris, 1946.

VALJAVEC, F. *Geschichte der abendländischen Aufklärung*. Viena / Munique, 1961.

MORNET, D. *Les Origines intellectuelles de la Révolution Française (1715-1787)*, 4ª ed. Paris, 1947.

__________. *Le Romantisme en France au 18e siècle*, 3ª ed. Paris, 1933.

MONGLOND, A. *Le Préromantisme français*. 2 v. Grenoble, 1930.

Dictionnaire des lettres françaises: Le Dix-huitième Siècle, direção do cardeal Georges Grentes. 2 v. Paris, 1960.

h) Os séculos XIX e XX

SAINTE-BEUVE, Ch.-A. *Chateaubriand et son groupe littéraire sous l'Empire*. 2 v. Paris, 1861; ed. mod. por Aliem, Paris, 1948.

SOURIAU, M. *Histoire du Romantisme en France*. 3 v. Paris, 1927-28.

STROWSKI, F. *Tableau de la littérature française au 19ᵉ et au 20ᵉ siècle*. Nova edição. Paris, 1925.

THIBAUDET, A. *Histoire de la littérature française de 1789 à nos jours*. Paris, 1936 [ed. bras.: *História da literatura francesa: De 1789 a nossos dias*. São Paulo: Martins, 1951].

RAYMOND, A. *De Baudelaire au surréalisme*. Paris, 1933, 2ª ed., 1946 [ed. bras.: *De Baudelaire ao surrealismo*, trad. Fúlvia M. L. Moretto e Guacira Marcondes Machado. São Paulo: Edusp, 1997].

LALOU, R. *Histoire de la littérature française contemporaine*. 2 v. Paris, 1941.

FRIEDRICH, H. *Drei Klassiker des französischen Romans*, 4ª ed. Frankfurt, 1961.

III. LITERATURA PROVENÇAL

PILLET, A. *Bibliographic der Troubadours*. Halle, 1933.

ANGLADE, J. *Les Troubadours*, 4ª ed. Paris, 1929.

JEANROY, A. *La Poésie lyrique des troubadours*. 3 v. Paris, 1934-ss.

BARTSCH, K. *Chrestomathie provençale*, 6ª ed. Marburgo, 1904.

APPEL, C. *Provenzalische Chrestomathie*, 6ª ed. Leipzig, 1930.

CRESCINI, V. *Manuale per l'avviamento agli studi provenzali*, 3ª ed. Milão, 1926.

HILL, R. Th. & Th. G. BERGIN. *Anthology of Provencal Troubadours*. New Haven, Londres, 1941.

LOMMATZSCH, E. *Leben und Lieder der provenzalischen Troubadours*, "mit einem musikalischen Anhang von F. Gennrich". 2 v. Berlim, 1957, 1959.

IV. LITERATURA ITALIANA

DE SANCTIS, F. *Storia della letteratura italiana.* 2 v. Obra célebre, publicada por volta de 1870, várias vezes reimpressa, p. ex. em Milão, 1928, e Bari, 1933; ed. alemã (Kroner), Stuttgart, 1940.

D'ANCONA, Alessandro & O. BACCI. *Manuale della letteratura italiana.* 5 v. Florença, 1892-94. Antologia com introdução). Nova edição, 6 v. Florença, 1925.

MONACI, E. *Crestomazia italiana dei primi secoli con prospetto grammatical e glossario.* Città di Castello, 1912.

FLORA, F. *Storia della letteratura italiana.* 5 v. Milão, 1940-ss.

SAPEGNO, N. *Compendio di storia della litteratura italiana.* 3 v. Florença, 1941-ss.

VOSSLER, K. *Italienische Literaturgeschichte.* Berlim, 1948.

FRIEDRICH, H. *Epochen der italienischen Lyrik.* Frankfurt, 1964.

A obra moderna mais importante sobre o conjunto da literatura italiana é a *Storia letteraria d'Italia,* 10 v., Milão. Cada período é aí tratado por um professor diferente; As últimas edições apareceram depois de 1930.

HAUVETTE, H. *Littérature italienne,* 5ª ed. Paris, 1921.

É impossível relacionar aqui os numerosos volumes de ensaios de literatura e de crítica de Benedetto Croce, indispensáveis para um estudo aprofundado da literatura italiana.

V. LITERATURA ESPANHOLA

FOULCHÉ-DELBOSC, R. & L. BARRAU-DIHIGO. *Manuel de l'hispanisant.* Nova York, 1959.

SIMÓN DIAZ, J. *Bibliografia de la literatura hispánica.* Madri, em curso dc publicação desde 1950.

SÉVIS, H. *Manual de bibliografía de la literatura española.* Siracusa / Nova York, 1948.

FITZMAURICE-KELLY, J. *Historia de la literatura española,* trad. A. Bonilla y San Martin, 4ª ed. Madri, 1926 (o original é em inglês). Trad. francesa, 1904. Trad. alemã, com complementos de A. Hamel, Heidelberg, 1925.

HURTADO, J. & A. PALENCIA. *Historia de la literatura española,* 3ª ed. Madri, 1932.

PFANDL, L. *Spanische Literaturgeschichte* (*Mittelalter und Renaissance*). Leipzig, 1923.

________. *Geschichte der spanischen Nationalliteratur in ihrer Blütezeit.* Friburgo, 1929. (Trad. espanhola, Barcelona, 1952.)

VALBUENA PRAT, A. *Historia de la literatura española.* 3 v. Barcelona, 1957.

GARCIA LÓPEZ, J. *Historia de la literatura española,* 5ª ed. Barcelona, 1959.

RÍO, Angel del. *Historia de la literatura española.* 2 v. Nova York, 1948 (Várias vezes reimpressa).

Historia general de las literaturas hispánicas, direção de G. Diaz-Plaja. Barcelona, em curso de publicação desde 1949.

DIÉZ-ECHARRI, E. & J. M. ROCA FRANQUESA. *Historia de la literatura española e hispanoamericana.* Madri, 1960.

BLECUA, J. M. *Historia y textos de la literatura española.* 2 v. Saragoça, 1950.

MENÉNDEZ PIDAL, R. *La España del Cid.* Madri, 1929.

CASTRO, Américo. *La realidad histórica de España.* Madri, 1954.

Entre as numerosas antologias, citarei:

MENÉNDEZ Y PELAYO, M. *Antología de poetas líricos castellanos*. Madri, 1890-1908.

MENÉNDEZ PIDAL, R. *Antología de prosistas castellanos*. Madri, 1917.

FITZMAURICE-KELLY, J. *The Oxford Book of Spanish Verse*. Oxford, 1920.

RÍO, Angel del & Amelia Agostini de del RÍO. *Antología general de la literatura española. Verso, Prosa, Teatro*. 2 v. Nova York / Madri, 1954.

MULERTT, W. *Lesebuch der älteren spanischen Literatur von den Anfängen bis 1800*. Halle, 1927.

WERNER, Ernst. *Blütenlese der älteren spanischen Literatur*. Leipzig / Berlim, 1926.

VI. LITERATURA PORTUGUESA

BELL, A. F. G. *Portuguese Bibliography*. Londres, 1922.

_________. *Portuguese Literature*. Londres, 1922.

MENDES DOS REMÉDIOS, J. *História da literatura portuguesa desde as origens até a atualidade*, 5ª ed. Lisboa, 1921.

LE GENTIL, G. *La Littérature portugaise*. Paris, 1935.

FIGUEIREDO, F. de. *História literária de Portugal (séculos XII-XX)*. Coimbra, 1944.

SARAIVA, A. J. *História da literatura portuguesa*, 4ª ed. Lisboa, 1957.

Grande dicionário das literaturas portuguesa, galega e brasileira (org. Prado Coelho). Lisboa, 1960.

LOPES, O. & A. J. SARAIVA. *História da literatura portuguesa*. Lisboa, 1956.

VII. LITERATURA CATALÃ

SILVESTRE, G. *Historia sumária de la literatura catalana.* Barcelona, 1932.

RIQUER, M. de. *Resumen de literatura catalana.* Barcelona, 1947.

RUIZ i Calonja, J. *Historia de la literatura catalana.* Barcelona, 1954.

VIII. LITERATURA RETO-ROMANA

DECURTINS, C. *Rätoromanische Chrestomathie.* 13 v. Erlangen, 1888-1919.

IX. LITERATURA ROMENA

HANES, Petre V. *Histoire de la littérature roumaine.* Paris, 1934.

MUNTEANO, B. *Panorama de la littérature roumaine contemporaine.* Paris, 1938.

RUFFINI, Mario. *Antologia romena; testi moderni* (Istituto di Filologia Romanza). Modena, 1940.

LUPI, G. *Storia della letteratura romena.* Florença, 1955.

[C] OS PERIÓDICOS

Não posso oferecer aqui mais que uma seleção. As duas revistas mais antigas e por assim dizer clássicas da filologia românica são:

România. Compilação trimestral consagrada ao estudo das línguas e literaturas românicas. Fundada por P. Meyer e G. Paris, dirigida atualmente por F. Lecoy. Paris, desde 1872.

Zeitschrift für Romanische Philologie. Fundada por G. Gröber, dirigida atualmente por K. Baldinger. Tübingen, desde 1877. Com volumes de suplemento consagrados à bibliografia e uma série de estudos denominada *Beihefte*.

Entre as outras revistas que abarcam todo o domínio da filologia românica, citarei:

Romanische Forschungen. Frankfurt, desde 1882.

The Romanic Review. Nova York, desde 1910.

Archivum Romanicum. Florença, 1917-42.

Volkstum und Kultur der Romanen. Hamburgo, 1928-43.

Romance Philology. Universidade da Califórnia, desde 1947.

Les Lettres Romanes. Lovaina, desde 1946.

Romanistisches Jahrbuch. Hamburgo, desde 1948.

Filologia Romanza. Turim, desde 1954.

Consagrados à linguística românica:

Revue des Langues Romanes. Paris, desde 1870.

Wörter und Sachen. Heidelberg, 1909-40.

Revue de Linguistique Romane. Paris, desde 1925.

Vox Romanica. Zurique / Leipzig / Paris, desde 1936.

Consagradas sobretudo aos estudos franceses:

Zeitschrift für Französische Sprache und Literatur. Jena e Leipzig, desde 1879.

Studi Francesi. Turim, desde 1957.

Aos estudos de literatura francesa:

Revue d'Histoire Littéraire de la France. Paris, desde 1894.

Humanisme et Renaissance. Paris, desde 1934 (para o século XVI)

Aos estudos linguísticos franceses:

Le Français Moderne. Paris, desde 1933.

Consagradas aos estudos italianos:

De literatura:

Giornale Storico della Letteratura Italiana. Turim, desde 1883.

Italica. Evanston, Illinois, desde 1924.

De linguística:

Archivio Glottologico Italiano. Fundada por G. J. Ascoli e P. G. Goidanich. Turim, desde 1873.

L'Italia Dialettale. Pisa, desde 1925.

Lingua Nostra. Florença, desde 1939.

Consagradas aos estudos espanhóis:

Bulletin Hispanique. Bordeaux, desde 1899.

Revista de Filologia Española. Madri, desde 1914.

Hispanic Review. Filadélfia, desde 1933.

Revista de Filologia Hispánica. Buenos Aires, 1939-46.

Nueva Revista de Filologia Hispánica. México, desde 1947.

Consagradas aos estudos portugueses:

Boletim de Filologia. Lisboa, desde 1932.

Biblos, desde 1934.

Revista de Portugal, desde 1942.

Revista Portuguesa de Filologia, desde 1947.

Consagradas aos estudos catalãos:

Estudis Universitaris Catalans. Barcelona, desde 1907.

Consagradas aos estudos romenos:

Bulletin Linguistique. (Faculdade de Letras de Bucareste). Paris / Bucareste, desde 1933.

Algumas revistas importantes de filologia moderna (romena, inglesa e alemã):

Archiv für das Studium der Neueren Sprachen. Branschveig, desde 1846.

Modem Language Notes. Baltimore, desde 1886.

Publications of the Modern Language Association of America. Nova York (antes Baltimore e Cambridge, MA), desde 1885.

Neuphilologische Mitteilungen. Helsinque, desde 1899.

Modern Philology. Chicago, desde 1903.

Les Langues Modernes. Paris, desde 1903.

Modern Language Review. Cambridge, desde 1906.

Studies in Philology. Chapel Hill, Carolina do Norte, desde 1906.

Germanisch-romanische Monatsschrift. Heidelberg, 1909-43 e desde 1950.

Neophilologus. Groningen, desde 1915.

Studia Neophilogica. Upsala, desde 1928.

Reservadas a resenhas:

Literaturblatt für Germanische und Romanische Philologie. Heilbronn, 1884-1943.

Especializadas em estudos medievais:

Studi Medievali. Turim, 1904-13; Bolonha, 1923-27; desde 1928.

Speculum. Cambridge, MA, desde 1926.

Medium Aevum. Oxford, desde 1932.

Cahiers de Civilisation Médiévale. Poitiers, 1958 ss.

De literatura comparada:

Revue de Littérature Comparée, desde 1921.

Comparative Literature. Eugene, OR, desde 1948.

Mencionemos por fim algumas revistas de caráter mais geral, particularmente importantes para o estudo das letras europeias:

La Critica. Rivista di Letteratura, Storia e Filosofia. Bari, 1908-44, 1945.

Quaderni di Critica (1945-46). Nesta revista, encontram-se todos os ensaios de B. Croce.

Deutsche Vierteljahrsschrift für Literaturwissenschaft und Geistesgeschichte. Halle, 1923-44; Stuttgart, desde 1949.

ÍNDICE ANALÍTICO

B

C

F

G

H

M

T

SÉRIE ERICH AUERBACH
Coordenação LEOPOLDO WAIZBORT

Coordenação editorial MILTON OHATA
Assistente editorial LIVIA LIMA
Preparação MARIANA DELFINI
Revisão CASSIA LAND, RITA DE CÁSSIA SAM
Projeto gráfico NATHALIA CURY, PAULO ANDRÉ CHAGAS
Produção gráfica SIRLENE NASCIMENTO

Agradecimentos: Dora Paes e Rodrigo Naves

1ª reimpressão, 2015

Nesta edição, respeitou-se o novo Acordo Ortográfico da Língua Portuguesa.

Dados Internacionais de Catalogação na Publicação (CIP)

Auerbach, Erich [1892-1957]
Introdução aos estudos literários: Erich Auerbach
Título original: *Introduction aux études de philologie romane*
Tradução: José Paulo Paes
Posfácio: Marcus Mazzari
São Paulo: Cosac Naify, 2015
448 pp.

ISBN 978-85-405-0868-2

1. Literatura francesa: História e crítica literária
I. Paes, José Paulo II. Mazzari, Marcus III. Título

CDD 809

Índices para catálogo sistemático:
I. Literatura francesa: História e crítica literária

COSAC NAIFY
rua General Jardim, 770, 2º andar
01223-010 São Paulo SP
cosacnaify.com.br [11] 3218 1444
atendimento ao professor [11] 3218 1473
professor@cosacnaify.com.br

ISBN 978-85-405-0868-2

fontes GRETA, FLAMA
papel PÓLEN SOFT 80 g/m²
impressão GEOGRÁFICA